國學院大學研究開発推進センター編

慰霊と顕彰の間

近現代日本の戦死者観をめぐって

錦正社

『慰霊と顕彰の間』の刊行に寄せて

故・村上重良氏の『慰霊と招魂―靖国の思想―』（岩波新書、一九七四年）は、すでに刊行後三十年以上を経た現在においても、数多い靖國神社に関する書籍や論文のなかで必ずと言っていいほど参考文献として引用され、いまだに絶大な影響力を持っている。

同書が広く受け入られている理由は、靖國神社の歴史に関心を持った者にとって、最も簡単に手に入るハンディな本というだけではなく、幕末から近現代までの靖國神社の歴史を一貫した枠組で論じ切っており、しかも端的かつ簡潔な表現でコンパクトに纏めているという、ある種の「わかりやすさ」にある。

しかし同書には、研究者間における「見解の相違」というにはほど遠いようなレベルの誤った史実の記述が多く、それらの記述をきちんと検証しないまま、多くの研究者が著作や論文で事実として引用しているため、それを読んだ報道関係者や一般の人々が、誤った靖國神社の歴史を正しい史実として理解してしまっていることに繋がっている。実際、「靖國神社問題」を報じるマスメディアなどにおいて、頻りに「靖國神社は戦前の国家神道の巨大な支柱だった」などというコメントがなされているのは、同書「まえがき」にある「近代天皇制国家の支配原理を体現する靖国神社は、国家神道の本宗、伊勢神宮とともに、国家神道をささえる巨大な支柱となった。」という見解そのままでしかない。しかも、同書に匹敵或はこれにとって代わるような「わかりやすい」書籍がいまだに登場していないこともあってか、これまで様々なアプローチから靖國神社や戦歿者慰霊に関する個別事例を詳細に考察した数々の学術的な論考においても、結局、結論においては殆ど村上氏の説のみを引用して事足りてしまっているという、ある意味では硬直化した研究状況も出来しているのである。

同書については、かつて、上智大学の門脇佳吉教授（現・名誉教授）とイエズス会の井上洋治神父から、私と村上氏に対して、この本を巡って論争をして欲しいという依頼があり、四谷の上智大学で研究会が開催されたことがある。ここで私は、同書の誤謬の箇所を一つひとつ指摘し、その根拠となる史料を逐一挙げて村上氏に明示したが、氏はそれらの質問に満足に答えることができなかった。

そもそも村上氏は、同書の「まえがき」で、「宗教学の立場から、靖国神社、護国神社を客観的実証的に研究し、その成立と発展を歴史的にたどることによって、靖国の思想の本質と役割を究明することを目的としている。」と述べているが、それは果たして真の意味で「客観的実証的」な研究足りうるものであったといえるのだろうか。

例えば村上氏は、「靖国神社、護国神社は、明治維新から太平洋戦争の敗戦にいたる七〇余年にわたって、この国を支配した近代天皇制の全構造を、あますところなく反映する宗教施設であり、それをつらぬく原理は、国体の教義、すなわち天皇への忠誠と死を、すべての国民のあらゆる行為の最終的な目標として設定する排外的な集団原理であった。」と断定的にさらりと述べているが、この大仰な評価は、簡潔な物言いであるだけに人々の耳目を傾けさせるに足る迫力を持っており、依然として一つの有力な「靖国の思想」の見方として一般に認知されているものといえる。しかし、「近代天皇制国家の全構造」が靖國神社・護国神社に反映されているのならば、近代日本国家については、戦争・事変さえ研究すればその全構造を理解することができることになってしまう。さらに、村上氏が「この国を支配した近代天皇制の全構造を、あますところなく反映する宗教施設」と位置付けた靖國神社に、権宮司が設置されたのが、昭和も十三年のことであり、それも昭和七年に靖國神社宮司の賀茂百樹が陸軍大臣宛に上申してから約七年も経過してからのことであることからするならば、この事実こそが自ずと国家と国民、そして靖國神社との関係の真実を「あますところなく反映」しているのではないか。

また、村上氏は、「招魂社から靖国神社への歩みは、戦没者個々の招魂が、「英霊」とよばれる没個性的な祭神集団にたいする、国の手による慰霊顕彰へと変質していく過程にほかならなかった。」と記すが、明治二年に創建された東京招魂社が同十二年に別格官幣社靖國神社になったからといって、いきなり個性的な「忠魂」「忠霊」が没個性的な「英霊」へと変化・変質したわけではなく、また「忠魂」「忠霊」が消滅したわけでもないことは、靖國神社が昭和七年から十年にかけて編集した『靖國神社忠魂史』という書名を見ても理解できよう。そして、「英霊」という語句が、没個性的な意味のみで使用されたわけではないことは、昭和十五年に戦死した陸軍少佐・石川武夫（没後中佐に昇進）の事跡を偲んで十六年に刊行された『魂叫』の扉に、「故石川中佐之英霊に捧ぐ」と書かれていることからも窺える。このように、「英霊」という語句は決して没個性的な意味のみで使用されたのではなく、個々の「国民」にとっては、まさしく「個性」そのものであったという、至極単純な事実を見落としては、近代における「国民」と戦争との実態関係を語ることはできない。

要するに、村上氏の叙述の特徴というのは、一見史料を踏まえた実証的記述のようでいて、実際には自らのある単純化された結論を導くための憶測を随所に鏤めていることにある。勿論、一般の人が実際に史料に当たって村上説をもう一度見直すということは難しいことであるが、少なくとも学術研究の場においては、靖國神社の歴史について、『靖國神社誌』や『靖國神社百年史　資料篇』、『新編　靖国神社問題資料集』などの公刊されている基礎資料を虚心坦懐に丹念に読むことから始め、真の意味で「客観的実証的」に考察していくという地道な営みこそが今なお必要とされているのである。そのために、今に至るまで影響を与え続けている村上説に対する厳密な検証が改めて重要となるのであり、訂正すべき点は訂正した上で、研究者それぞれのテーマに取り組んでいくことが、靖國神社や戦歿者（戦死者）の慰霊・追悼・顕彰に関する研究の進展には不可欠な作業といえるのである。

ただ無論、このような作業は、あくまでも学術的な手続きによってなされるべきであって、村上氏の靖國神社研究の原動力であり、その背景でもある、氏の思想信条から齎された「反ヤスクニ」という側面を直接問題にすることでないことは言うまでもない。

「反ヤスクニ」の急先鋒の一人に、靖國神社監修の「オフィシャルガイドブック」と銘打たれた所功編『ようこそ靖國神社へ』（近代出版社、平成十二年、新版平成十九年）をもじった、『靖国の闇にようこそ―靖国神社・遊就館　非公式ガイドブック―』（社会評論社）というパロディ本を昨年出版した、辻子実氏というクリスチャンの方がいる。私は、この人と岩波書店の『世界』の編集長など十人ほどを相手に、「右対左」ということで対決してくれ、という要請を受けて、一人で神保町の岩波書店に赴いたのだが、蓋を開けてみると、彼らは「こんなことも知らなかった。ああ、そうですか。」といった具合で、非常に真面目で素直な方々であった。つまり、このことは、靖國神社に反対する人々が、いかに基本的な資料をきちんと読まずに一つの思いだけで論じていたのか、ということの表れでもある。しかし、同時にこの一件は、「反ヤスクニ」を批判する側の靖國神社を守る立場の人間にとっても、思想信条を異にする人間の話をどこまで真摯に聴くことができるか、という反省を突き付けるものであり、また、近代の神道史、宗教史を専攻する研究者にとっても、自らが基礎資料をどこまで虚心坦懐に読み込んで研究を発表し、論陣を張っているのか、という問い掛けが日々必要であることを痛感させられる出来事でもあった。

思想信条の異なる人々―とりわけ研究者同士ならばなおさら―が、お互いに様々な本や資料を読み、それを学問的に一つひとつ共に検討していけば、極めて迂遠なことではあるものの、いつかは、あらゆる思想信条の人々が納得し許容できるような「正しい方向」に向かえるのではないか。そのような理想をいささか胸に抱きつつ、日本人の霊魂観に基づく戦歿者（戦死者）の慰霊と追悼、顕彰に関する研究の基盤を築くため、平成十八年三月に創設された國學院大學研究開発推進センターでは、同年九月に「慰霊と追悼研究会」を発足させた。以後、神社界からの本センターに対する学術研究資金により、本センター専任講師の中山郁氏を中心に、國學院大學における神道史や宗教学などを専門とする若手・中堅の研究者や大学院生らが参加して、研究会やシンポジウムをはじめとする研究事業を着実に進めるとともに、学外の研究者とも積極的な交流を行なってきたのである。

本書は、この「慰霊と追悼研究会」における研究成果の一部を広く世に問うものであり、平成十九年二月十日に開催されたシンポジウム「慰霊と顕彰の間―近現代日本の戦死者観をめぐって―」の内容を軸として、駒澤大学の池上良正教授をゲスト・スピーカーに迎えた平成十八年十月七日の第二回研究会の記録や、日本における慰霊・追悼・顕彰研究の現状と課題を纏めた論考、「近現代日本の慰霊・追悼・顕彰に関する主要研究文献目録」をも収録して編まれたものである。

特筆すべきは、本書に収められた論考はいずれも、「慰霊か、顕彰か」を問うような、死者に対する姿勢のあり方を対置してその二者択一の判断を迫る、という「白か黒か」にも似た性急な見方から免れた、極めて動態的な研究であるように見えることである。

また、研究会やシンポジウムの場で一堂に会した研究者たちは、恐らくそれぞれ全く思想信条を異にしていると思われるが、「靖國神社問題」に見られるように先鋭な思想的対立を惹き起こしがちな戦歿者（戦死者）の慰霊と追悼、或は顕彰というテーマを前にして、お互いを〈一個の人間〉として尊重し合うなかで冷静かつ建設的な学術交流がなされたことは、「慰霊と追悼研究会」にとって何物にも代え難い財産になったといえよう。

最後に、本書に寄稿された方々に深く感謝を申し上げるとともに、本書を一つの出発点として、お互いに忌憚なく批判し合う議論の応酬から、生産的な研究が積み重ねられていくことによって、さらなる研究のネットワークが結ばれ、思想信条の垣根を越え、真の意味で自由な言論の空間が広がっていくことを衷心より祈念するものである。

平成二十年六月十日

國學院大學研究開発推進センター長　阪本是丸

目次

慰霊と顕彰の間

―近現代日本の戦死者観をめぐって―

日本における慰霊・追悼・顕彰研究の現状と課題

藤田大誠

一　はじめに

平成十三年八月十三日の小泉純一郎首相（当時）の靖國神社参拝[1]により、所謂「靖國神社問題」が再燃した。同年十二月の「追悼・平和祈念のための記念碑等施設の在り方を考える懇談会」（略称としては、「追悼・平和懇」、「平和懇」なども使われてきたが本稿では「追悼懇」とする）の発足もあって、靖國神社や国家による「慰霊」「追悼」について様々な論議がなされたことは周知の通りである。さらに小泉首相は以後も毎年一度の参拝を続け、平成十八年には、遂に初めて「公約通り」の八月十五日における靖國神社参拝を実現した。現職の首相による八月十五日の参拝は、昭和六十年の中曽根康弘首相以来二十一年ぶりとなったが、小泉首相在任の間には、中・韓両国の外圧的批判を背景とする「A級戦犯分祀」論を軸として、靖國神社のあり方や国家的な「戦歿者慰霊」のあり方について喧しい議論が展開された。現在においても、やや下火になったとはいえ、依然として論争の火種は燻り続けており、最近も映画『靖国』の上映問題などが勃発している。

一方で近年、その論議に一定の学術的根拠を与えてきた学界でも、多様な学問分野による戦歿者（戦死者）の「慰霊」「追悼」さらにはそれに伴う「顕彰」に関する研究が活発化している。しかしながら、近年の研究傾向は従前とはやや異なって、それは神道学や宗教学のみならず、歴史学・社会学・民俗学・文化人類学・政治学・法学など多彩な観点から行なわれている。さらには、これら諸分野による研究を横断し総合化する傾向、即ち本格的な「共同研究」として取り組まれていることも顕著な研究動向であろう。また、その研究内容については、従来の政教問題に関わる視点もさることながら、靖國神社の戦後史研究をはじめ、民俗レベルにおける日本人の「慰霊」「追悼」「顕彰」そのものの問い直しや、日本の地域的（ローカル）な事例の掘り起こしによる社会史的なアプローチ、或は「記憶」という分析概念などとも関連付けられた、日本及び世界各国の「慰霊」「追悼」「顕彰」に関する諸施設の事例間における比較研究などが隆盛になってきている。

そこで本稿では、近年の日本における戦死者に関する慰霊・追悼・顕彰研究の動向(3)を概観する中で、あくまでも筆者の関心の範囲内からではあるが、今後の研究課題となる問題点を聊か抽出していきたいと考える。

二　「慰霊」「追悼」「顕彰」の概念

まず、近年の研究動向を窺う前提として、ここでは、近年の諸研究に拠って、「慰霊」「追悼」「顕彰」などの諸概念が近年の研究でどのように整理されつつあるのかについて俯瞰してみたい。

「慰霊」「追悼」「顕彰」の三者の概念を明確に位置付けて論じたのは、矢野敬一『慰霊・追悼・顕彰の近代』（吉川弘文館、二〇〇六年）の序「近代における慰霊・追悼・顕彰研究の視角と方法」で、「近代における死者への対応について、ここでは宗教的な儀礼を扱う「慰霊」と、他方、世俗的な性格を色濃く帯びた「顕彰」を両極として、その中間に宗教色・世俗性共に希薄な「追悼」が位置する、と本書では概念化しておきたい。慰霊・追悼・顕彰という三つの局面には、個々の死者をめぐって展開する多様な政治的力学の所在が集約される形で表出していたと考える。」と述べている。このように「慰霊」「追悼」「顕彰」について、「宗教性」の有無を基準に判別する見解は一般的なものとはいえるが、この三概念を明確に位置づけた研究は実はそれほど多くはないのが現状である。

また、新谷尚紀・関沢まゆみ編『民俗小事典　死と葬送』（吉川弘文館、二〇〇五年）の中では、「慰霊」と「追悼」の項目でそれぞれが異なる見解を出しており、興味深い。「慰霊」の項目を担当した新谷尚紀が、「死者の霊魂を慰め安息させようとする儀礼。（中略）慰霊に近い語に追悼があるが、両者の意味はまったく異なる。追悼は死者を哀悼する意味に近く、通常死と異常死の両者ともに該当する語であるが、慰霊は戦死や事故死など異常死の場合が主である。」とする一方、「追悼」の項目を書いた西村明は、「死者をいたみ悲しむという感情とその行為をさす。類義語として「慰霊」もあるが、追悼は霊魂観を前提にせず、無宗教的な形式であるとする見解もある。しかし実際には、しばしば「慰霊・追悼」と併記されるように、明確に区別されない場合も多い。」としているのである。

さらに新谷尚紀は、「追悼と慰霊―memorial を慰霊と翻訳してはならない―」（『本郷』六〇、二〇〇五）において、「英語の memorial,remembrance,commemoration などの語が、日本語では記念、追悼、慰霊、祭祀などの語に翻訳されているのが現状であるが、それは匡正《きょうせい》されなくてはならない。死者を神に祀り上げる信仰・霊魂観念を有する日本語文化圏の言語と、それらを有しない英語文化圏の言語とを安易に翻訳して厳密で重要な意味内容の相違を曖昧化もしくは無化してはならない。その言語の意味内容をよくふまえた慎重且つ正確な翻訳が必要である。／memorial には「記念＋α」の含意があるが、そのαの解説が必要である。それは記憶しておくというだけでなく、抱きしめ慈しむというような感覚だといわれるが、それらを含めてより正確な言語と文化の翻訳が必要である。慰霊は「comfort the spirit ＋ β」の含意があるが、そのβとは spirit ＝「霊魂」を comfort ＝「慰める」だけでなく、その慰められた霊魂が霊性を獲得して「神」＝ deities/gods に祀り上げられるという動態までも含む意味内容であり、それも含めて翻訳される必要がある。だから *irei* とイタリック体で表記して、左記のようなその解説を英語で付すのが正確であろう。同様に、英霊は靖国神社の祭神の意味に限定して *eirei* と解説付きで翻訳すべきであり、Fallen Soldiers や War dead を安易に英霊と翻訳してはならない。」（／は改行を表す。以下同じ）という興味深い指摘を行なっている。こうした用語の英訳の問題については、池上良正「死者の「祭祀」と「供養」をめぐって」（『死生学年報』二、二〇〇六年）においても言及されており、「生者が死者に直接的に働きかけたり、生者と死者とが双方向的に交流すると考えられている機会が広くみられ、そうした実践をあらわす用語や作法が、多様に展開してきたという事実がある。たとえば英語圏であれば、mourning と memorial（rites）の言葉でほぼカバーできてしまう言動に、「鎮魂」「追悼」「哀悼」「祭祀」「供養」「慰霊」「浄霊」など多様な表現があり、それぞれが複雑な歴史的変遷をもち、微妙な性格の違いを付与されてきた。」と指摘されている。

この三つの概念について、最も新しい見解を提出しているのは西村明である。西村は、『戦後日本と戦争死者慰霊―シズメとフルイのダイナミズム―』（有志舎、二〇〇六年）[4]において、「慰霊」のメカニズムを総体的に理解するために「シズメ」と「フルイ」の二つの概念を設定した。その上で、「シズメ」について、「死者の社会的位置づけの再編成によって死者の社会的な不安定性を昇華する行為として理解すれば、それは生者と死者との儀礼的「分離」、あるいは「切断」である」概念とする一方、「フルイ」は「死者と生者との「接合」となる。そこでは、死者の有する何らかの属性や無念、遺志といったものを生者は「継承」する」概念として意味付け、政治的レベルで「顕彰」か「追悼」か、を争点とするのではなく、「戦争死者」（戦死者＋戦災死者）の慰霊が有する「フルイ」と「シズメ」の両面性を分析の着眼点とすることにより、「慰霊」のメカニズムを浮き彫りにしていくべきだと主張している。

そして、戦死者と関わる事象が社会問題化された時、往々にして戦死者に対する「顕彰」的側面と「追悼」的側面を対極的に捉える傾向に対しても異を唱え、この「顕彰」と「追悼」の両側面は、截然と割り切れるものではなく、慰霊の場に関わる立場の相違によって「顕彰」ともなれば「追悼」ともなるような「慰霊」の多義性を考慮に入れねばならないことも指摘している。つまり、まず「記述概念」として広い意味で「慰霊」概念を設定した上で、この概念と「顕彰」「追悼」の両側面との複雑な絡み合いに留意すべきとする立場であり、よりメタレベルの分析概念としては「フルイ」と「シズメ」の視角から斬り込んでいこうという研究姿勢であるといえよう。「フルイ」と「シズメ」の分析視角の有効性についてはひとまず措くとしても、この西村のように、出来る限り広範な共通の議論の場を設定するためにも、まず広い意味で記述概念としての「慰霊」概念を確保して置くという方向性は、多くの論者によって共有され得る性格のものではないだろうか。

三　「靖國神社問題」をめぐる評論と靖國神社の近代史研究

振り返れば、慰霊・追悼・顕彰研究が集中的に行なわれた時期は、近年を別とすれば、これまで大きく二度あったといえよう。それはまず、昭和四十年代の「靖國神社法案」をめぐる攻防の時期、次は五十年末から六十年代初頭にかけての「首相公式参拝」、「A級戦犯合祀」問題の時期で、いずれも、政治的・社会的に靖國神社が異常に注目された時期に当たる。因みに前者では村上重良『慰霊と招魂—靖国の思想—』(岩波新書、一九七四年)、後者では大江志乃夫『靖国神社』(岩波新書、一九八四年)という靖國神社批判のためのコンパクトな書籍が登場しており、この二書は未だに強い影響力を持ち続けている。そうすると、近年の慰霊・追悼・顕彰研究の盛況は、数年来に亙る「小泉参拝」に伴う三度目のブーム到来だといってしまいたくなる。事実、「小泉参拝」以降現在に至るまで、明確に「反ヤスクニ」を標榜する著作や論文、或はオピニオン誌や学会誌の特集、評論、論説の類が、それこそ汗牛充棟ただならぬほど登場している。(5)

ただ、「反ヤスクニ」論者の中でも、「追悼懇」報告書の「新たな国立追悼施設」構想をめぐっては、対立点が露となった。次の二冊を見ればそれは明らかである。まず菅原伸郎編著『戦争と追悼』(八朔社、二〇〇三年)では、部分的に「追悼懇」報告書を評価しつつ、「悲しみの空間をつくろう」と新施設の必要性を主張するが、田中伸尚編『国立追悼施設を考える』(樹花舎、二〇〇三年)では、それは「国のための死」を推進する新たな装置だとし、強硬に反対している。また、両論併記ともいうべきなのは、井上順孝・島薗進監修の国際宗教研究所編『新しい追悼施設は必要か』(ぺりかん社、二〇〇四年)である。この中の神道・仏教・キリスト教・新宗教の「若き宗教者」たちを発題者とした財団法人国際宗教研究所主催のシンポジウム記録も興味深いが、収録されている新進気鋭の研究者たちによる関係論文は、現段階においても慰霊・追悼・顕彰研究のダイジェストとも見なせるものといえる。(6) 特に、今井昭彦、西村明、佐藤壮広、粟津賢太は、近年この分野で目覚しい業績を積み重ねている。

これら「追悼懇」に関連した著作や論文における研究は、概して靖國神社批判の文脈が強いものの、中には学術的議論の前提となる諸事実の情報を得るために重要な論考もあり、沖縄の慰霊施設、原爆慰霊、ドイツのノイエ・ヴァッヘや英国のセノターフ、米国アーリントン墓地など、日本各地や世界各国の追悼施設の事例を広く論ずる中で比較研究が試みられていることがその大きな特徴といえよう。

また、明確に「靖國神社問題」を標的にした評論、研究の増加も顕著な動向である。とりわけ、「靖國神社の戦後史」

に焦点を当てた著作が目を惹き、その中にはかなり詳細なものもある。新しいものとしては、米国国立公文書館のＧＨＱ関係文書や国務省の内部機関「戦後計画委員会」（ＰＷＣ）関係文書、オレゴン大学図書館のＷ・Ｐ・ウッダード文書などの若干目新しい史料を用い、さらに当時の関係者たちのインタビューなどで構成されている中村直文・ＮＨＫ取材班『靖国―知られざる占領下の攻防―』（ＮＨＫ出版、二〇〇七年）が出版されているが、さほど新規な視点は打ち出されていない。また、保阪正康『「靖国」という悩み』（毎日新聞社、二〇〇七年）や毎日新聞「靖国」取材班『靖国戦後秘史―Ａ級戦犯を合祀した男―』（毎日新聞社、二〇〇六年）など、「Ａ級戦犯」合祀問題に焦点を当てた書籍もあるが、いずれも不確かな情報に基づく推測の面が大きく、自らに都合のいい資料のみで語るなど、初めから一定の結論ありきという学術性の乏しいものである。特に後者に関しては、神社関係者に対するなりふり構わぬ強引な取材手法と極めて恣意的な文章表現によって取材対象者に不快感を与えた面も多く、ジャーナリズムとは到底言えないもので、事実、発行後、他メディアにおいて好意的に取り上げられた形跡は殆どない。よって、むしろ、「靖國神社の戦後史」研究として、書評するに値するものとしては、これらより少し前に刊行されたものに集中しているといえる。

まず、田中伸尚『靖国の戦後史』（岩波新書、二〇〇二年）は、明確に「反ヤスクニ」を標榜するジャーナリストの著作であるが、国会や裁判の記録から靖國神社の社報、神社界の機関紙『神社新報』に至るまで、各種資料を非常に広く渉猟し詳しく検討したものであることは確かである。論点は多岐に亙るが、田中が「靖国問題」の本質や根幹だと強調する点は、「岩波新書」編集部ウェブサイトに掲載された本人の弁にもあるように(7)、概ね次の二点に集約されよう。その第一は、「遺族の同意を前提としないで、国家が死者を支配して勝手に神にしてしまうことの理不尽さ、不条理さといったこと」、第二には「そもそもなぜ国家が戦死者を追悼しようとするのか」という根本的な問いである。

二点目については、「追悼懇」での靖國神社に代わる国立戦没者追悼施設の新設への動きとも異なる、非常にラディカルな見解に繋がり、「A級戦犯合祀」にこだわることもなく、新追悼施設は「国のための死」を新たに生み出す装置だとしてその「不要論」を展開している。つまるところ、これは「国家」観の根本認識の相違にまで突き詰めるべき問題であろう。

また、第一点目については、結局は「宗教的寛容」の問題に行き着く重い課題に繋がる性質のものではあるが、その評価についてはー旦措くとしても、同書はその前提となる事実認識に関する記述の上で不十分な点がある。同書では、「公務中、事故死した殉職自衛官の夫を妻の意思に反して護国神社に合祀したこと」が憲法の「信教の自由」や「政教分離原則」に違反すると訴えた、「山口県殉職自衛官合祀訴訟」原告であるクリスチャンの妻の「言い分」やその「苦悩」は全面的に紹介され、煽情的なまでに読者の良心を揺さぶる。しかし、反面、実はこれは妻の「宗教上の人格権」擁護の必要性だけを強調した一方的なもので、それにより他の親族（自衛官の実父や弟妹等）の「信教の自由」侵害や、またその「苦悩」が「合祀取り下げ」によって生ずることには少しも触れておらず、全く考慮されることはない。そして事実、この妻の主張の根拠となっている潔癖なキリスト教信仰に基づくはずの宗教的行為の「一貫性の無さ」（夫の部隊葬が親族の希望により仏式で営まれた際に喪主を務め、実家の葬儀は宗旨である浄土真宗本願寺派によるものだったがこれにも参列している）や、そもそも夫が妻のキリスト教信仰に批判的であるとともに、その妻のキリスト教信仰に優先して護国神社に祀られることを拒絶してはいなかったこと、また、夫の実父をはじめ妻以外の親族（妻の両親も含む）が「合祀継続希望の嘆願書」を山口県隊友会宛に提出した事実などは夙に指摘されているのにも拘らず[(8)]、これらの都合の悪い「言い分」には一切言及することはないのである。このように、「反ヤスクニ」に固執する余り、一方の情報のみしか与えないというジャーナリズムを逸脱した一種の「情報操作」に近いことを行なっている点で、同書は問題が多いといわざるを得ない。

一方で、同じく「靖國神社の戦後史」を取り扱ったものとして、赤澤史朗『靖国神社―せめぎあう〈戦没者追悼〉のゆくえ―』（岩波書店、二〇〇五年）、三土修平『靖国問題の原点』（日本評論社、二〇〇五年）の両書は、通り一遍の靖國神社批判とは異なる面を持っている。即ち、論壇で一時話題となった高橋哲哉『靖国問題』（ちくま新書、二〇〇五年）や、日本思想史の立場から「国家神道」を批判するために書かれた子安宣邦『国家と祭祀―国家神道の現在―』（青土社、二〇〇四年）のような、自己の「信念」の正当化のために一方的かつ安直に見えるほどに史料を掘り下げずに拵えられた論とは一線を画し、異なる立場の言い分に対しても正面から向き合っている点に特徴がある。(9)

赤澤史朗の『靖国神社』は、近現代史の専門家らしい文献実証に基づく研究だが、特に靖國神社の社報『靖國』を検討し、戦後初期の靖國神社においては、一貫して保持してきた「殉国」と戦後の「平和」意識を結びつけた「慰霊」を強調する「平和主義」が唱えられており、それを深化させる可能性があったと評価する。その上で、昭和三十五年前後から次第に「平和主義」は放棄され、「慰霊」＋顕彰へと変質し、「戦争肯定」へと逆転していったと批判するのである。しかし、赤澤も言及している部分だが、そもそも靖國神社は、前身である東京招魂社創建の際の祝詞を見ても「慰霊（哀悼）」と「顕彰」の両面がその本質であり、さらに「顕彰」が必ずしも戦争讃美に短絡的に繋がるもので無いことは、その目的が「安国」（靖國神社に改称の際の御祭文）にあることからも明らかである。

また、経済学者ながら異色の論陣を張る三土修平の『靖国問題の原点』は、「靖國神社訴訟」の被告（靖国派）と原告（反靖国派）の対立軸では割り切れない人々の「戦歿者の公的追悼」を望む声に対する回答を模索するものである。三土自身は明らかに原告側に同情を寄せているものの、占領下に靖國神社が一宗教法人とされたのは占領軍に押し付けられたもので正すべきとする立場を「謀略史観」、逆にこの改革は戦後の「成果」であるのに反動勢力が策謀を巡らしているとする立場を「せっかく史観」と名付け、いずれも「末法思想」的なものと批判し、一旦両派を相対化する視点を確保している点は注目されよう。だが、この措置は占領軍と日本政府との「駆け引きと妥協の産物」で前者の立場は事実の歪曲を含むと断じているのはいかがなものであろうか。なぜなら当時、占領軍から「記念碑的なもの」への変更こそ仄めかされたが、靖國神社における「神社祭祀」の形式やその実質を守る唯一の方策としては、「駆け引き」どころか国家管理を離れた「宗教法人」の道しか残されなかったことはすでによく知られた事実である。(10) 占領期の時点で三土のいう「公共性」か「神道的宗教性」(11)かの二者択一を迫られた当事者達の「生き残り」のためのリアリティを考えることなしに、これを現在の地点から裁断してしまう評価には違和感を感ぜざるを得ない。

このように赤澤と三土の両書は、靖國神社の「戦後」に焦点を当てた意欲作ではあるが、実は二人が、占領期や戦後の展開を詳述するためにあえてその殆どを「棚上げ」にし、さらりと触れただけの靖國神社の「近代」の研究は、意外なほど乏しい。(12)

また、近代の靖國神社に関する史料の全体像も未だ明らかではない。刊行されている賀茂百樹編『靖國神社誌』（靖國神社、明治四十四年）、『靖國神社百年史』資料篇上・中・下・事歴年表（靖國神社、昭和五十八、五十九、六十二年）は、第一に繙くべき基本的文献であるが、これとてもしっかりと読み込んだ研究は少ないのが現状である。ましてや公文書や関連する原資料に直接当たって考察している研究は極めて少ない。なお、平成十九年三月二十日に、千二百頁超に亙る大部の資料集として国立国会図書館調査及び立法考査局編集『新編　靖国神社問題資料集』（国立国会図書館発行）が刊行されたが、「靖國神社問題」の資料という性格から、その殆どが戦後の資料で占められている。近代の資料としては、法令や既知の資料以外にこれまで非公開だった靖國神社所蔵資料の一部も収録されているが、それは『靖國神社合祀者資格審査方針綴』等、合祀関係に特化したものに限られており、国立公文書館や防衛省防衛研究所図書館などに所蔵される公文原簿類は収載されていない。この資料集の概要については、同書解題の春山明哲「『新編　靖国神社問題資料集』刊行の経緯と収録資料の概要―靖国神社の近現代史に寄せて―」を参照。

以上を踏まえれば、今後、「戦後」を語る前に踏まえるべき靖國神社の近代史研究こそが重要課題といえよう。つまり、近代の国家的な中心的戦歿者慰霊施設がなぜ靖國神社、即ち「神社神道」の形式であり続けたのか、ということに対する歴史的追究を精緻に行なうことなしに「戦後」の戦歿者慰霊・追悼の問題に対する処方箋を与えるということはあり得ないからである。

この靖國神社近代史の「不在」を象徴するような「靖国問題」の学術研究として、次に一例を挙げておこう。中野晃一＋上智大学21世紀COEプログラム編『ヤスクニとむきあう』（めこん、二〇〇六年）は、上智大学21世紀COEプログラム「地域立脚型グローバル・スタディーズの構築」が主催した「グローバル・アイ・オン・YASUKUNI」シンポジウム（平成十七年十二月十四日）を出発点とする、「靖国問題」を検討した論文集である。中野晃一「まえがき」では、「ヤスクニともっと正面からむきあうべきだと考え、本書では複数の異なる政治的立場、また日本人に加えて、在日韓国人、韓国人、中国人、更にはアメリカ人、イギリス人、それも様々な年齢層（八〇歳代から三〇歳代まで）の執筆者を交えて、これまであまり顧みられなかった多様な視座を提示し、執筆者のそれぞれが真っ向から議論することを旨とした。靖国神社のあり方そのものに強い反発を感じる者から小泉の靖国参拝を肯定的に評価する者まで、また、国民国家論者からその枠を超えた共同体を唱える者まで、無理に意見を合わせることはせず、いくつかのケースにおいては、執筆者同士でむきあい、互いに論評、批判しあうことさえした。」と記すが、実際は、国民国家論の枠組みの中で「靖国の問題は基本的には日本の「市民宗教」に関わる問題だと考える。」とする安野正士以外の殆どは、全くステロタイプな「反ヤスクニ」の政治的発言の域を出ないものといわざるを得ない。これは「政治学的」或は「言説的」アプローチ（即ち「政治評論」に近い）を採る場合の宿命的な帰結ともいえるが、同書においては、「靖国問題」

の前提となるべき、近代の靖國神社の具体的な歴史もしくはそれをさらに遡る日本人の「慰霊」観については極めて静態的なものに留まっている。

よって今後、筆者のような、ある意味では神道史の立場から行なう靖國神社研究においては、現在の「靖国問題」そのものにいきなり「むきあう」のでは無く、あくまで、未だ研究の進んでいない、近代の靖國神社をはじめ、それをさらに遡った古代・中世・近世のそれぞれの地点から、日本的「慰霊」「追悼」「顕彰」の種々相、つまり戦争における死者に対する「霊魂観」の問題について具体的な資史料をもとに「歴史的」に考察し、その成果を互いに共有することを中心的課題にすべきではないかと考える。その点、『明治聖徳記念学会紀要』復刊第四十四号（平成十九年）の特集「日本人の霊魂観と慰霊」は、明治聖徳記念学会という一学会の機関誌ではあるが、國學院大學研究開発推進センターとの共催で開かれた公開シンポジウムなどの記録なども含んだ、霊魂観や慰霊に関する約五百頁にも及ぶ大著の論文集になっているだけでなく、内容もバラエティに富み非常に充実していると思われる。

勿論、併用的に宗教学、民俗学、社会学などの周辺諸学によるアプローチや分析概念も必要不可欠なものとなってくるであろう。特に、近年は『死者の救済史―供養と憑依の宗教学―』（角川選書、二〇〇三年）を著した池上良正のような、中世から現代にまで至る長いスパンを取り扱う中で死者の霊魂への対処法システムを分析するという試みを行ないつつ、現在の靖國神社の信仰にも焦点を当てるといった方法を採る宗教学者も見られる。池上は、「靖国信仰の個人性」（『駒澤大学　文化』二四、平成十八年、本書に改稿の上収録）という論文において、一般に「集団性に強く傾斜したもの」とされている「靖国信仰」においても、靖國神社における永代神楽祭や花嫁人形の奉納、遊就館における個人遺影の展示、遺族の証言などの調査から、「個人性」の要素を見出し、両者の単純な二項対立の発想から距離をおいて、「多様な要素が錯綜し、集団性と個人性が絶え間なくせめぎ合う現実の姿を、動態的な視野のなかで理解する努力を続けることが大切」だと論じている。ある事象に対し、一定の概念をレッテルとして貼り付けてこと足りるとする静態的な研究は最早立ち行かなくなりつつある。今後は、歴史的考察による「事実」の抽出とともに、コンテキストによって柔軟に解釈し得る自前の分析概念の構築とその効果的な適用こそが求められているといえよう。

四　近年の共同研究の成果と個別研究との関係

日本における慰霊・追悼・顕彰研究の近年の顕著な傾向の一つとして、多様な分野の研究者が多数参加する「共同研究」という形で、総合的・体系的に研究の成果が公表されていることがある。ここでは、その主な共同研究を概観し、さらには、その共同研究に密接に関わるものとして、近年の慰霊・追悼・顕彰に関する個別研究が生み出されていることをも見ていきたい。

①国立歴史民俗博物館における共同研究

まず、国立歴史民俗博物館（以下、歴博と表記）における共同研究の成果として、平成十五年三月に、「非文献資料の基礎的研究」報告書『近現代の戦争に関する記念碑』、また『国立歴史民俗博物館研究報告』第百二集「慰霊と墓」が続けて出された。特に前者は、一万基を優に越える忠魂碑や忠霊塔をはじめとする「戦没記念碑」の、わが国初めての全国的な実態調査のデータを網羅した大部な報告書であり、非常に貴重な業績といえる。ただ本書の前提には、平成四年六月に全國護國神社會の臨時総会において「忠魂碑調査の件」が決議されたことに伴って各地の神社庁や護国神社で調査されたこれまでの地道な成果や、その事業に精力的に従事した、いしぶみ研究家の海老根功による長年の膨大な調査成果やそのノウハウなしには到底纏められなかったことを忘れてはならないだろう。

一方、この歴博の一連の共同研究には、近年次々に慰霊・追悼・顕彰研究を含む著作や論文を出して気を吐いている研究者達が集結していることが注目される。例えば、歴史学の立場からは、「軍用墓地」に注目した原田敬一『国民軍の神話—兵士になるということ—』（吉川弘文館、二〇〇一年）[13]や横山篤夫『戦時下の社会—大阪の一隅から—』（岩田書院、二〇〇一年）をはじめ、地方の「軍都」における「慰霊空間」を対象とした本康宏史『軍都の慰霊空間—国民統合と戦死者たち—』（吉川弘文館、二〇〇二年）、一ノ瀬俊也『近代日本の徴兵制と社会』（吉川弘文館、二〇〇四年）などの著作が生れている。また、文化人類学の立場から「兵士の遺体処理と慰霊のかたち」を考察した波平恵美子『日本人の死のかたち—伝統儀礼から靖国まで—』（朝日選書、二〇〇四年）、宗教社会学・民俗学的視点から「内戦における反政府軍戦死者の祭祀」や「対外戦争における戦死者の祭祀」を考察した今井昭彦『近代日本と戦死者祭祀』（東洋書林、二〇〇五年）、宗教学の立場から「戦争死者」（戦死者＋戦災死者）の慰霊に対して「系譜的理解」を行なうとともに長崎の原爆慰霊を対象にして「シズメ」と「フルイ」の分析概念で検討した先述の西村明『戦後日本と戦争死者慰霊—シズメとフルイのダイナミズム—』が「慰霊」に関わる著書として出版されている。また、忠魂碑や護国神社などについての個別的研究を発表している者も多く参加しており、特に宗教社会学・社会人類学的アプローチにより「記憶」を分析概念として用い、忠霊塔をはじめとする国内外の戦死者慰霊関連施設やその言説などに関して多数の論考を発表している粟津賢太の諸業績は注目される。以下、いくつかの著作・論文の内容に言及してみたい。

西村明は、先の著作『戦後日本と戦争死者慰霊』でこれまでの「慰霊」研究を詳しく整理し、研究の指針をも示している。西村は幕末維新期の展開から語るのではなく、前近代にまで遡って「戦争死者儀礼を系譜的に理解する視点」を導入した上で、靖國神社や護国神社、忠魂碑・忠霊塔の歴史を「国家的慰霊システム」の形成と捉えるとともに、一方で民間（民衆）レベルの「御霊信仰的・先祖供養的儀礼実践」という「慰霊の私的側面」についてもその流れを整理し、戦後の戦争死者慰霊をとりまく混乱は、「中世以来（実際にはそれ以前から）の戦死者儀礼の複数的な系譜が縦糸となり、各時代における暴力連関のあり方という横糸との交差によって織り出される模様が非常に複雑な様相を呈していることから来ている」と指摘している。

また、今井昭彦は長年、「国家が祀らなかった戦死者」の戊辰戦争の会津など反政府軍（いわゆる「賊軍」）戦死者の慰霊の実態について研究を進め、先述の著作『近代日本と戦死者祭祀』を出版した。この研究において今井は、「近代日本における慰霊問題の研究といえば、総じて対外戦争における、戦死者祭祀の問題に偏りがちである。それは戦死者の数からして、また戦争が社会に与えた影響力からして、当然の帰結なのではあるが、しかし近代日本の戦死者祭祀の出発点は、既述のように、まず日本人同士が戦った戊辰の内戦にあったから、この内戦への視点が欠落していては、そもそも近代日本の慰霊問題は語れないはずである。靖国神社の前身たる東京招魂社も、当初は内戦における政府軍戦死者を祀るために、建てられたものであった。研究の多くは、どうもこの点が軽視されているように思われる。」という問題意識が根底にあることを明らかにしているが、首肯すべき意見であろう。

今井の出発点には、昭和五十七年に師である森岡清美とともに行なった調査報告「国事殉難戦没者、とくに反政府軍戦死者の慰霊実態」（『成城文藝』一〇二）がある。しかしながら、その研究成果を基に、いきなり中世の「御霊信仰」や「怨親平等」、戦国大名が敵をも供養したことなどを我が国の「伝統」と看做して持ち出し、明治政府は「賊軍」を祀らなかったと批判の鉾先を向けるのは、余りにも問題を単純化した拙速な見解だと思われる。(14) 一方で今井には、地域の護国神社や忠魂碑も含む総合的な「戦死者祭祀施設」研究の志向もあるため、今後の研究の進展が大いに期待されるところである。

この今井の師の森岡清美といえば、「家」研究、「神社整理」研究などで著名な社会学者だが、『決死の世代と遺書―太平洋戦争末期の若者の生と死―・補訂版』（吉川弘文館、平成七年）という戦場に行く兵士たちの死の意味付けを考察した書物を出している。実はこの本を冒頭に持ってきて、「戦没者慰霊と集合的記憶―忠魂・忠霊をめぐる言説と忠霊公葬問題を中心に―」と題する研究報告を二〇〇三年度日本史研究大会で行なったのが粟津賢太である（『日本史研究』五〇一、二〇〇四年）。この研究大会では一ノ瀬俊也も「郷土の軍神」の事例を挙げた「戦死者顕彰」について報告している。

粟津は、戦歿者慰霊のマニュアル本や、内部に納骨施設を持った忠霊塔の建設を推進した昭和十四年設立の「大日本忠霊顕彰会」の活動、昭和十年代後半の「忠霊公葬運動」などを取り上げ、こうした戦歿者慰霊の場の観念は、神道や仏教、儒教、御霊信仰、家、祖先崇拝、武士道などさまざまな要素の「混合物」だとし、宗教社会学的分析を施した。粟津には、近代における国内外の忠霊塔のみならず、他に、英語文献による外国人の「記憶」を分析概念とする議論の紹介に加え、沖縄や英国の戦歿記念碑をはじめとする様々な国内外の公的な戦死者記念施設に関する論考なども多数あり、今後、国内外における比較作業も含めた総合的研究への進展が最も期待される一人であるといえよう。(15)

歴博の共同研究を一瞥すれば、近年の歴史学・民俗学周辺の慰霊・追悼・顕彰研究においては、靖國神社そのものに対する検討というより、その周辺の諸要素を対象としており、具体的には各地の護国神社や忠魂碑・忠霊塔、さらに原田敬一や横山篤夫らをパイオニアとする「軍用墓地」(16)にまで対象が拡大していることがわかる。

②「戦死者のゆくえ」研究会における共同研究

また、川村邦光を代表として大阪大学で行なわれていた「戦死者のゆくえ」研究会の活動も目を惹くものだった。これは平成十二～十四年度の文部科学省科学研究費補助金基盤研究であり、同時期に「宗教と社会」学会の研究プロジェクトとしても採用されており、その科研費報告書『戦死者をめぐる宗教・文化の研究』（これの一部を編集したものを川村邦光編著『戦死者のゆくえ』青弓社、二〇〇三年として出版）が刊行されている。「戦死者のゆくえ」研究会には、宗教学者の山折哲雄や哲学者の木田元のほか、若手研究者も多数参加しており、『戦争体験の社会学―「兵士」という文体―』（弘文堂、二〇〇六年）を出版した野上元や先述の『慰霊・追悼・顕彰の近代』を上梓した矢野敬一、『日本統治下の海外神社―朝鮮神宮・台湾神社と祭神―』（弘文堂、平成十六年）を著した菅浩二らが参加している。[17]

同書「はじめに」で川村は、「殺し／殺された戦死という様相・状況」を見据えない「戦没者とはきわめて空虚な言葉」だとし、専ら「戦死者」という語を用いる理由を明らかにしている。また、同書に収められた川村の論考「靖国神社と神社の近代」[18]は、史料的には特に阪本是丸『国家神道形成過程の研究』（岩波書店、一九九四年）と山口輝臣『明治国家と宗教』（東京大学出版会、一九九九年）に依拠しつつ、「靖国神社のおもに〝宗教的〟側面を批判的に検討するという立場から、靖国神社がどのように《ママ》プロセスを経て成立していったのか、その歴史的展開を近代の神社史のなかに位置づけて分析」したものであるが、「戦争が起こり、数多くの戦死者と遺族が出ないかぎりは見向きもされないというのが、靖国神社の宿命だった。」とし、「靖国信仰」は戦時下という〝非常時〟の信仰、「異常事態、危機的状況に応じた、突出した信仰」として捉えられるものとして結論づけている。

この極端な結論は、あまりにも後付けの論理に過ぎないが、川村が冒頭で「今後の課題」に挙げた視角として、「靖国神社の形成プロセスや言説の歴史的な変遷と、靖国神社をめぐる信仰（靖国信仰）の展開とを交差させることによって、靖国神社観（イデオロギー）を明らかにすることができると思っている。」と述べている点については、今後の靖國神社研究に当たっても有効なアプローチ法の一つであるといえよう。但し、川村論文では靖國神社の制度的変遷一つとっても、先行業績の一部の成果をなぞるに留まったままで、大きな結論のみを急いでしまったようにも思われる。

例えば、川村論文の記述の一部を取り上げてもそれは良くわかる。「国家神道体制」をどのように捉えるにせよ、「神宮を頂点とする国家的神社制度・宗教制度と〝天皇教〟はいうまでもなく相互に密着し、また靖国神社が両者を結びつけて、国家の政教関係を形成し展開させてきたのであり、この両輪をもって国家神道体制と呼ぶことができるのである。」というような川村の見解は、明治末期以降における神道人・議会人による「神祇特別官衙設置運動」の主要方針であった、内務省、陸海軍省、朝鮮・台湾両総督府及び樺太庁の神社行政を統合する「神社行政統一」が実現しなかった最大の理由が、靖國神社とその管轄者である陸海軍省の反対にあったように、少なくとも制度的に、靖國神社が皇室祭祀と神社祭祀を接合するための「媒介」とはなり得なかったことは明白である。(19)

未だ本格的になされていない靖國神社の制度史的研究、即ち法令の整理や公文書をはじめとする史料の活用による基礎的研究と、靖國神社の担い手たる宮司や神職、さらには軍人や官僚、政治家、そして一般国民の靖國神社観、「英霊」観に関する思想史的研究との「総合」を行なうには、現段階の研究状況では個別的研究自体もかなり不足している。積み重ねるべき考察は余りにも多いといわざるを得ない。

以上、①と②で歴博と阪大の共同研究を紹介したが、これらの共同研究はいずれも「小泉参拝」以前から始動していたものであり、その出来事は当然に相当の刺激を与えたとはいえるものの、単に「靖國神社批判」のためだけにする一過性のものであったとは到底言い難い。実際、すでに歴博では、平成七年度から十二年度まで六年間に亙り、基幹研究「歴史における戦争の研究」という「戦い」に関わる学際的かつ総合的なプロジェクトが着々と行なわれ、『人類にとって戦いとは』全五冊（東洋書林、一九九九～二〇〇二年）をはじめとする諸成果の中で「慰霊」研究も積み重ねられており、また、川村邦光も元々霊魂をめぐる「民俗」の歴史を課題としてきた（『幻視する近代空間』青弓社、一九九七年など）研究者の一人だった。

③民俗学的アプローチによる研究

また、「民俗」といえば、近年、民俗学による「戦死者祭祀」研究が格段に増えている。例えば、成城大学民俗学研究所の共同研究の成果として松崎憲三編『近代庶民生活の展開―くにの政策と民俗―』（三一書房、一九九八年）が出版され、その中で今井昭彦や谷口貢、岩田重則による「戦死者慰霊（祭祀）」研究も発表されている。

だが、その先駆的業績となるのは、平成十二年に急逝した在野の民俗学者・田中丸勝彦の「英霊祭祀」研究であろう。その研究は、遺作として出版された『さまよえる英霊たち』（柏書房、二〇〇二年）で断片的に窺える。本書で紹介されている生前の見取り図によれば、「クニ」「ムラ」「イエ」の各レベルの「英霊祭祀」について、歴史、思想、民俗の観点を含む総合的研究が目指されていた。靖國神社には批判的だった田中丸だが、本書を読むと、靖國神社や護国神社をはじめ、地域の「英霊祭祀」の現場まで歩き、解明に努める姿には非常な執念を感じるし、さらには「戦歿将兵の霊を「英霊」と称するようになるのは、日露戦争の時期からであった。」との指摘は、現在この分野の研究者の前提知識となっている観があるように、その影響力も無視できないものである（但し、「英霊」の呼称については、さらに早く日清戦争後から用いられていたことが阪本是丸「「国家神道体制」と靖國神社―慰霊と招魂の思想的系譜・序説―」『神社本庁教学研究所紀要』一二、平成十九年、によって指摘されている）。

しかし、岩田重則『戦死者霊魂のゆくえ―戦争と民俗―』（吉川弘文館、二〇〇三年）は、田中丸の「英霊祭祀」研究のようなアプローチを批判的に見る。「はじめに」で岩田は、「英霊祭祀」研究に対して「戦死をめぐる近代国家のシステムの解明としては意味を持ち得ても、生活する側が戦死者をみずからのもとへ取り戻すための論理の構築とはなり得ていないのではないか。」と批判し、「本来、死は生および性とともにもっとも私的な領域に属する、民俗学的にいえば、もっとも主体的かつ自律的存在である」から、個々の戦死者を「国民である以前にひとりひとりの私的人間」と捉え、家やムラの民俗としての「戦死者祭祀」の実態を解明することの必要性を強調した。つまり「国家および国民の論理ではなく、民俗の論理による、戦死者祭祀の解明が起点であるべき」と主張したのである。岩田は、戦時下に書かれた柳田国男『先祖の話』（筑摩書房、昭和二十一年）で展開された「祖霊信仰学説」に対し「特定の時代状況においてのみ、提出されたもの」と批判を加えてもいるが、本書で提示されたとりわけ重要な議論としては、「戦死者多重祭祀論」が挙げられる。[20] 岩田は本書で、具体的に家とムラの民俗としての「戦死者祭祀」の実態を検討する中で、「いわば、戦死者祭祀は、異なる信仰体系による祭祀が成立しやすいものであった。二重祭祀とは、ひとつはいうまでもなく家の信仰体系による祭祀であり、もうひとつはムラなど集団によって祀られる場合の御霊信仰の体系による祭祀であり（靖国神社・護国神社も含めれば三重祭祀）、ふつう単一の祭祀となる家の死者とは異なる多重祭祀である。そして、戦死者祭祀が悲劇性を基礎とした祭祀であるがゆえに、実は実態は凄惨であるものの、国家的次元では抽象化された戦死者霊魂である「英霊」「殉国」「忠霊」と習合しやすい性格を持つものであったと考えられるのである。」と述べるとともに、「ここで確実に知ることができたことは、日本の家およびムラは戦死者祭祀を行なってきた、家についていえば最終年忌の五十回忌までをも完結させた、という事実であった。そうした事実が存在していること、それ以上に必要な何かがあるのであろうか。ふつうの死者のように家での戦死者祭祀も済まされ本来の戻るべきところに戻って行った、それでよいのであり、たとえば、国家が不自然な多重祭祀を生み出すことなど、死者への冒瀆《ぼうとく》のきわみといってよいだろう。」と靖國神社や護国神社、忠魂碑などの戦歿者祭祀、慰霊に対して批判の目を向けている。

　岩田の「多重祭祀論」は、いわば、「国家の論理」と「民俗の論理」を峻別し、国家／民俗（ムラ、家）の間に断層を読み込むものだが、果たしてそのような構造的理解にどれほど妥当性があるのかが、今後問題となる点であろう。

岩田の視点は、用語の違いはあっても、実は田中丸の視点とそれほど離れるものではないようにも思うが、国家と民俗（ムラ、家）との異質性の強調の程度や、その相互的影響関係について余り重視していない点（国家による影響行使については言及がある）において特徴があるといえる。また、果たして各々のレベルにおいて行なわれる「戦死者祭祀」が「多重」しているという用語法が果たして実態に即したものとなっているか、という問題もあろう。今後の研究においては、遺族にとって各々のレベルにおける「慰霊」「追悼」「顕彰」の行為がそれぞれの場で完結しており、それらが「並存」していたという認識であったとはいえないのか、という点も考慮すべき視角ではないだろうか。

この他、科研費による民俗学的な共同研究として、岩本通弥の共同研究「戦没者祭祀と祖先観の変容に関する民俗学的研究―新潟県佐渡の墓碑・忠魂碑・護国神社―」があり、また、宗教学者と民俗学者などが参加した科研費による共同研究として、鈴木岩弓を研究代表者とする「死者と追悼をめぐる意識変化―葬送と墓についての統合的研究―」も研究成果報告書を出しているが、ここでも「戦死者慰霊」に関する諸論考が収められている。

④歴史学的アプローチによる研究

史料の発掘とその分析によって考察を進める歴史学の分野においては、先述の原田敬一らによる軍人墓地に関する研究の他、現在、檜山幸夫を中心とする共同研究として進められてきた、科研費による「近代日本における戦争紀年碑と戦没者慰霊についての地域社会史的研究」「近代日本の戦没者慰霊に関する総合的研究」があり、ここでは近代の「物」史料としての戦争紀年碑などに注目して研究している。この研究成果の一部として、檜山は「近代日本における戦争紀念碑と軍人墓（上）（下）」（『九州史学』一三六、一三九、二〇〇三～二〇〇四年）等を発表している。

従来から檜山は、その著作『日清戦争―秘蔵写真が明かす真実―』（講談社、一九九七年）において日清戦争を分析する中で、「戦没者」の葬儀や供養、招魂祭、墓碑等に注目しており、また、共同研究「日清戦争における日本人の対中国観の研究」の成果の一部を纏めた檜山幸夫編著『近代日本の形成と日清戦争—戦争の社会史—』（雄山閣出版、二〇〇一年）に所収された論考においてもその観点の重視は変わっていない(21)。また、檜山が編輯責任者となっている台湾史研究部会編『台湾の近代と日本』（中京大学社会科学研究所、二〇〇三年）においては、本康宏史「台湾神社の創建と統治政策—祭神をめぐる問題を中心に—」や蔡錦堂「台湾の忠烈祠と日本の護国神社・靖国神社との比較」という台湾における戦死者慰霊の関連論文が収められている。

　檜山は、その詳細な論考「近代日本における戦殁者慰霊と宗教性について—長崎南松浦郡新上五島町を事例に—」（『中京大学　社会科学研究』二六—二、二〇〇六年）において、「国民国家における戦殁者慰霊とは、徴兵などによって組織された「国民的軍隊」が、対外戦争において戦死した将兵の「みたま」を慰霊顕彰することを指す。つまり、戦殁者慰霊とは単に個人の信仰心に《ママ》だけのものではなく、極めて広域的な信仰と強い政治性とを持ったものであった。それは、戦死した将兵の「死の意味」が戦殁者慰霊の基本軸になっているからにほかならない。このことは、「死の意味」が国家の国民統合の論理とそれを支える社会の価値観と深くかかわっていることを示している。それ故、戦殁者慰霊の問題は単なる信仰や宗教という限られた枠だけでは捉えられない、ある意味では近代国家そのものの本質を解き明かす鍵にもなりうる問題でもあるといえよう。戦殁者慰霊の研究が、歴史学はもとより民俗学の分野から社会学から宗教学をも含んだ総合的研究にならざるを得ない理由でもある。」と述べている。檜山が示している「国民国家の形成と展開」という近代的限定を具体的な現場状況として踏まえる視点は、近現代の「戦殁者慰霊」を考える上で欠かせぬ視点であろう。

　また、羽賀祥二は、『明治維新と宗教』（筑摩書房、一九九四年）以来、神社や紀年碑などを取り上げてその「顕彰政策」について考察していたが、「一八九一年濃尾震災と死者追悼―供養塔・記念碑・紀念堂の建立をめぐって―」（『名古屋大学文学部論集』一三四（史学四五）、一九九九年）や「戦病死者の葬送と招魂―日清戦争を例として―」（『名古屋大学文学部論集』一三七（史学四六）、二〇〇〇年）という事例研究を着実に積み重ねている。

羽賀は、「日本近代の宗教と歴史―〈招魂〉・〈供養〉・〈顕彰〉をめぐって―」（『歴史科学』一八二、二〇〇五年）において、「〈招魂〉という観念は、儒教・神道・仏教という個々の宗教信仰に関わらず、受容されていた哀悼・表彰の行為を観《ママ》念を指していると考えることができる」、または「ここまで哀悼と表彰の形式と観念をめぐって議論してきたが、この問題を考えるとき、儒教・仏教・神道といった固有の信仰・祭祀を超えたところで考えていく必要がある。」と指摘し、「〈招魂〉・〈供養〉・〈紀念〉・〈顕彰〉という概念は、固有の宗教性とは別の次元に存在する国家的・社会的な意味（公共的な意味）をもつ死者・功労者への敬礼形式を《ママ》関わるものであり、そこに日本近代の国民的心性があるのではないだろうか。こうした国民的心性がどのようにして、重層的な宗教的・歴史的社会空間から生まれてきたのかを解明することが課題であろう。」と述べているが、この指摘は、「宗教的儀礼」として神道式と仏教式を捉えてその両者の違いに力点を置くのではなく、そのような宗教的観念・儀礼が付与される前提としての普遍的な「死者・功労者への敬礼形式」を設定するもので、洵に示唆に富むものといえよう。

そして、羽賀の研究や本康宏史の研究でも考察されていることであるが、近年、歴史的アプローチによって明らかにされつつある「慰霊・追悼・顕彰行為」の具体的事象として顕著なものは、各地域や軍の各レベルにおける招魂祭や戦歿者葬儀（公葬）、そして招魂社の創建や展開の実態であろう。

とりわけ、白川哲夫の業績には注目すべき点がある。[21]「招魂社の役割と構造―「戦没者慰霊」の再検討―」においては、「一九二〇年代以降、欧米の「戦没者慰霊」のあり方を紹介することを通じて、日本のそれをも見直そうとする論説が相次いで出されるようになった。」と述べ、その理由として、「そもそも国家として統一的に「戦没者慰霊」を行なう体制に関する発想が、日本に定着していなかったからではないか。靖国神社や師団招魂祭は「軍」の慰霊施設あるいは行事として受け止められていた。また「殉難者」については、国家の礎を築いた存在として「顕彰」の対象ではあっても、それは「閉じた」範囲で祭祀されていただけだった。こうした状況の問題性を主張する理論的根拠が、国内からは見つからず、海外の動きを絶好の根拠として取り上げたのではないか。」との興味深い問題提起を行なっている。

また、「顕彰」を考える上で大きな示唆を与えると思われる歴史的アプローチの論考として、かつて『近代日本文化論10　戦争と軍隊』（岩波書店、一九九九年）の中で「軍神論」を書いた山室建徳が、最近、この論を発展させて『軍神―近代日本が生んだ「英雄」たちの軌跡―』（中公新書、二〇〇七年）を上梓している。山室は、新聞、映画、ラジオ、レコード、国定教科書等を媒介にした、それぞれの「軍神」像の形成過程から当時の日本人の戦争観を検討し、明治の廣瀬武夫、橘周太、乃木希典という「思いがけない死」を迎えた年長の指揮官の「軍神」から、「作戦成功とひきかえの覚悟の戦死」を遂げた昭和の爆弾三勇士、真珠湾攻撃の特別攻撃隊九軍神などの若き兵卒という特攻隊へと繋がる「軍神」像へと変遷していく様子を明快に論じている。

この他、幕末維新期における各地の神葬祭や招魂祭、招魂社、護国神社に関する考察、さらには「公葬」や忠魂碑に関する検討についても、徐々に研究が蓄積されつつある(23)。

但し、以上のような地道な史料の掘り起こしとその検討に基づいた歴史的研究とは対象的に、思想史の立場からの研究の多くは、従来から知られている史料を恣意的なパッチワークで鏤め、自己の思いの表白に留まっている観が強く、低調な印象が否めない。先述の子安宣邦『国家と祭祀―国家神道の現在―』や高橋哲哉『靖国問題』、或は儒教史を専攻する小島毅の『靖国史観―幕末維新という深淵―』（ちくま新書、二〇〇七年）はその典型であるが、『現代思想』三三―九（二〇〇五年）の特集「靖国問題」、『季刊日本思想史』七一（二〇〇七年）の特集「「靖国」の問い方：戦後史再考」などにおいても、彼等とは異なる意見を持つ者にとっても参考となるような生産的な論考を見出すことは難しい。

五　むすび

以上、近年の慰霊・追悼・顕彰研究を概観したが、この他にも「靖國神社問題」に関わる言説的な考察、全国各地の忠魂碑、招魂社、軍用墓地、その他、国内外の慰霊空間、施設などに関わる歴史的・実態的研究については、枚挙に暇が無いほど存在する。また、本稿で紹介してきた諸論考の多くも該当するが、近年の研究の特徴として、文献資料の精緻な検討のみならず、国内外におけるフィールドワークの手法をも積極的に取り入れた研究が目に付く。これまで触れなかったものでは、例えば、現在的・現実的な問題でもある慰霊巡拝や遺骨収集に関する研究も徐々に増えつつある。(24)

さらには、近代に留まらない、近代以前からの「系譜的理解」（或は「慰霊」の通史的考察といっても良いだろうが）を導入する場合には、当然、御霊信仰や「人を神に祀る習俗」、「怨信平等」観など、関連する事項に対する言及についても視野に入れざるを得ない。(25)というよりも、筆者は、神道史或は「神道信仰」の立場からしても、「慰霊」概念を広く採って他宗教或は多様な分野の論者との「議論の場」を確保した上で、神道史にとって必要不可欠な課題である「人を神として祀る」という神道信仰における大きな側面の展開について前近代から近現代までの歴史を丁寧に跡付けることは、幅広い分野の研究者が参加する慰霊・追悼・顕彰研究を全体として総合的に進展させるためにも非常に有効なアプローチではないかと考えているのである。

ただ、本稿で紹介した諸研究の殆どについては、昭和四十年代から「英霊」研究を行ない、含蓄のある軍事史の著作も多い大濱徹也のコメント（「戦争と死をめぐる位相」『日本史研究』五〇一、二〇〇四年）でも触れられているように、あくまでも「靖国神社を相対化する」視点から行なわれているものであり、また、その研究対象についても最早、日本国家レベルの「慰霊」だけに留まらないものとなっていることが知られる。翻っていえば、この研究動向自体は、現在、「すでに研究し尽くされた対象」とは到底いえないはずの靖國神社などの「神道的」な慰霊・追悼・顕彰の本格的な検討を避けている点で、まさに慰霊・追悼・顕彰研究の「空洞化」現象ともいえるであろう。

しかしながら、学界の慰霊・追悼・顕彰研究は、すでに「小泉参拝」以前から腰を据えて取り組まれたものが多く、決して政治的な付け焼き刃的なものが主流とはいえない。また、平成十八年九月に東北大学で開催された日本宗教学会第六十五回学術大会では、死や戦死者慰霊に関するパネル発表がいくつも行なわれ、現在においても、明治大学の孝本貢を代表者とする科学研究費基盤研究（B）「戦争の記憶の創出と変容―地域社会における戦争死者慰霊祭祀の変遷と現状―」が、本稿でも言及してきた若手・中堅研究者を集めて平成十九年度から始められているように、活発に共同研究が進められている。

それ故、神社界や國學院大學をはじめとする神道学や宗教学の研究者も、そのような「研究の場」に自発的積極的に参入し、或は自らそのような場を少しでも構築していくことで、あくまで「政治的な意見」を戦わせる以前に行なうべき、思想・信条の立場を越えたところにおける「議論の場」を多少なりとも獲得し、さらにはその場所を足掛かりとして、慰霊・追悼・顕彰に関する学際的かつ総合的な「共同研究」を求めていく研究姿勢が必要となっている。

その点、平成十八年九月より、國學院大學研究開発推進センターにおいて、神道史や宗教学の研究者を中軸としつつも、学内外の多様な分野の研究者が参加して研究活動を行なっている「慰霊と追悼研究会」は、これまでに研究会やシンポジウムを幾度も積み重ねており、國學院大學における神道史や宗教学の研究者を主体として、次第に多種多様な研究者と交流する環境が整い始めているといえる。しかし問題は、この「慰霊と追悼研究会」の主力であり、國學院大學や神社界と密接な関係にある研究者達が、その外部では本格的に取り組まれる見込みのない、靖國神社や護国神社、招魂社などの「神道的」な慰霊・追悼・顕彰に関する研究の拠点をいかに「太い幹」として確立することができるかにかかっているのである。

註

（1）近現代における歴代首相の靖國神社参拝については、年頭における首相による伊勢の神宮参拝をも含め、網羅的に記録を調査して表に整理し、分析を加えた労作として、藤本頼生「歴代首相の神宮・靖國神社参拝をめぐる一考察―問題視される慣習と変化する慣習―」（『神道宗教』一九九・二〇〇、平成十七年）がある。また藤本は「神宮・靖國神社関係　近現代史年表（抄）」（『神社本庁教学研究所紀要』一一、平成十八年）も作成している。

（2）本稿は、拙稿「日本における慰霊・追悼・顕彰研究の現状と課題」（『神社本庁教学研究所紀要』一二、平成十九年）に若干の加除修正を施し、もとの歴史的仮名遣をあえて現代かなづかい表記に改めたものである。

（3）この分野の近年の研究史としては、「軍用墓地」研究の現状と課題について『国立歴史民俗博物館研究報告』一〇二「慰霊と墓」（平成十五年）を批評した、『歴史科学』一七九・一八〇合併号（二〇〇五年）掲載の荒川章二「軍用墓地研究の課題」及び白川哲夫「軍用墓地（あるいは「戦没者慰霊」）研究の現状と課題」があり、忠魂碑、忠霊塔、戦歿者墓碑、戦争記念碑、慰霊碑等の「慰霊空間」の最近の研究状況について、その意匠の観点から建築史や美術史などにより取り組まれたものも含めて言及したものとして、本康宏史「慰霊碑研究の現状と課題」（『東アジア近代史』九、二〇〇六年）がある。さらに西村明『戦後日本と戦争死者慰霊―シズメとフルイのダイナミズム―』（有志舎、二〇〇六年）は、「戦争死者儀礼」

を他国・他地域と比較する比較宗教学的な「横」のアプローチをあえて棚上げしつつ、黒田俊雄「鎮魂の系譜―国家と宗教をめぐる点描―」『黒田俊雄著作集』第三巻（法蔵館、一九九五年）を出発点として「日本の通史における影響関係や系統関係の理解」という宗教史的な「縦」の比較を試み、幅広く先行業績に当たった通史的整理から「フルイ」と「シズメ」という新たな分析視角を提示している。

（4）同書については、『宗教と社会』一四（二〇〇八年）に、筆者による書評とそれに対する西村明のリプライが掲載されている。

（5）近年の靖國神社問題に関する書籍としては、小堀桂一郎・渡部昇一編『新世紀の靖國神社―決定版全論点―』（近代出版社、平成十七年）、『靖国問題入門―ヤスクニの脱神話化へ―』（河出書房新社、二〇〇六年）などが代表的なものであろう。

（6）財団法人国際宗教研究所の機関誌『現代宗教二〇〇六』（東京堂出版、二〇〇六年）では、特集「慰霊と追悼」を組んでいる。

（7）岩波新書編集部が著者・田中伸尚の「著者校正」終了直後にインタビューした次の記録を参照のこと。岩波書店ＨＰ内「岩波新書編集部だより　クローズアップ」欄、「インタビュー　なぜ、いまこの本を書いたのか?―『靖国の戦後史』の著者、田中伸尚さんに聞く―」(http://www.iwanami.co.jp/hensyu/sin/sin_toku/tku0206.html)。

（8）大原康男『象徴天皇考』（展転社、平成元年）所収「夫の霊は妻のものか―山口県殉職自衛官合祀訴訟判決とマスコミ―」を参照。

（9）この両書に対して筆者は、葦津珍彦著・阪本是丸註『新版　国家神道とは何だったのか』（神社新報社・平成十八年）所収「解題Ⅰ「神道人」葦津珍彦と近現代の神社神道」や「国家神道体制成立以降の祭政一致論―神祇特別官衙設置運動をめぐって―」（阪本是丸編『国家神道再考―祭政一致国家の形成と展開―』弘文堂・平成十八年）で若干ではあるが批判を試みている。また、論文集『国家神道再考』は、全体的に子安の議論を踏まえた上で「国家神道」の歴史的な再検討を行なっており、結果的に子安に批判的な論となっている。さらに、高橋に対しては、保守的な論壇誌などにおいて多数の批判が浴びせられた。子安の著作に対しては、阪本是丸『近世・近代神道論考』（弘文堂、平成十九年）第四編第四章「国家神道研究をめぐる断想」や新田均「子安宣邦氏における〝自己否定〟と〝隠蔽〟の語りについて―「国家神道」論との関連で―」（『神道史研究』五四―一、平成十八年）などの学術的な批判が寄せられている。

(10) 大原康男『神道指令の研究』（原書房、平成五年）第七章「靖国神社・護国神社に対する施策」を参照。

(11) 三土修平『頭を冷やすための靖国論』（ちくま新書、二〇〇七年）一〇五頁。三土はこの著作でも、新たに岸本英夫の「嵐の中の神社神道」などを引いて『靖国問題の原点』と同様の論旨を展開している。また、三土の両書とも「公」と「私」の日本的構造、即ち「公共性」に対する独自の見解として、天皇を頂点とする「大三角形と小三角形の入れ子構造」を示しつつ論を展開しているが、この三土の見解そのものの当否はともかく、今後「公共性」というキーワードで「慰霊」「追悼」「顕彰」の問題を追究していくことには大いに意味があろう。但し、近年、稲垣久和『靖国神社「解放」論』（光文社、二〇〇六年）、同『市民的自由の危機と宗教』（現代書館、二〇〇七年）、同『国家・個人・宗教―近現代日本の精神―』（講談社現代新書、二〇〇七年）のように、「公共哲学」の観点から靖國神社を批判的に論じる向きもあるが、歴史的資料の精緻な考察なしに、表層的な事柄のみから、初めより結論ありきで理論的に論じ切っている。

(12) 東京招魂社並びに靖國神社に関する歴史的研究を行なった論文は、『神道史研究』一五―五・六（昭和四十二年）の靖国神社特輯をはじめ、桑貞彦「東京招魂社について」（『神社協会雑誌』三四―四、六、昭和八年）、鳥巣通明「靖国神社の創建と志士の合祀」（千家尊宣先生古稀祝賀論文集・神道学会編『出雲神道の研究』神道学会、昭和四十三年）、小林健三・照沼好文『招魂社成立史の研究』（錦正社、昭和四十四年）、大原康男『神道指令の研究』（原書房、平成五年）第七章「靖国神社・護国神社に対する施策」、阪本是丸『国家神道形成過程の研究』（岩波書店、一九九四年）補論２「靖国神社の創建と招魂社の整備」、小堀桂一郎『靖国神社と日本人』（ＰＨＰ新書、一九九八年）、武田秀章「靖国神社・護国神社と玉串料」（『神社本庁教学研究所紀要』一、平成九年）、春山明哲「靖国神社とはなにか―資料研究の視座からの序論―」（『レファレンス』六六六、二〇〇六年）、所功「〝靖国祭神〟の用件と合祀の来歴」（『藝林』五五―二、平成十八年）等がある。このように見ていくならば、当該分野には研究蓄積が豊富にあるように見えるが、その多くが招魂社や靖國神社の創建期か占領期、戦後の時期を考察対象としたものである。公文書など一次史料や周辺の関連史料を積極的に用いた研究は、新しいものでは大原、阪本、武田の論考によって着実に積み重ねられているものの、未だ靖國神社の全体像を制度的にも示し得たとは言い難い状況である。昨今の近代神道史や「国家神道」研究の豊富さ、質の高さに比して、「国家神道の巨大な一支柱」(村上重良)とされる靖國神社に対する研究がやや停滞気味であることは、逆にいえば、近代神道史、「国家神道」の文脈ですんなりとは捉えられない性質を靖國神社の歴史そのものが有しているとはいえないであろうか。

(13) 原田敬一には、「万骨枯る空間の形成―陸軍墓地の制度と実態を中心に―」(『佛教大学文学部論集』八二、一九九八年)や「陸海軍埋葬地制度考」(大阪大学文学部日本史研究室編『近世近代の地域と権力』清文堂、一九九八年)をはじめとする一連の軍人墓地に関する諸論考があり、また、「第一次世界大戦と大英帝国の戦争墓地―王家・国家・国民―」(『佛教大学文学部論集』八八、二〇〇四年)をはじめとする一連の外国の軍人墓地や慰霊・追悼施設に関する論文も多く、最近では「慰霊と追悼―戦争記念日から終戦記念日へ―」(岩波講座アジア・太平洋戦争2『戦争の政治学』岩波書店、二〇〇五年)において、靖國神社が、慰霊・追悼施設としてはグローバル・スタンダードでは無いと主張している。

(14) 近代日本の「怨親平等」観については、拙稿「近代日本における「怨親平等」観の系譜」(『明治聖徳記念学会紀要』復刊四四)を参照。

(15) 粟津賢太には関係論文がかなりあるが、そのうち、国内の事例を検討した主なものとしては、本稿で言及したものの他に、「近代日本ナショナリズムにおける表象の変容―埼玉県における戦没者碑建設過程をとおして―」(『ソシオロジカ』二六―一・二、二〇〇一年)、「近代日本における戦没記念施設と文化ナショナリズム―大日本忠霊会を中心に―」(『ソシオロジカ』二七―一・二、二〇〇三年)、「集合的記憶のポリティクス―沖縄におけるアジア太平洋戦争後の戦没者記念施設を中心に―」(『国立歴史民俗学博物館研究報告』一二六「〔共同研究〕近代日本の兵士に関する諸問題の研究」、二〇〇六年)などがある。

(16) 歴博で主に検討されたのは、大阪の旧真田山陸軍墓地であるが、最近においても、同墓地を対象とした研究である小田康徳・横山篤夫・堀田暁生・西川寿勝編著『陸軍墓地がかたる日本の戦争』(ミネルヴァ書房、二〇〇六年)が出版されている。

(17) 宗教学・近代神道史を専攻する菅浩二は、自身の朝鮮・台湾における海外神社研究の一環として、「英霊」を奉斎する台湾の建功神社(台湾護国神社とは異なる)に触れている。また、「戦死者のゆくえ」研究会には、この他、「モニュメントと眼ざしの近代―遊就館をめぐって―」(新谷尚紀・岩本通弥編著『都市の暮らしの民俗学②都市の光と影』吉川弘文館、二〇〇六年)などを発表している丸山泰明も参加している。

(18) 川村邦光が近年発表した中には、ほぼ同内容の論考に「神社の近代―祭祀と宗教の間をめぐって―」(竹沢尚一郎編『宗教とモダニティ』世界思想社、二〇〇六年)があり、また、この他、「戦死者の亡霊と帝国主義―折口信夫の弔いの作法から―」(鎌田東二編著『思想の身体　霊の巻』春秋社、二〇〇七年)などがある。

(19) 前掲拙稿「国家神道体制成立以降の祭政一致論―神祇特別官衙設置運動をめぐって―」四〇八頁を参照。

(20) 岩田重則は、『戦死者霊魂のゆくえ』の他、「戦死者多重祭祀論」(『現代思想』三三―九、二〇〇五年)や『「お墓」の誕生―死者祭祀の民俗誌―』(岩波新書、二〇〇六年)でも「戦死者多重祭祀論」を展開している。

(21) 同書には『軍都の慰霊空間』の著者である本康宏史も参加して論文を寄せている。但し、同書については、その先行業績に対する批判的言辞などに関し、原田敬一によってかなり厳しい批判がなされている(『民衆史研究』六二、二〇〇一年)。なお、日清戦争後の大招魂祭、記念碑などの慰霊・追悼、「戦場の記憶」に関する行為については、大谷正『兵士と軍夫の日清戦争―戦場からの手紙を読む―』(有志舎、二〇〇六年)でも取り扱われている。

(22) 白川哲夫の論考には「招魂社の役割と構造―「戦没者慰霊」の再検討―」(『日本史研究』五〇三、二〇〇四年)、「地域における近代日本の「戦没者慰霊」行事―招魂祭と戦死者葬儀の比較考察―」(『史林』八七―六、二〇〇四年)、「日清・日露戦争期の戦死者追弔行事と仏教界―浄土宗を中心に―」(『洛北史学』八、二〇〇六年)、「大正・昭和期における戦死者追弔行事―「戦死者慰霊」と仏教界―」(『ヒストリア』二〇九、二〇〇八年)等がある。

(23) 近年における関連論考の主なものとしては、今井昭彦の著作をはじめ、忠魂碑や戦死者葬儀の研究では『忠魂碑の研究』(暁書房、昭和五十七年)を著した大原康男とともにパイオニア的な存在である、籠谷次郎の近年の研究として「戦死者の葬儀と町村―町村葬の推移についての考察―」(『歴史評論』六二八、二〇〇二年)や「戦死者葬儀の時代変化―京都府久世郡宇治町の事例―」（『社会科学』七六、二〇〇六年）があり、また、津田勉による「山口県護国神社の創建」（『山口県神道史研究』八、平成八年）や「幕末長州藩に於ける招魂社の発生」（『神社本庁教学研究所紀要』七、平成十四年）などの一連の研究も重要である。この他、梅田欽治「栃木県護国神社の設置と地域社会」（地方史研究協議会『宗教・民俗・伝統―社会の歴史的構造と変容』雄山閣、一九九五年）、坂井久能「神奈川県護国神社の創建と戦没者慰霊堂（上）（下）」（『神道宗教』一七四、一七五、平成十一年）、長友安隆「戦時下神道界の一様相―従軍神職と英霊公葬運動を中心として―」（『明治聖徳記念学会紀要』復刊三四、平成十三年）、岸本覚「戊辰戦争と招魂祭―鳥取招魂社起源―」（『鳥取地域史研究』四、平成十四年）、草間孝廣「箱館戦争の招魂祭儀と社人―江差招魂場の事例から―」（『神道宗教』一九九・二〇〇、平成十七年）、今村あゆみ「神葬祭から「招魂」へ―京都東山霊明社における招魂の変遷―」（『史泉』一〇三、二〇〇六年）、一坂太郎『幕末・英傑たちのヒーロー―靖国前史―』（朝日新書、二〇〇八年）等、多くの考察がある。なお、この分野における神社本庁教学研究所の取り組みはどうであるかといえば、平成十年二月の神社本庁教学研究大会が「英霊祭祀の今日的課題」を主題として開かれており（『神社本庁教学研究所紀要』四、平成十一年）、また、「戦歿者慰霊に関する意識調査」（『神社本庁教学研究所紀要』五、平成十二年）も行なわれている。他宗教では、金光教教学研究所の最近の取り組みが特筆されよう。秦修一「戦争と霊―戦没者慰霊から問われる信仰の意味―」という論文とともに、非常に多数の資料を翻刻した「資料紹介　戦没者慰霊に関する資料」が『金光教学』四六（二〇〇六年）に掲載されている。

(24)　最近の研究としては、浜井和史「戦後日本の海外戦没者慰霊―一九五〇年代遺骨収集団の派遣経緯と「戦没日本人之碑」の建立―」（『史林』九一―一「特集　モニュメント」、二〇〇八年）、中山郁「戦没者慰霊巡拝覚書き―千葉県・栃木県護国神社主催、「戦没者慰霊巡拝」の事例から―」（『國學院大學研究開発推進センター研究紀要』二、平成二十年）がある。

(25)　近年、「怨霊」について通史的に概観したものとして、山田雄司『跋扈する怨霊―祟りと鎮魂の日本史―』（吉川弘文館、二〇〇七年）がある。また、地域の人神祭祀に関するものとしては、『郷土を救った人々―義人を祀る神社―』（神社新報社、昭和五十六年）が先駆的なものだが、近年のデータベースとしては、神社本庁の協力を得た高野信治の「武士神格化一覧・稿（上・東日本編）」「同（下・西日本編）」（『九州文化史研究所紀要』四七、四八、二〇〇三年、二〇〇五年）がある。

シンポジウム

慰霊と顕彰の間

――近現代日本の戦死者観をめぐって――

平成十九年二月十日
於　國學院大學

開催趣旨

「生者」の戦争における「死者」に対する眼差しやその記憶から導き出されるものに他ならない、戦死者に対する国家的・公的な「慰霊」と「顕彰」を伴う行為についての研究は、近年多様なアプローチから盛んに試みられている。従来「慰霊」と「顕彰」は、ある意味では截然と区別された上で対立概念的に理解されてきた傾向にあったともいえるが、果して具体的な歴史的事象から見て、そのように割り切って考えられるものなのか。さらにはその行為が社会的にどのような機能を持ち、どのような影響をもたらしてきたのか。

本シンポジウムでは、靖國神社を中心とする近現代日本の国家的（公的）な「慰霊」と「顕彰」をめぐる諸制度や言説の歴史的変遷を踏まえつつ、広く様々な慰霊形態や事象にも目を配り、「慰霊」と「顕彰」に関する理論的枠組みをも意識しながら議論を行なう場とすることを目的とした。

主催者挨拶

國學院大學研究開発推進センター長　阪本是丸

本シンポジウムの主催をしております國學院大學の研究開発推進センターでは、若手研究者約十名近くを擁しておりまして、大きな二つのプロジェクトを行なっております。

一つは、京都の上賀茂神社、下鴨神社を中心とした、神社の歴史を、史料を丹念に読んで神道と神社の関わりを研究する。あと一つは、本日のシンポジウムにも表れていますように、「慰霊と追悼研究会」というのを行なっておりまして、これまでに何回か研究会を行なっておりますが、本日は「慰霊と顕彰の間」と題し、近現代の日本における戦死者というものをどう見るか、ということをめぐって、比較的若い三人の研究者に御発表頂きます。

開催趣旨と致しましては、お手元のチラシに書いてあると思いますが、どうしても慰霊と顕彰、或は慰霊と追悼といった話になりますと、日本では靖國神社、あるいは護国神社にお祀りされている御祭神に関わる慰霊、或は顕彰といった問題が取り沙汰されておるわけでありますが、私ども研究開発推進センターでは、直接的な靖國神社をめぐる問題だけではなく、広く日本、或は世界に見られる霊魂観念を中心とした、霊を慰める、或はそれを偲ぶ、もしくはその亡くなった方々、戦歿者を含めて顕彰する、といった、人間に一般的に見られるこういった行為というものが、何に基づいているのか、どのような歴史的背景を持っているのか、或はどのような現実的課題があるのか、といった問題に関して、様々な点から研究していきたいということであります。

阪本是丸センター長

かといって、あれもこれもてんでばらばらにやっていたのでは仕方がありませんので、我々は、日本における慰霊あるいは戦死者慰霊についての最もハンディかつポピュラーな書物として村上重良さんの岩波新書の本ですね、『慰霊と招魂』というものを題材にして、これを読み込むといった地道な研究を重ねて参りましたが、今回、そういった研究成果を、うちの研究開発推進センターの若い研究者であります藤田大誠さんからやっていただいて、そのあと、写真を使った、かなりユニークな視点から粟津賢太さん、或は西村明さん、そして大谷栄一さんにコメントを頂く。

名実ともにこのセンターでやっている研究会が、幅広い研究者を受け入れ、そして、それぞれの立場を理解しながらも、自分自身が生きた一個の人間として、亡くなった人々と向かい合う。それは私的にも公的にも向かい合うことが出来るかどうかといった問題も含めて、研究者一人ひとりの生き方に関わる問題として、我々はこの研究会を受け止めまして、そして特定の主義主張、或はイデオロギーといったものを教化するのでは全然ないものとして、そのような研究会ではございませんので、一人ひとりの研究者の良心に従って、忌憚のない、そして確実な研究発表が行なわれることを期待致しまして、主催者としての挨拶を終わります。どうもありがとうございました。

＊　なお、本書では、本シンポジウムにおいてパネリスト、或はコメンテーターを務めた各氏が報告、コメントした内容に基づき、改めて各自が論文形式で執筆した論考（従って題目が若干改められているものもある）を掲載した上で、当日における討議記録を収録した。

報告①

国家神道と靖國神社に関する一考察

――近代神道における慰霊・追悼・顕彰の意味――

藤田大誠

一　はじめに

本稿[1]は、所謂「国家神道」と靖國神社との関係、さらには、近代の神道（神社・神道人）と戦歿者（戦死者）の慰霊・追悼・顕彰との関係如何という問題関心を持ちつつ、制度と思想の二つの観点による総合的検討を見据え、靖國神社の制度の変遷やその担い手の言説、思想を考察するとともに、地域や軍隊における神仏合同の招魂祭のあり方や戦歿者の公葬における神式と仏式をめぐる問題などに触れる中で、近代日本における国家的かつ神道的な慰霊・追悼・顕彰の意味の検討を試みるものである。

まず、本論に入る前に、「慰霊」「追悼」「顕彰」をめぐる概念規定について整理しておく。

民俗学者の新谷尚紀は、「儀礼の上でも、慰霊には仏教式の追善供養と神道式の招魂弔祭の両者が並存しており、前者では成仏、後者では祭神という死者の霊魂の安息の境地が想定され、互いに異なっている。[2]」と述べている。一方、近代史学者の羽賀祥二は、「〈招魂〉・〈供養〉・〈紀念〉・〈顕彰〉という概念は、固有の宗教性とは別の次元に存在する国家的・社会的な意味（公共的な意味）をもつ死者・功労者への敬礼形式を《ママ》関わるものであり、そこに日本近代の国民的心性があるのではないだろうか。[3]」と述べている。

次に、矢野敬一の「近代における死者への対応について、ここでは宗教的な儀礼を扱う「慰霊」と、他方、世俗的な性格を色濃く帯びた「顕彰」を両極として、その中間に宗教色・世俗性共に希薄な「追悼」が位置する[4]」という見解は、宗教性と世俗性の両極の間に「慰霊」「追悼」「顕彰」概念を布置するという方法を採っている。さらに、檜山幸夫は、「国民国家における戦歿者慰霊とは、徴兵などによって組織された「国民的軍隊」が、対外戦争において戦死した将兵の「みたま」を慰霊顕彰することを指す。つまり、戦歿者慰霊とは単に個人の信仰心だけのものではなく、極めて広域的な信仰と強い政治性とを持ったものであった。それは、戦死した将兵の「死の意味」が戦歿者慰霊の基本軸になっているからにほかならない。このことは、「死の意味」が国家の国民統合の論理とそれを支える社会の価値観と深くかかわっていることを示している。」と記している[5]。

これらの見解は、数多くの概念規定のほんの一部であるが、いずれも示唆に富むものであるとともに、「慰霊と顕彰の間」に関わる論点を様々に提示していると思われる。筆者は、羽賀の指摘する「死者・功労者への敬礼形式」という普遍的な観念を前提としつつ、その表現行為として「慰霊」「追悼」「顕彰」を位置付けるとともに、本来それらが截然と区別されず並存し全て含まれているものとして理解する。その上で、日本の「霊魂観」の「系譜的理解[6]」を念頭に置きつつ、新谷の指摘する「神仏の宗教的或は形式的な差異」や矢野のいうような「宗教」／「世俗」（或は「非宗教」）間のグラデーションを意識し、また、檜山のいわんとする「国民国家の形成と展開」という近代的限定を踏まえ、さらに具体的な事象の各ケースの社会的・政治的背景をも勘案して「慰霊」「追悼」「顕彰」のそれぞれの強調配分のヴァリエーションを見出していくという捉え方をしたい[7]。

また、そもそも筆者の「国家神道」に対するアプローチは、まず、昭和二十年十二月十五日の所謂「神道指令」による「国家神道」の定義をとりあえず出発点とする見方、[8]つまり「国家神道」が、明治十五年の神官教導職分離（内務省達乙第七号）による「祭教分離」を経て「神社非宗教論」が確立し、明治三十三年の内務省神社局の新設により神社行政が他の宗教行政から明確に区別されたことを劃期として行政上において成立したとする捉え方を、「必要十分条件」としてではなく、最低限の「必要条件」として考える（所謂「狭義の国家神道」）。その上で、村上重良『国家神道』[9]の問題意識を引き継ぐ形で「明治維新から敗戦までの間、国家が神道的な思想や実践を国民統合の支柱として用いてきた、その総体を指そうとする用法」である「広義の国家神道」論を「鍛え直す」という方向性を打ち出した島薗進の議論[10]を踏まえ、「狭義の国家神道」と「広義の国家神道」に含まれる諸要素との「境界線」を常に意識し、国家管理された神社神道それ自体の「包括的拡大志向」にも十分留意しつつ、諸要素の相互関係を含めた歴史的経緯やその管轄の相違などに十分留意して、「国家神道」の制度と思想・イデオロギーを再検討するというものである。[11]

さて、「国家神道」と靖國神社との関係を示した典型的な言説として、今日まで絶大な影響力を誇っている村上重良の『慰霊と招魂』は、「近代天皇制国家の支配原理を体現する靖国神社は、国家神道の本宗、伊勢神宮とともに、国家神道をささえる巨大な支柱となった。」と述べている。[12]ならば靖國神社は「国家神道」の中で具体的にどう位置付けられていたのか。だが同書全体を通して見ても、村上は、その具体的な根拠としては明治十二年の「別格官幣社」列格の一点で「国家神道」との関わりを語るのみである。この点については、すでに阪本是丸が経済的な面も含め、的確に批判しているため、ここでは述べない。[13]

また、靖國神社が列格した「別格官幣社」の位置付けであるが、そもそも官国幣社の序列が、上から官幣大社、国幣大社、官幣中社、国幣中社、官幣小社、国幣小社、別格官幣社の順であったことを押さえておく必要がある。[14]それから、靖國神社の管轄官省の変遷[15]についてであるが、主に神祇・宗教関係官省（神祇官―神祇省―教部省―内務省社寺局―内務省神社局―神祇院）の管轄下にあった大多数の神社とは異なるものだったことも改めて確認して置かなければならない。慶應四年七月十日・十一日の京都・河東操練場で鳥羽・伏見の戦以来の官軍戦歿者を祀った際は神祇官の奉仕で行なわれたものの、明治二年六月二十九日に東京招魂社として創立されて以来、同社は軍務官―兵部省（二年七月八日）―陸軍省・海軍省（五年四月二十八日）という一貫して軍関係官省の管轄下（常務は陸軍省が処理）にあった。そして、十二年六月四日に東京招魂社が別格官幣社靖國神社と改称・列格された当初は、内務・陸軍・海軍の三省の管理（祭典・施設は陸海軍省、経理は陸軍省、「神官」の進退黜陟は内務省が担当）とされていたが、概ね陸軍省の管理する所であった。さらに二十年三月十八日には「靖國神社宮司以下ハ陸軍省海軍省ニ於テ之ヲ補ス」とされ、「神職」の補任も陸海軍省によるものと改められたのである。(16)

二　大正期における陸海軍省と靖國神社における方向性の差異

ここでは、内務省神社局管轄下の大部分の神社に対する行政と陸海軍省管轄下の靖國神社行政との関係、さらには、靖國神社行政の中における軍人と靖國神社宮司との関係に着目しつつ、「国家神道」と靖國神社の問題の一端を考察してみたい。

神道人・議会人らによる「祭政一致」を具現化するための神祇特別官衙設置運動は、明治三十三年の内務省神社局設置以降も長年に亙り粘り強く推進されたが、大正七年三月、「神社行政統一」（神宮・神社の大部分を所管する内務省、別格官幣社靖國神社を所管する陸海軍省、「海外神社」を所管する朝鮮・台湾両総督府及び樺太庁などでそれぞれ別個になされていた神社行政を統一しようという構想）を主眼とする建議が貴衆両院で決議され、一旦は首相並びに内相に基本的合意を取り付けるに至った。だが陸海軍省は、建議にある「神社行政統一」を突っぱね、あくまで「現状維持」を主張したため、結局、八年九月に政府は「神社局拡張」でお茶を濁した形となった(17)。

陸海軍省は、「神祇ニ関スル特別官衙設置ニ対スル意見」で、靖國神社の由緒において、創建以来、他の神社とは異なる特殊な性格として陸海軍省の関与、陸海軍人奉仕が欠かせないものであったことを強調し、この「好例」が破壊されることを非常に危惧している。さらに、この陸海軍省の主張に当たっては、同史料内に二種の考証資料が付され、その根拠を示すことによって補強している。まず「軍人奉仕管理ニ任セラレタル事実」(陸軍罫紙)では、①東京招魂社時代においては例大祭・臨時祭の祭主が陸海軍武官であり(別紙にて大祭祭主名を列挙)、明治十二年に靖國神社となり、祭主が廃せられ祭儀は宮司が専掌するところとなっても、武官は掛官に任ぜられ、大祭には陸海軍両大臣が玉串奉奠することを例として今日に至っていること(軍人奉仕)、②明治十二年六月四日の太政官達において、祭式は神社祭式に準じるが陸海軍省官員が執行することや建築修繕等その他一切の経理は陸軍省が専任すること(管理)が明記されている。また一方、靖國神社宮司・賀茂百樹が大正七年十月四日に作成した「靖國神社祭典齋主ヲ武官ニ勅命アラセラレシ例証」(靖國神社罫紙)では、「勅使ハ天皇ノ勅ヲ以テ武官ニ祭典ヲ奉仕セシムル旨ヲ英霊ニ告ゲ武官ハ天皇ノ勅ヲ以テ自ラ齋主トシテ祭典ヲ挙行スル旨ヲ神霊ニ奉告セラル」ため、「勅旨ニヨリテ武官齋主トナリシコトヲ知ルベシ」と考証している。つまり、陸軍と靖國神社から出されたこの二つの考証資料は、武官(軍人)の靖國神社奉仕のこれまでの実績をアピールし、その根拠が「勅旨」によるものであるという正当性(正統性)を、史料をもって主張しているのである。

このように、主に陸海軍省管轄のもとに歴史を刻んで来た、神社としては全く特殊な経緯を有する靖國神社は、明治初年以来の「祭政一致」を具現するものとしての「神祇特別官衙設置」構想の流れとはある意味で非常に希薄な関係のまま推移してきたといえる。その意味では、神道人・議会人らにとっての、「政府」（内務省或は神祇特別官衙）を介して天皇に繋がる「祭政一致」観と、軍独自の回路で「大元帥」たる天皇と繋がる「祭政一致」観（いわば「祭軍一致」観ともいえよう）の相違が決定的にあるといわざるを得ない。

但し、実際は、靖國神社宮司であった賀茂水穂、賀茂百樹ともに全国神職会（明治三十一年発足）の幹事や顧問などを務めた有力なメンバーの一人であったし、靖國神社社務所は同会の事務所が置かれたこともあり、同会の様々な会合の場所としても盛んに用いられていた[18]。また、賀茂百樹は、神祇特別官衙設置運動においても精力的に発言していたものの、その主張の力点は、「神社行政統一」ではなく、あくまでも、かつて神祇官に祀られていた「臣下」の側から「天皇守護」のために奉斎する「八神殿」が、将来設置されるべき神祇特別官衙そのものにおいて必須であるという「八神殿奉斎論」にあった。賀茂は、大正三年七月の論述[19]において、「神社行政の統一を目的とするが為に神祇官を置かんとするが如き薄弱の論拠にては期成は覚束無いと思ふ、」と主張していたのである。

このように陸海軍省、靖國神社は、大正七・八年の時点で、神道人・議会・内閣（内務省）の「神社行政統一」の要請を振り切り、完全に自ら一線を画すことを宣言したのであるが、以後も「神社行政統一」の要請は根強くあった。『靖國神社百年史』資料篇上には、「靖國神社内務省移管に関する書類[20]」として、①大正十三年のものと推定される「陸軍省関係書類」、②大正十三年九月二十五日提出の「賀茂宮司意見書」が掲載されている。

まず、①の「陸軍省関係書類」では、「軍人カ軍神ノ祭祀ヲ管掌スルハ神人ノ感格ヲ致ス所以ナルノミナラス、軍人ヲシテ先輩ヲ崇敬シ志気ヲ振起シ、殉義死節ノ精神ヲ涵養セシメ得ヘク、此精神ハ更ニ拡充シテ一般国民精神ノ振作ニ及フヲ順序トス。即チ靖國神社ハ帝国臣民全般ヲ氏子トシ其ノ崇敬ノ標的タラシムルヘシト雖モ、其ノ氏子総代（崇敬者総代）ハ祭神ト最モ密接ナル関係ヲ有スル軍人ヲ以テスルヲ至当トス。」というように積極的な観点によって軍人による靖國神社祭祀管掌を位置付け、「歴史的関係」及び「軍人及社会教化ノ見地」の両面どちらからしても「直接陸海軍省ニ於テ管理スルヲ至当トス」と結論付けている。

一方、②の賀茂百樹宮司の意見書においては、まず「陸軍省ニ於テモ行政財政整理上之ヲ他ニ移サントスノ議アリト内外ヨリ其声ヲ聞クニ於テハ、早晩実行セラルル時期到ルヘシ。」との情勢分析をもとに、「靖國神社ノ将来ヲ考フルニ仮令ヒ他ニ移管セラレ行政事務ハ陸海軍省ヲ離レタリトスルモ、軍人トソノ祭祀ノ関係トヲ分離スルハ国家ノ為メ損失スルモノ多大ナルヘシ。」と述べて、内務省移管後も従来通り靖國神社祭祀において陸海軍の関係を維持することや「陸海軍省ニ祭典掛官ヲ置キ、一般神社ノ氏子総代（若シクハ崇敬者総代）ニ於ケル関係アラシムルコト。」など、靖國神社に対する武官の関与を継続させる内容の八つの条件を提示し、「前各項ノ円満ニ履行セラレンニハ、移管ハ却テ神社将来ノ為ニ好結果ヲ得ヘキカ。」と記した。また、八項目の中には、靖國神社例祭に移管後の管轄大臣（内務大臣）は勿論、陸海軍大臣、文部大臣も必ず参列すること、そして「陸海軍省カ靖國神社ヲ管轄スルハ軍人ノ訓育ニ補益スル所アリト雖、一面一般国民ニ及ス教化ニ至リテハ欠クルモノアルカ如シ。移管ノ後ニ之ニ全力ヲ注カレンコトヲ望ム。」と特に明記されている。さらに八項目とは別に、「靖國神社附属遊就館」が蒐集保存する物として、もともと勅令に記されていた「武器ノ沿革ヲ知ルヘキ物件」だけでなく「祭神関係ノ武器及一般」の文字を加え、館長の監督を「陸軍大臣及海軍大臣」から「靖國神社宮司」に換える案を提議したが、これは陸海軍省に受け入れられず、後の靖國神社附属遊就館令（昭和十年十月三日）においても実現しなかった[21]。これらのことは、賀茂が、軍とは独立した形で、靖國神社やその附属の遊就館という場における「顕彰」を通した「国民教化」に深い関心を寄せていたことが窺え、非常に興味深い点といえよう。

さて、この二つの史料の冒頭には、靖國神社の雇員が朱書で両者の意見の差異を端的に整理した文章が掲載され、読み手の理解を助けているが、そこには「賀茂宮司の意向は、事務処理の便宜の上からは軍管轄に同意なるも、その第八項の如きは前項軍機関化の危険性を深く透視して国民的祭典に返すべしとする同宮司年来の所説の展開を見るものにして、祭祀奉仕者としての自覚の見るべきものあり。陸海軍と賀茂宮司との意見の差の最も大なるものを遊就館管理方法に於けるものとす。」とあり、より一層、陸軍側と賀茂宮司の方向性の差異がはっきりと見て取れる。賀茂は、陸軍がこれまでと同様に靖國神社と結び続けることにより、靖國神社を「軍人士気の高揚の具」とし、靖國神社を軍における一種の機関と見る方向性（靖國神社の軍機関化）を内包する危険性を見据え、軍機関の一構成員としてではなく、あくまで祭祀奉仕者の宮司としての立場から、「国民的祭典に返す」ことこそが本義であるとする方向性を有していた。

この大正十三年における靖國神社の内部資料の存在は、この時期に政府が靖國神社の内務省移管を意図し、内閣・内務省と陸海軍省の間で「神社行政統一」に関する具体的な折衝が行われていたことを窺わせるが、翌年には内閣に設置される行政調査会という公の場で検討されることとなる。

大正十四年五月二日、内閣総理大臣の監督に属し「行政事務刷新ニ関スル調査審議ヲ為ス」行政調査会が内閣に設置された[22]。行政調査会は内務大臣を会長に充て、内閣書記官長、法制局長官、各省政務次官、各省次官を委員として組織され、実質的な準備・調査を行なう幹事は内閣及び各省高等官の中から首相の奏請により任命された。その設置理由は、「目下行政部内ノ庶務ノ情況ヲ看ルニ改善ヲ要スヘキモノ少ナカラス」という現状認識のもと、各官省庁行政事務の整理・改革に関する案を検討し、それを内閣に報告し、閣議を経て実行に着手していこうというものであった。

同年六月十七日、行政調査会の幹事会小幹事調査案の一つとして「靖国神社ヲ内務大臣ノ管轄ニ移スコトニ関スル小幹事会調査案[23]」が作成された。ここでは、靖國神社の内務省移管案について、靖國神社を単に「陸海軍人ニ特別ノ関係アルモノ」とせず、「広ク一般国民ノ神社タラシムルハ正ニ国民精神作興上必要アルニ因ル」とする主張は「理論上有力ト思惟セラルル」としている点で、先述の賀茂百樹の見解と共通性を持つといえよう。このことは、行政調査会が内閣に置かれ、その会長が内相であることからも当然の見解であるともいえる。しかし、続く箇所からは、この行政調査会幹事会においても、中々意見が纏まらなかったことが窺える。結局この調査案では、靖國神社の内務省移管を第一案、現状維持を第二案とした。第一案採用の場合における移管後の措置については、概ね武官と靖國神社との関わりはある程度存続・維持させたまま、予算をその額は据え置きつつ内務省予算の官国幣社国庫供進金に編入し、合祀銓衡や遊就館管理は陸海軍省に内務省を加えた三省の合議とするという具体的な提案であった。

このような内務省主導の行政調査会幹事会の調査案に対して、陸軍省は、同省幹事の提出議案の中で逐一反論し、真向から靖國神社の内務省移管を拒んだ。(24) 結局、陸軍省は殆ど歩み寄ることもせず現状維持を望み、行政調査会の「靖國神社の内務省移管案」も挫折を余儀なくされた。この移管案が実現すれば、少なくとも大多数の全国神社と靖國神社の神社行政を統一・包含した、「国家神道の制度的拡大」、或は「広義の国家神道」論者が描くような国家神道像、「国家神道の巨大な支柱」としての靖國神社像に近いものとなっただろうが、現実はそのようには進まなかったのである。

また、この大正十三年の段階では、政府・内務省と陸海軍省の意見対立のみならず、陸海軍省と靖國神社宮司における方向性の差異も浮き彫りになっている。この軍と靖國神社の見解の相違については、すでに赤澤史朗が指摘していたことである。(25) 但し、本稿では、大正七・八年時においては、神道人・議会・内閣（内務省）主導の「神社行政統一」の動きに対して反対し、陸海軍省の意見とほぼ一致していたかのように見える靖國神社宮司・賀茂百樹が、この大正十三・十四年頃においては、かなり「神社行政統一」と陸海軍省管轄のメリット・デメリットの双方に目を配りつつ持論を展開している点に注目をしたいと思う。即ち、この時点では、ともに全国民を靖國神社の「氏子」（崇敬者）とし、軍人を「氏子総代」（崇敬者総代）と準える考え方を基盤としつつも、陸海軍省は軍人と靖國神社との密接な関係性を執拗に主張し、いわば「軍人のための神社」の性格を前面に打ち出すことに重点を置く一方、靖國神社宮司・賀茂百樹は広く「一般国民ノ神社」（行政調査会幹事会「靖國神社ヲ内務大臣ノ管轄ニ移スコトニ関スル小幹事会調査案」）としての靖國神社の在り方をより重視する方向性を有していたといえる。勿論、この前提には、靖國神社そのものが元来、単なる「軍機関」ではなく、陸海軍省を介さずとも広く一般国民の教化の場ともなり得る「開かれた」性格を明確に持っていたことがあった。

村上重良は、「靖国神社は、天皇と軍と神社を直結した特異な宗教施設[26]」と主張しているが、必ずしも靖國神社と軍は「一心同体」、即ち靖國神社は単なる「軍機関」として存在していたのではなかった。つまり、内閣（内務省）、陸海軍省、靖國神社それぞれが独自の方向性を有しており、国家内においても到底「一枚岩」の構造では無かったのである。ただ、靖國神社の内務省移管の挫折、即ち「神社行政統一」の挫折は、陸海軍省（特に陸軍省）の意向が貫徹されたことを意味する。その意味では、軍の力は絶大だった。創建以来、主に陸海軍省による管轄、運営がなされてきた以上、現実的に靖國神社（賀茂百樹）の意向が陸海軍省に抑え込まれてしまうことは已むを得ないことであり、そのような状況の中で賀茂は自身の「国民の神社としての靖國神社」論を主張し続けていたのである。

結局、靖國神社の内務省移管は実現しないまま終戦を迎え、昭和二十年八月三十日に陸軍省が立案した「靖國神社の移管並に之に伴う処理案[27]」では、皮肉にも陸海軍解散を目前として内務省（神祇院）移管が考案されるが、これさえも実現しなかったのである。

三　靖國神社宮司・賀茂百樹の言説とその靖國神社観

これまで見てきたように、大正期に靖國神社の宮司を務めていたのは、賀茂百樹であった。賀茂百樹は靖國神社史上においても一際異彩を放つ宮司だったといえるが、大正末期に靖國神社が独自の方向性を示し得たのも、賀茂百樹の存在あってのことであろう。靖國神社宮司として在任していた期間は、明治四十二年三月二十九日から昭和十三年四月二十一日までの約三十年間である。その長期の在任期間とともに、賀茂自身は、近代におけるその他の靖國神社宮司（青山清、賀茂水穂、鈴木孝雄）とは違って軍人の出身ではなく、何よりも賀茂真淵の家を継ぎ、数多くの著述を物した国学者であり、また、全国神職会の有力なメンバーの一人でもある純然たる神道人であった。(28)

ここでは、靖國神社宮司の中では例外的に比較的多くの著作を残している賀茂百樹の著述を取り上げ、その靖國神社観を検討してみたい。当然、それを窺うためにまず繙くべき文献は、賀茂百樹が編輯した書物として最も有名な明治四十四年十二月二十六日発行の『靖國神社誌』であるが、これは賀茂百樹の一著作というよりは、やはり「神社誌」としての体裁から靖國神社による公刊書という性格が強く、網羅的な史料の提示による堅実な記述となっている。一方、これに先行して明治四十四年の二月に発行された、『靖國神社事歴大要』(29)の方は、従来余り注目されてこなかったが、賀茂百樹が自身の靖國神社観を極めて率直に展開した貴重な書といえる。

同書には、①「明治の皇業と、天孫降臨のこと〻は、皇祖天神と、わが皇上の仁慈なる御威徳とにより、大己貴神と、わが靖國神社祭神との一大精神を発揮したる結果によりて完成せし、歴史上の二大事件」と記すような、天孫降臨と明治維新の対比に基づく大己貴神と靖國神社祭神との対比というユニークな祭神観、②「其の在世に於ける位勲官等の高卑族籍男女の差別こそは坐しませ。其高潔な大精神に於いては、共に皆一」とする靖國神社祭神の一種の「平等性」とその「私的」な性格のものではない「天皇の、神位を与へ給ひしもの」としての「公神」的な性格の重要性の確認、③「元来、わが国民は、協同の祖先に起りて、外には君臣の義あり、」として祖先信仰から靖國神社信仰までを繋ぐ「忠孝一途の要道」に基づいた「安国たらしめんとする、上下の大精神」という日本的「平和」観、④「至尊陛下を始め奉り、国民の共に泣きて意を注ぐ」という印象的な表現で戦歿者に哀悼の意を注ぎ、個々の遺族に対し、或は「祭神と其の精神に於ては、既に分つ所有らざる」存在である生還した傷痍軍人に対する特別待遇の必要性などが示されている。

ここで、大正十四年三月上旬に賀茂百樹が首相及び陸海軍大臣らに進言した意見書[30]を取り上げておきたい。この意見書では、靖國神社は「外国の貴顕、及使節等の来朝するもの必参拝し。今や国際的神社」であるとの認識のもと、「現状を見るに、靖國神社の例祭は一神社の例祭にして、皇室の殊遇と、陸海軍人の参列あるのみにして、一般国民は我不関焉たるもの丶如し。未曾て首相の詣りて敬意を表したるだに聞かざるなり。」として、米英仏伊四国列強の戦歿者慰霊・追悼施設における記念日の休日制度化の事例を挙げ、「靖國神社例祭日を国の休日となすこと」を建議している。ここで賀茂は、「而して其祭神には、上下の階級、男女の差別あることなく（中略）斯く階級を超越し、国民を総合す、之を要するに義勇奉公の全国民精神を崇祀せられたるものなり。」と記したが、靖國神社祭神の一種の「平等性」という性格が「全国民精神」に関わるものであること、即ち好むと好まないとに拘らず「国難」と対峙せざるを得ない全ての国民に無関係の神社ではないことを訴えたかったのである。

また、大分後年になるが、昭和十三年一月十三日における帝国議会においても、堤安次郎が、正に賀茂の建議と同様、国際的な観点から同趣旨の質問を行なっている[31]。しかしこの時も末次信正内相は「靖國神社ハ陸海軍ノ所管」であるのでこれとの相談も必要であるし、様々な方面の事務的な関係もあるから「慎重ニ研究ノ上決メタイ」と言葉を濁すばかりで、結局実現することはなかった。この靖國神社の祭日を国家の大祭日としようとの論は、日露戦争後において、すでに芳賀矢一が「靖國神社祭日を大祭日に加へられたし[32]」と主張していたことにも見られるように長年の懸案事項であったが、村上重良がいうように靖國神社が「国家神道の重要な一支柱」であるならば、何故それが実現しなかったのだろうか。

ただ、賀茂の建議の（ロ）にあった「靖國神社へ勅使参向御祭文奉読の時間（午前九時）を期して国民一斉に敬意を表すること。」という点については、その趣旨のままではないものの、次のような展開があった。昭和十三年四月七日、「靖國神社臨時大祭ニ際シ全国民黙禱ノ時間設定ニ関スル件」が次官会議決定となり、「今次事変ニ於テ戦歿セル護国の英霊合祀ノ為靖國神社ニ於テ近ク臨時大祭執行セラレ来ル四月二十六日　天皇陛下ノ御親拝ヲ辱ウスルニ当リテハ此ノ厳粛ナル祭典日ヲ期シ全国民黙禱ノ時間ヲ設定シ殉国ノ英霊ニ対シ敬虔ナル感謝哀惜ノ意ヲ表シ以テ忠勇ナル遺烈ニ応ヘントス」という趣旨で、「（イ）四月二十六日　天皇陛下御親拝ノ時刻ヲ期シ当日午前十時十五分全国民ハ各々在処ニ於テ靖國神社ニ対シ一分間黙禱祈念ヲ為スコト／（ロ）コノ為同時刻ニハラヂオ放送、サイレン、鐘等ヲ用ヒ適当ナル周知方法ヲ講ズルコト」（／は改行を示す。以下同じ）を実施方法とする旨が合意をみている[33]。これは、先の堤代議士も靖國神社の祭日を国家の大祭日とすべきとする論の前提として言及した、欧米各国における戦歿者への弔意方法、とりわけ英国のセノターフにおける王、首相、閣僚、軍代表が参拝する際の二分間の「黙禱」を視野に入れたものであるといえるが、支那事変（日華事変）勃発後の「準戦時体制下」或は「戦時下」においては、来るべき「総力戦」を見越して、「黙禱」という形で、靖國神社の臨時大祭を通した全国民の「時間的共有」が実現していくのである。

昭和七年、靖國神社社務所が「軍人勅諭五十年祝典記念事業の一として」発行した『靖國神社祭神祭日暦略[34]』は、文字通り、一月一日から十二月三十一日までの毎日、その日死歿した祭神の名を列挙した書である。賀茂は、「遺族より見れば父なり、兄なり、夫なりであるか、これに神格を授け給へば申すまでもなく、国家の神である。人間にして国家の神たるは最高の栄位である。国家の神となれば、国家と共に永久の生命である。そこで神霊と人霊との分別を明にせねばならぬ。遺族としては、わが祖先として祀ると共に国家の神霊として忘れてはならぬ。」と述べ、「また靖國神社の祭祀の国家として国民として重んずべきことも、上に述べたる外に出ぬことは申すまでもない。そう《ママ》云ふ精神で、わが祭日暦編纂のことは既に二十年も以前に於て企画したものであつたが、此間幾多の労苦を経てこれを完成するに至つたのは、往し昭和二年四月のことである。爾来日供奉献後に、当日の命日に当る神霊に対し特に奉拝を奉仕すること、為し、昭和五年二月よりこれを当該遺族に通知して、家庭に於ても拝礼すべき事を促し現今に至るまで実行せられてをるのである。」と記している。また、陸軍省調査班が昭和七年四月に編纂した『靖國神社臨時大祭に方りて』というパンフレットにおいても、「靖國神社こそ国民の神の一つである。其祭神の国家の隆昌と共に増加せらる、如き、全国郡村に亙り祭神の遺族あらざるなく、国民の崇敬を一にせる如き、実に其特殊性である。[35]」と記されているように、靖國神社の祭神は、村上重良がいうような「「英霊」とよばれる没個性的な祭神集団」であったのではなく、まさに個別具体的でありながらも「国民の神」、即ち「国民」的総合性への志向性を持つという「英霊」にほかならなかったのである。

このような個別具体的でありながらも「国民」的総合性への志向性を持つという「英霊」観の発露が明確に示されているのは、昭和八年から十年に亙って編纂された全五巻五千余頁といふ圧巻の大著である陸軍大臣官房・海軍大臣官房監修『靖國神社忠魂史』（靖國神社社務所発行）[36]であろう。その凡例には、「祭神はその所属（藩・府県名又は部隊号）、戦死・病死及び不慮死の年月日、死亡場所、官職等級、氏名（同日死歿は同一官職等級内にて五十音順）、本籍（維新篇にありては年齢）の順序に一柱毎に区分列記せり。」、「特別のものの外祭神個人の事蹟は之を記述せず。当時の所属部隊並に艦船の行動を述叙して之に祭神を配することとせり。」とある。また、各巻に祭神名索引を付していることも、その「個別性」へのこだわりを垣間見せている。『靖國神社忠魂史』第一巻に収録されている賀茂百樹「本書刊行に際して」は、「即ち苟も帝国臣民にして聖慮を奉体し、国家非常の秋に際して二つなき一身の生命を国家の生命に継ぎ足した者は、貴賤上下・老幼男女の別なく靖國神社に祭祀せられてゐるのであります。（中略）而も今日吾々がその恩頼に依つて生き、限りなき皇澤に浴しつゝあるを思へば、靖國神社祭神十二万八千餘柱の英霊に対して感謝せざるを得ますまい。／乃ち祭神の事蹟を顕彰し、その神となられた瞬間の心を以て全国民の心とするならば、上皇室の御仁澤に対へ奉り、祭神の偉霊を慰め、進んでは天壌無窮の国運を扶翼しまつるの所以であると信ずるものであります。／本書編纂の趣旨も実に茲にあります。」と記している。(37)

また、昭和十年、靖國神社社務所が発行した『靖國神社御祭神遺族の栞』(38)は無署名だが、その内容から宮司の賀茂百樹の著述と言っても良いものである。同書では「一度戦の場に出で征つては、生死はもとより顧る所にあらず、かくて国家の大生命に融け込み継ぎ足された自己の小生命はこの国家の大生命の中に在つて、相共に永遠無窮の幸を享くるものとの固い信仰を抱いて居るのでありまして、かゝる理を如実にお示しなされしが我が靖國神社の御祭祀であると拝察するのであります。」と遺族に語りかけているが、ここでも、個別的な「小生命」が国民国家における普遍的・総合的な「大生命」に「融け込み継ぎ足され」るという「生命」観が表明されている。

最後に、異色の神道人たる葦津耕次郎とのやりとりにも若干触れておこう。(39)昭和九年十月十九日、葦津耕次郎は仏教諸宗派管長をはじめ仏教界有志五十余名と懇談し、「日本国民倫理の中心たる神社と日本民族大多数の宗教たる仏教との密接なる融合」のため、靖國神社における仏教僧侶の正式参拝を提唱し、僧侶は一遍の回向でもすることが当然の責務と述べた。神道の「宗教性」を重視する耕次郎は、「英霊に感謝しその勲功を讃美するのが主体」である神社の「和魂」の祭に対して、仏教の回向、供養は「荒魂」を慰藉し向上せしむることが「主」でそれぞれ「持分」があり、神社では後者の面を忘却していると批判した。(40)これに対し、当時病床にあった賀茂百樹は談話を発表し、「元来、回向とは僧侶が己の所修の功徳を回転して期する所に趣向せしむることの謂であるから、云はゞ回向を勤むる者の功徳を以て霊を行くべき所に落付かしめ、安堵せしむるのである。靖國神社の祭神は陛下の御拝によつて至上の神として安堵ましますのであつて、決して他人の回向を待たぬのである（中略）若しも仏教各宗の僧侶の参拝がかゝる神を導かんとするが如き態度を以て礼拝するのであるなら、我が国の祭祀の精神とは全く相容れざることである。かゝることに同意することは出来ぬ。」と反論したが、僧侶の参拝そのものについては「今日仏教徒の参拝繁からんとし、殊に近く各派管長打ち揃つての参拝もあらんとの報道を耳にするを衷心より欽ぶものに外ならない。」と言い添えている。元来、賀茂が頑迷固陋な排仏論者ではなく、国学者として仏教の研究を深めていたことは、昭和十年の『仏教三百首』(41)などを見ても良くわかるであろう。

四　日清・日露戦争後における神仏合同招魂祭と公葬の実態

以下においては、主に明治後期以降の軍隊組織や地域における「神仏合同」の招魂祭や公葬の実態を手掛かりにして、戦歿者慰霊・顕彰である招魂祭・公葬における「信仰・宗教上の形式」としての神式と仏式のあり方について考察してみたい。

まずは、日清戦役以降の神仏合同招魂祭の実態を見ていきたい。今日一般に「招魂祭」といえば、東京招魂社・靖國神社や各地の招魂社・護国神社の成立前史に当たる幕末維新期における神道式による「戦歿者慰霊・顕彰」の祭典を連想しがちだが、大原康男が、日露戦争後の事例を挙げて「こうした招魂祭において、神仏合同で祭典を執行することが意外に多くある」[42]と指摘しているように、この時期の各軍隊・地域においては、「神仏両式」や「神仏合同」で招魂祭を執行することが一般的であった。

明治二十九年六月十四日には、秋田市旧城地内において、「征清征台の役」で戦死病歿した軍人のための神仏両式による臨時招魂祭が執行され、軍人慰労会が催された。その記録[43]には、「そもそも国家民人か之を吊祭し之を慰藉して其の功勲と其の芳名とを千載に伝へ忠魂をして長へに瞑するところあらしむるは洵に止むへからさるの至情なりとす茲に本県知事平山靖彦君書記官檜垣直右君等主唱となり全県各地の有志者と相謀り六月十四日を以て秋田市旧城地内に於て戦死病歿したる軍人の為に神仏両式に仍て招魂祭を執行し及ひ凱旋皈任したる軍人の慰労会を催ふせるもの全く這般の趣意に外からさるなり」と記されている。同記録の「招魂祭紀事」には、招魂祭式場の装飾について、「中央の入口には〈慰忠魂〉と題し常盤葉にて四隅をとり小紅花にて文字を模擬せるものを掲け（中略）簡易農学校生徒の献納せる大榊木は両側に植付られ国旗を交叉せし小門二個を以て神官僧侶其他の通路に充てられぬ更に式場内の模様を見るに右方正面に神壇を築き戦死病没軍人の姓名を浄写せし霊幅を懸け（中略）左方正面には仏壇を設け同しく戦死病没軍人の姓名を浄写せし霊幅を吊るし阿弥陀仏の尊像を安置して前に死亡者の法名簿を具ひ以て香華燈明を捧く」と詳細に描写されており、神仏合同の招魂祭の光景を具体的に窺い知ることができる。

また、明治三十四年の十一月五、六の両日に執行された富山県の招魂祭も、「去る五六の両日富山市遊園地に於て神仏合同の招魂祭を執行すること丶し先つ五日午前は神式午後より仏式に依りて執行したり（中略）仏祭式は真宗本派より法華宗、天台宗と順次に執行されたり。」とあるように、まぎれもない「神仏合同」の招魂祭であった[44]。

続いて日露戦争後の事例も挙げておこう。『第四師団招魂祭紀念帖　明治三十七八年戦役』[45]には、招魂祭の次第は掲載されていないが、第四師団長・塚本勝嘉の祭文数種が掲げられている。また、その写真からは、招魂祭時に設けられた鳥居や祭壇、遺族の参拝風景など神式の様子に加え、仏式祭壇や僧侶読経、遺族の焼香など仏式の光景も窺われる[46]。

以上のように、神式先行による「神仏合同」招魂祭は、当時、相当広範に定着したスタイルであったようだが、意外なところで誤った風聞も生じることとなった。

明治三十八年十二月二十日、秋田県知事は、内務省神社局長宛に「官幣大社（筆者注・別格官幣社の誤り）靖國神社ニ於テ従来招魂祭ヲ執行スルニ当リ神式執行後仏式ニ依リ法会ヲ営ミタル例アリトノ風説有之」が、これが果たして事実かどうかを照会したところ、同月二十五日、勿論管轄外の神社局長は、この照会を、靖國神社を所管する陸軍省の副官に転送し、二十八日に副官は、そのような事実は無く「全然其例証無之候条御承知相成度」との秋田県知事宛回答案を作成している[47]。この一件からは、それぞれの地域や軍隊組織における招魂祭の根拠・源泉として、当然のように靖國神社を位置付ける意識が働いていたともいえるのであり、その意味では、靖國神社の「公共性」が一般国民に浸透していた証拠といっても過言ではない。さらに逆にいうならば、師団等、軍の各レベルの招魂祭、地域の招魂祭が靖國神社の祭祀を直接模範にして執行しているのではなく、形式的に直結したものではないということも改めて浮き彫りにされたのであり、各地域・各軍隊組織におけるそれぞれの招魂祭が、各々のレベルで完結した慰霊・顕彰儀式であったことを示しているのである。

一方、「戦歿者公葬」における神式と仏式の関係はどうだったのであろうか。

大原康男の整理によれば、戦歿者の公葬としては、国葬、陸軍葬・海軍葬、軍・鎮守府・師団・聯隊など各団隊レベルのもの、市町村主催のものがある。(48)「戦場掃除及戦死者埋葬規則」（明治三十七年五月三十日・陸軍省達第百号）に所在の部隊に従軍の僧侶・教師・教法家がいるときはこれに会葬せしむべきことが、「海軍葬喪令施行細則」（大正九年六月二十九日・海軍省第十一号）に祭主またはこれに相当する者は、喪主の希望によって神官または僧侶に委託するのを例とすることが定められた。しかし、実際には、明治十五年の段階で官国幣社神官の葬儀不関与が達せられ、明治三十七年二月九日の陸軍省達第十六号「僧侶教師従軍ニ関スル件」においても僧侶と教派神道の教師が従軍を許可されたのみで、神職の従軍は、正式には昭和十四年になって漸く認められたに過ぎなかったため、(49)軍隊における公葬は圧倒的に仏式が優勢であり、それは市町村においても同様であった。

神職の葬儀関与・不関与に関する歴史的展開について述べると、(50)まず明治五年六月二十八日に自葬の禁止、葬儀執行は神官・僧侶に限ることと神官は氏子らの依頼に応じて神葬祭を取り扱って良いことが布告され、同七年一月二十九日には神官・僧侶以外の教導職にも葬儀執行が認められた。しかし、同十五年一月二十四日に「自今神官ハ教導職ノ兼補ヲ廃シ葬儀ニ関係セサルモノトス此旨相達候事　但府県社以下神官ハ当分従前之通」という内務省達乙第七号により、官国幣社神官は教導職と分離し、葬儀不関与（府県社以下神社の神官は当分従前の通り）となった。同十七年八月十一日の神仏教導職全廃によって、十月に喪主の信仰するところに任せた自葬の解禁となるものの、明治二十四年七月六日の「府県郷村社神官奉務規則」には葬儀について何も規定されていないように、政府は、府県社以下神社の神官の葬儀不関与をも暗に否定していたのである。

明治三十八年の『全国神職会会報』第六十八号「雑報」には、福島県耶麻郡猪苗代町出身の陸軍歩兵少尉の葬儀が行なわれたことが記載されている。(51)この葬儀は神式で執行され、斎主の岩代郡郡山・安積国造神社祠官の安藤国重が祭文を読んだが、会葬は仏式であり、僧侶の弔詞があった。国学者の渡辺重石丸や林甕臣に学んだ安藤は、仏式会葬に際し、安積郡神職を代表して「弔詞」を朗読し、「嗚呼悼キ哉今ヤ君ノ遺骨ハ英ノ属邦印度国式ヲ以テ之ヲ葬ムルト雖モ英霊ハ　三法ノ奴ナラズ即チ別格官幣靖國社ニ祀ラレ国家鎮護ノ神トナル死シテ餘栄アリト云フベシ本日君ノ葬儀ニ列シ本部神職一同ヲ代表シ茲ニ恭シク弔詞ヲ述フ尚クハ饗ケヨ」と述べた。この慰霊の場におけるあからさまな反仏教的言辞に対し、流石に『全国神職会会報』の編集記者も、これを掲載はしたものの「◎記者曰文中英の属邦印度国式を以て云々は露骨に過きて他の非難を招くの恐なきか今少し円滑に耳立たぬやう修正せられたき心地す」と注記せざるを得なかった。なお、この年は、安藤のような神職・神道人の仏式公葬に対する不満が噴出している。(52)

翌明治三十九年、筥崎宮主典の緒方稜威雄は、神仏両式による招魂祭のあり方を槍玉に挙げ、「或者は曰く現今の我国は信教の自由を許せり戦病死者の招魂祭を為すに当り神式に依ると仏式に依ると将又神仏両式を混交して執行すると其人の随意なり何の不都合か之れあらんと然れとも招魂祭なるものは古来我国特有の礼式なり仏者にありて読経を為すは宗教作法に依る回向なり供養なり彼等に於ては招魂の式を執行するとなく単に仏像又は木標等に対して読経するのみなるに至りては安くんぞ之を招魂祭と称するを得ん其信教自由の上より耶教なり仏教なり其信する所の宗教作法に依りて各自の回向文又は追悼を為すは元より咎むるに足らさる所なるも苟くも海陸軍として都市村として又は公共団体として公然招魂祭なる名目の下に国難に殪れたる戦病歿者の神霊を祭るに当り此の如き怪訝なる順序方法に依るは噫亦何たる事なるぞや（中略）其後皇祖建国紹述して靖國神社を創立し殉国の忠魂は凡て同社に合祀せらるゝの制を立て給ひ維新以来の殉難者を始め今回の戦病歿者等悉皆同社に於て礼を以て厚く奉斎せらる是れ只単に忠死者優遇の聖旨に出づるものなるべきも亦各地に於る招魂祭の執行方法の好模範たるに非ずや今や此の如き礼典に付ては法律上何等の規定なきも怪訝なる方法順序に依り曠古の戦役に於ける忠死者にして同神社の祭神たる国士の霊を祭るか如きは甚た不都合の極みと思ふなり(53)」と述べ、仏式招魂祭が、神式と同じく「招魂祭」とはいいながら招魂式を行なわず、実質上は回向や供養を行なっているのみで、本来的には性格が異なるものであると指摘し、厳しい批判を加えている。このことから、神仏分離で打撃を受け、近世以来の「葬式仏教」の伝統を継承する近代仏教界が次第に（今後精査が必要だが西南戦争以降か）、本来は幕末維新期に形成された神式の戦歿者慰霊である「招魂祭」と、仏式の回向や供養を伴う「戦死者追弔行事」とをあえて同質視、もしくは同一カテゴリーのものとして捉えてきた戦略的な意図も仄見えるのである。

なお、防衛省防衛研究所所蔵『海軍省公文備考類』の「殉職者葬儀の件」という史料の中に、自らを「草莽真須美」と名乗る人物から、海軍大臣・大角岑生大将宛に送られた海軍葬の「国礼」化を求める昭和九年六月十七日の日付の「請願書」があるように、昭和に入っても仏式公葬に対する反発が見えるが、次に述べるように、支那事変が混迷を極め、大東亜戦争へと戦局が拡大していく中で、当時の神職・神道人たちが精力を傾けて取り組むべき大きな課題の一つが、英霊公葬問題（忠霊公葬問題）であった。(54)

五　「国礼国式」の実践としての英霊公葬運動

既述してきた明治後半期以来の神仏合同招魂祭や仏式公葬の隆盛に対する神道人らの反発の感情に根を持ち、その具体的なカウンターとして展開された英霊公葬運動（忠霊公葬運動）は、概ね昭和九年の東郷平八郎元帥の国葬において明治神宮宮司・有馬良橘が葬儀委員長に任命されたことを契機に、昭和十年代に神道人や在野民族派が関わる諸団体が推進した運動で、戦歿者「英霊（忠霊）」の公葬は「国礼国式」である「神式」に統一すべきだというものである。(55)とりわけ昭和十八年には運動のピークを迎えたが、仏教関係者が反対意見を発表し、大きな論議となった。但し結局、戦争が急激に深刻化したため、はっきりとした決着は付けられなかった。ここでは英霊公葬運動の経緯の詳細な検討は控え、昭和十七年頃の神祇院内での動きと本格的な運動が展開された昭和十八年頃の諸勢力の考えをいくつか示し、「国家神道」と「戦歿者慰霊」との関係を再考してみたい。

　早くから西田廣義は、「政府の神祇院部内には、結局は上層部で握りつぶされたものではあつたけれども、既に昭和十六年末に「皇軍戦病歿将士ノ公葬執行方ニ関スル件」と題する依命通牒が作られてゐて、とりあへず戦病歿将士の公葬に限つて官国幣社神職も公葬に関与しうることとしようとの構想があつて《ママ》ゐたことを付記しておかう。その理由書は、まづ府県社以下神社の神職のみに葬儀関与が認められてゐる現行制度では社会の要望に副はない憾みが多いこと、したがつて、根本的には神職の葬儀関与の可否をなほ十分に討究する必要がある、としながら、とりあへず今日の実情に応ずるために、官国幣社神職にも戦病歿将士の公葬式に限り当分の間、適宜関与し得るやうにするのが、刻下緊急の適切な措置だと信ずる、と述べてゐる。」と指摘していた[56]。

　また、阪本是丸は、「なお戦時下においてはいわゆる「英霊公葬問題」が論議されるようになり、神祇院においても神葬祭問題に真剣に取り組んだようであるが（阪本健一「葬儀と汚穢の観念」、梅田義彦「祭祀と汚穢に関する資料」等）、とくに阪本健一の論は、神職が葬儀に関与することを原則的に嫌っていた政府（神祇院）内部からの批判的論文として重要な位置を占めるものである。[57]」と評価している。その阪本健一執筆の『葬儀と汚穢の観念』[58]には、「皇軍の勇士が戦友の遺骨を抱いて戦つて居る姿を見て、けがらはしいとかきたない等いへるであらうか、寧ろ崇高な姿として我等の眼に映ずる。戦友の遺骨はそのまゝ護国の神であり、かゝる信念の下に勇士は戦つてゐる。／皇軍が戦場で戦ふのも、衆庶が持場職場で命をかけるのも等しく大君の為めである。ひたすら天皇に帰一して天命を完うするものはそのまゝ尊い神の姿である。」との記述がある。つまり、この「英霊公葬問題」の渦中においては、「国家神道」の中心的イデオロギーである「神社非宗教論」の最も基本的な根拠法令の一つ、内務省達乙第七号（神官教導職分離、神官葬儀不関与）に対し、ある意味では神祇関係担当官省の考証部局の国学的伝統を引き継ぐ形で、神祇院内部において地道な考証資料の作成に当たっていた教務局調査課の一官員が、政府・内務省の「国家神道（体制）」の内側から根本的な批判を投げかけていたのである。[59]

さて、昭和十五年五月に結成され、皇典講究所内を住所とする祭政一致翼賛協会（総裁・一條實孝）は、昭和十八年二月三日に懇談会を開催し、皇典講究所と祭政一致翼賛協会において作成した「皇軍戦歿将士公葬要旨」について葦津正之が説明して、「公葬ハ皇国ノ祀典ニ依リ執行スヘキハ承詔必謹ノ第一義ナリトナスノ決議」をなした。[60]「皇軍戦歿将士公葬要旨」には、「茲を以て陸海軍部隊及ひ公共団体並にこれに準ず可き団体ニ於て、その主催の下に、公の行事として執行せらるる戦歿勇士の葬儀は宗派的儀式を超越し畏くも上皇室の行はせ給ふ大御手振りに習ひ奉り国体に依り純正なる国体の本義に立脚する公葬式を以て奉仕すべきものと思量す。」とあって、「公葬式案」が提示された。[61]

これに対し、昭和十八年三月一日に大日本仏教会（酒井日慎会長）は、「公葬方式制定問題ニ就テ」と題する声明書を出し、[62]「戦歿将兵ノ公葬ヲ無宗教ノ方式ニ一定シ実施セシメントスルガ如キハ憲法ノ趣旨ニ違反スルノミナラズ、各宗教ヲ信奉スル大多数国民ノ思想感情ヲ攪乱シ、延イテ一億一心ヲ破壊セントスル虞レアリ、国家ノ為メ実ニ浩嘆ニ堪ヘザルナリ。／抑々葬儀ハ故人ヲ葬ル重要ナル儀礼ニシテ、国民ノ信仰又ハ家ノ伝統的信仰ハ国民ノ美ハシキ感情ニ依リテ行ハレ来レルモノナレバ、即チ故人ノ信仰又遺族ノ信仰ニ依リテ執行スルヲ妥当トスベシ。」と主張した。さらに、「靖國神社ハ英霊ヲ御祭神トシテ奉祀セラル、神社ニシテ、戦歿将兵ノ御遺骨ヲ葬ル場所ニアラス。マタ靖國神社ハ神社ニシテ、神官常ニ之ニ奉仕シ神式ノ儀式ヲ執行スルモノナレバ、若シ其ノ精神ヲ体シ方式モ之ニ準ズルトセバ、当然神式トスベキモノニシテ、決シテ神式ニアラザル国礼国式トナスベキモノニアラザルベシ。况ンヤ明治十五年一月二十四日内務省達乙第七号ヲ以テ「自今神宮《ママ》ハ葬儀ニ関係セザルモノトス」ト府県ニ達示セラレ、神官ハ葬儀ニ関係スベカラザルモノトナレリ。」と、納骨施設ではない靖國神社はあくまで「神社」であり、その祭祀は「神式」ではあるが、それを理由に「国礼国式」となす性格のものではないとし、また、神官葬儀不関与達を盾にして神道人側からの仏式公葬批判に反論している。

これに対し、理論的な反論を試みたのが白旗士郎（葦津珍彦のペンネーム）である。葦津は、「大日本仏教聯合会に対する反批判」(63)において、「同声明書の第一の要点は、葬儀は故人の個人的宗教を尊重せねばならぬといふ主張である。我々は仮に諸君の主張を承認するとしよう。然らば、所謂神道の信仰者と、基督教徒と回教徒（これにも内部的に各宗派あり）の合同公葬が執行せられる場合に、諸君はどの宗派の儀式を採用せむとするのであるか。まさかに多数決によりて宗旨を決定せむとするほど、諸君も無謀ではあり得ないであらう。／我々は苟くも日本に於て信教の自由を認められたる宗教は（仏教であれ基教であれ回教であれ）総てが惟神の大道に帰一するものであると解してゐる。惟神の大道に帰一せず、惟神の大道に反抗するが如き信教が、大日本帝国に於て許容せらるゝ道理がない。惟神の大道こそは、仏教徒であれ、基督教徒であれ回教徒であれ、苟くも日本人たる限り、如何なる信教を有する個人にも全的に例外なく共通する所の大道でなければならぬ。国式国礼に則りて公葬を執行すべしとなす我々の主張は、断じて戦歿英霊個々人の信教を無視するものではない。」と、帝国憲法で保証されている個人における「信教の自由」を尊重しつつ、包括的な万人に共通するところの、いわば「公共性」が担保された「惟神の大道」による「国礼国式」を設定して論じている。

このロジックは、昭和十六年に葦津が福岡の神職子弟の修練の場として設立した「葦牙寮」名で作成された、昭和十八年六月二十六日付の「内務大臣神祇院総裁安藤紀三郎閣下に対する進言書」(64)においても貫かれている。この最後のアクションとなった進言書で、葦津は「公葬に於ける神式（国式国礼）の確立、私葬に於ける各信教の自由の尊重といふ以外に解決の道はありませぬ。」と訴えたものの、事態は打開されなかったのである。

また、政府や陸海軍の基本的な対応姿勢はどうだったか。同年三月三日開会の第八十一回帝国議会貴族院請願委員第四分科会における忠霊公葬に関する質疑応答で、政府委員の佐藤基は、「現在一般ニ国民ノ葬儀ハ神式、仏式其ノ他ノ方式ニ依ツテ行ハレテ居ル実情ニモ鑑ミマシテ、戦歿者ノ中ニハ仏教其ノ他ノ信者ガ多数アリマスルノデ、其ノ葬儀モソレゾレノ信仰ニ基イタ方式ニ依リ執行スルコトガ、戦歿者自身ノ意思ニモ副ヒ、且其ノ遺族モソレヲ希望シテ居ルモノト存ジマス、従ツテ其ノ公葬ニ付キマシテモ、英霊ヤ遺族ノ気持ヲ十分尊重致シマスルト、劃一的ニ神式ニ依ツテ執行スルコトニ統一スルト云フコトハ如何カトサウ云フ風ニ存ジテ居ル訳デアリマス」(65)と述べている。無論、陸海軍当局側も同様の姿勢であった。

そして、運動としては比較的後発ではあるものの、在野民族派である思想結社・大東塾一統による「忠霊神葬運動」の激しさは、他のいずれの団体の動向とも異なる。塾長・影山正治は、「軍当局は陸海軍葬を必ず神式に依つて執り行ふことにより、更に進んで、戦死者の公葬一切を神式に依つて執行せしむる様手配すべきである。今日なほ戦死者の市町村葬は、多く仏式又は神仏混交を以て行はれてゐる。このことは根本に於て皇国体が今なほ甚だ不明徴であることを表示するものであり当局自体が、かう云ふ国体明徴の一番大切な点に頗る不熱心であることを物語るものに外ならない。（中略）敵は武力に於てさるものであるばかりでなく、自己の世界観を信仰する精神力に於ても亦さるものである。自ら疑つて他これを疑ふ今の日本は、果して神皇の大道を唯一無上の絶対道として信仰し切つてゐるかどうか。国の内に、自らを疑つて敵思想に左袒しやう《ママ》とするやうな深い敗戦意識を内包してゐはしないか。（中略）こゝの所から進んで一切葬儀の神葬化、全家庭の改宗実現、国教確立に向つて軍官民ともどもに戦命必死の努力を積み重ぬべき秋である。[66]」と記した。つまり、大東塾の「忠霊神葬運動」は、戦死戦病死者の忠霊公葬が神式に帰一することを「聖戦」の奉行貫徹上「絶対の緊急事」であるとして展開されたが、同時に「万道維新の根源たる宗教維新への重大なる道開き」でもあり「単に戦死者の公私葬のみならず全皇民の全葬祭は神葬祭でなければならない」という「皇民各自の家の改宗帰神」への出発点に他ならなかった。[67]彼らの「忠霊神葬論」は、今まさに迫らんとしている強大な対外的脅威に対抗するための悲愴的な「思想的総力戦」を目指した、極めてラディカルな「宗教的神道論」だったといえるのである。

六　むすび

本稿で見てきたように、早くから靖國神社は、中央における国家的戦歿者慰霊・顕彰の場としては確立していたものの、明治末期以降の「神社行政統一」という「国家神道」の拡大志向にも拘らず、靖國神社との歴史的密接性を主張する陸海軍省がその管理を手離すことはなく、「単なる軍人のための神社化」さえも懸念されたが、三十年の長きに亙り靖國神社宮司を務めた賀茂百樹の様々な尽力もあって、「一般国民のための神社」の性格は失われなかった（さらにより「国民」との繋がりを重視するベクトルが強かったといえよう）。

一方で、様々なレベルでの招魂祭、公葬に見られるような、公的・集合的な慰霊・追悼・顕彰行為は、必ずしも神式ではなく仏式或は神仏合同で行なわれることも多く、それぞれが各地域や組織の中で完結する構造を持った祭典として執行されており、靖國神社を頂点とするある一定のヒエラルキーを持った国家による統一的な慰霊形態ではなかった。

しかし、日露戦争以降、徐々に仏式の招魂祭・公葬等に対する反発が見られるようになり、とりわけ神道人やその関係者の中から、戦歿者慰霊の祭典形式の不統一に対する疑問を表明する者が現れてくる。その延長線上に、靖國神社における祭祀形式を根拠とする「国礼国式」＝「神式」による公葬の要求としての「英霊公葬運動」も位置付けられる。さらにこの運動は、「時勢」の急激な移り替りに伴う、「国民」全ての「生」と「死」に極度な緊張関係を齎していく激動の「時世」の到来、即ち「戦時下」という非常時に当たって、強大な対外的脅威に対抗するための「思想的総力戦」の相貌をも帯びており、その当然の帰結として、国家の統一的な「国礼国式」による戦歿者慰霊体制構築への志向性を有するものであった。

また、「英霊公葬運動」の渦中においては、「国家神道」の中心的イデオロギーである「神社非宗教論」の最も基本的な根拠法令の一つ、内務省達乙第七号（神官教導職分離、神官葬儀不関与）が直接問題とされたことにより、政府・内務省の「国家神道（体制）」に対して体制の内外から根本的批判も投げかけられた。しかし、その「国家神道」の担い手たる政府自体は、統一的な戦歿者慰霊制度構築への情熱もなく、明治十年代の産物である一片の「神職葬儀不関与」達でさえも捨て去ることはなかった。結局、神道人や民族派は、「国家神道」を突き崩すには至らないまま、大東亜戦争の敗戦を迎えるのである。

註

（1） 本稿の前半部分（一、二、三の大部分）の内容については、すでに拙稿「国家神道と靖國神社に関する一考察―神社行政統一の挫折と賀茂百樹の言説をめぐつて―」（『國學院大學研究開発推進センター研究紀要』一、平成十九年）で詳説している。また、後半部分（四、五）についても、近々別稿において詳しく論ずる予定である。

（2）新谷尚紀「慰霊」（新谷尚紀・関沢まゆみ編『民俗小事典　死と葬送』吉川弘文館、二〇〇五年）。
（3）羽賀祥二「日本近代の宗教と歴史―〈招魂〉・〈供養〉・〈顕彰〉をめぐって―」（『歴史科学』一八二、二〇〇五年）。
（4）矢野敬一『慰霊・追悼・顕彰の近代』（吉川弘文館、二〇〇六年）序「近代における慰霊・追悼・顕彰研究の視覚と方法」。
（5）檜山幸夫「近代日本における戦歿者慰霊と宗教性について―長崎南松浦郡新上五島町を事例に―」（『中京大学　社会科学研究』二六―二、二〇〇六年）。
（6）西村明『戦後日本と戦争死者慰霊―シズメとフルイのダイナミズム―』（有志舎、二〇〇六年）を参照。
（7）維新期の招魂祭や靖國神社には、「慰霊」「追悼」「顕彰」の並存を指摘することができる。例えば、靖國神社祭祀の原点たる慶應四年六月二日に行なわれた「江戸城西丸大広間における祭典の際の祭文」（『靖國神社百年史』資料篇上、靖國神社、昭和五十八年）では、「恐き臣等のかく身を捨てて労き仕へ奉れる事をば、朝夕夜昼となく歎き賜ひ、悲しび賜ひ辛み痛み御座しますに依りて、いかで其の魂の往く方を後軽く、心も安穏に思ひ安息まるべく慰め賜ひ、治め賜はむとして、（中略）今日の此の御行事の床に招き奉りたる兵士の幸御魂、奇御魂、天翔り国翔り、天皇が御代をば常磐に堅磐に守らひ幸はひ、仕へ奉る臣等を始めて、此れの大城に集ひ候らふ御軍の内にも喪なく、事なく、平らけく、安らけく、彌勤めに勤め、彌猛に猛はしめよと宣り給ふ令旨を宣る。」と悲しみの表現としての「哀悼」即ち「追悼」と「慰霊」観が表明されるとともに、戦死者の意志を継承する意味も込めた「顕彰」が並存している。
（8）葦津珍彦著・阪本是丸註『新版　国家神道とは何だったのか』（神社新報社、平成十八年）や阪本是丸『国家神道形成過程の研究』（岩波書店、一九九四年）を参照。
（9）村上重良『国家神道』（岩波新書、一九七〇年）。
（10）島薗進「国家神道と近代日本の宗教構造」『宗教研究』三二九、二〇〇一年）。
（11）拙稿「国家神道体制成立以降の祭政一致論―神祇特別官衙設置運動をめぐって―」（阪本是丸編『国家神道再考―祭政一致国家の形成と展開―』弘文堂、平成十八年）を参照。
（12）村上重良『慰霊と招魂』（岩波新書、一九七四年）「まえがき」。

（13）前掲、阪本是丸『国家神道形成過程の研究』「補論2　靖国神社の創建と招魂社の整備」、同「「国家神道体制」と靖國神社―慰霊と招魂の思想的系譜・序説―」（『神社本庁教学研究所紀要』一二、平成十九年）。
（14）國學院大學日本文化研究所編集『〔縮刷版〕神道事典』（弘文堂、平成十一年）一二七頁。
（15）『靖國神社百年史』資料篇下（靖國神社、昭和五十九年）第一五「靖國神社の維持管理」。
（16）明治二十年三月十八日の閣令第四号を以て、官国幣社の「神官」を廃して「神職」を置くこととなり、「神官」は、伊勢の神宮の大宮司・少宮司・禰宜・権禰宜・宮掌のみとされた。また、この時点では、府県社以下神社においては「神官」であったが、同二十七年二月二十八日の勅令第二十二号の第一条により、「府社県社及郷社並ニ内務大臣の指定スル護国神社ニ左ノ神職ヲ置ク」として、社司・社掌を府県社以下の「神職」とした。
（17）防衛省防衛研究所所蔵『陸軍省大日記類』大日記甲輯・大正八年「神祇ニ関スル特別官衙設置ニ関スル件」、国立公文書館所蔵『公文雑纂』大正八年・第十四巻「神祇尊崇ニ関スル件及神祇ニ関スル特別官衙設置ニ関スル請願ノ件」。
（18）『全国神職会沿革史要』（全国神職会、昭和十年）を参照。
（19）賀茂百樹「神祇官は何故に設置せねばならぬか？」（『全国神職会会報』一八九、大正三年）。拙著『近代国学の研究』（弘文堂、平成十九年）第八章「大正・昭和戦前期における祭政一致観の相克―八神殿奉斎問題と神道人・国学者―」を参照。
（20）『靖國神社百年史』資料篇上、一四九―一五六頁。
（21）『靖國神社百年史』資料篇中（靖國神社、昭和五十八年）、九一―九二頁。
（22）国立公文書館所蔵『各種調査会委員会文書』行政調査会書類「一行政調査会ニ関スル件（上奏原議）」。以下、行政調査会については本文書に拠る。
（23）『各種調査会委員会文書』「行政調査会書類・十二幹事会小幹事調査案」所収「三、靖國神社ヲ内務大臣ノ管轄ニ移スコトニ関スル小幹事会調査案」（大正十四年六月十七日）。
（24）『各種調査会委員会文書』「行政調査会書類・二十五陸軍省幹事提出議案」所収「七、靖國神社ヲ内務省移管ニ対スル意見（同第七号）」、「八、靖國神社移管後ノ措置ニ関スル件ニ対スル意見（同第八号）」。

(25) 赤澤史朗『靖国神社―せめぎあう〈戦没者追悼〉のゆくえ―』(岩波書店、二〇〇五年)二〇―二二頁。
(26) 前掲、村上重良『慰霊と招魂』「まえがき」。
(27) 『靖國神社百年史』資料篇上、一五六頁。
(28) 賀茂百樹の詳しい履歴については、還暦祝いとして出版された『寄祝』(編輯兼発行人・吉村清享、昭和四年)「加茂百樹大人履歴の概要」、賀茂百樹『中今亭雑歌』(中今亭、昭和十四年)を参照。なお、先代宮司の賀茂水穂は遠江国浜名郡雄踏郷金山彦神社祠官・賀茂鞆音の子で、戊辰戦争で従軍活動を行った報国隊の出身であり、同じ「賀茂」でも百樹とは無関係である。
(29) 賀茂百樹編『靖國神社事歴大要』(国晃館、明治四十四年)。
(30) 賀茂百樹「靖國神社の例祭日を国の休日と定め国民をして報効の実を挙げ、国防の念を起さしめ、尚武の風を振作せられたき議」(『神祇及神祇道』四―三、大正十四年)。前掲、『靖國神社百年史』資料篇上にも、作者名や日付を欠くが、同様の史料が掲載されている。この史料については、小堀桂一郎『靖国神社と日本人』(PHP新書、一九九八年)や川村邦光「靖国神社と神社の近代」(川村邦光編著『戦死者のゆくえ』青弓社、二〇〇三年)でも触れられており、「大正十年以降のもの」(小堀)、「一九二一年(大正十年)ごろ」(川村)と推定しているが、『神祇及神祇道』の記事における櫻井東花の記す前書きに「左の一編は賀茂宮司が本年三月上旬特に加藤総理大臣及び陸海軍大臣を初め、廟堂に進言したる意見書」とあることから、作成者は宮司の賀茂百樹であり、作成時期は大正十四年三月上旬頃であることが知られる。
(31) 『靖國神社百年史』資料篇上、四〇九―四一〇頁。
(32) 芳賀矢一「靖國神社祭日を大祭日にかへられたし」(『神社協会雑誌』四―四、明治三十八年)。
(33) 国立公文書館所蔵『枢密院文書』「靖國神社臨時大祭ニ際シ全国民黙禱ノ時間設定並健康週間実施方内閣書記官、同正副議長顧問官へ通知」。
(34) 『靖國神社祭神祭日暦略』(靖國神社社務所、昭和七年)。
(35) 『靖國神社臨時大祭に方りて』(陸軍省調査班、昭和七年四月)。

(36) 陸軍大臣官房・海軍大臣官房監修『靖國神社忠魂史』(靖國神社社務所)。全五巻五千余頁。陸海軍省に諮り共同の編纂委員を任じ、境内に編纂所を設けて昭和八年一月より着手。順次、第五巻(八年九月十八日)、第二巻(九年六月十五日)、第三巻(九年十月十五日)、第四巻(十年二月十一日)、第一巻(十年九月二十日)を発行した。「維新前紀」から「満洲上海事変」の間(うち第二巻~第四巻は日露戦役)の祭神の事蹟を記載する。

(37) なお、精神総動員資料研究会編纂『靖國神社に合祀されたる護国の女神四十八柱全傳』(明治天皇聖徳奉讃会、昭和十二年)は、「本書の刊行は、かねて陸海軍大臣官房監修のもとに靖國神社に於て編纂中の『靖國神社忠魂史』の編纂委員たりし梅原貞康氏の好意に依り、氏が多年の日時を費して調査蒐集されたる貴重なる文献に基づいて謹録せるもの」とある。

(38) 『靖國神社御祭神遺族の栞』(靖國神社社務所、昭和十年、昭和十二年四版発行)。

(39) 葦津耕次郎「私の信仰と希望」、賀茂百樹「僧侶の参拝云々に就いて」(『皇国時報』第五四五号、昭和九年十一月十一日発行)。以下の両者の記述はこれに基づく。

(40) 因みに、赤澤史朗『近代日本の思想動員と宗教統制』(校倉書房・昭和六十年)には、「葦津によれば、神仏融合こそ日本の本来の姿であり明治維新時の廃仏毀釈は誤った政策にほかならなかった。」と記されているが、葦津耕次郎の「私の信仰と希望」(『葦津耕次郎翁還暦記念出版　あし牙』葦牙会、昭和十四年にも所収)によれば、廃仏毀釈の歴史は「甚だ悲むべき」としつつも、「尤も、私は、明治維新以前の神仏融合が、真に両者の理想的な、結合関係であつたと申す訳ではありませぬ。」「然し、神仏の融合と云ふ事は、決して神社と仏教の混合を意味するものではありません。」とも述べており、神仏の差異や区別も全く考えない単なる神仏融合(習合)礼賛論では無かったことに注意すべきであろう。

(41) 賀茂百樹『仏教三百首　附切支丹五十首』(御床治久、昭和十年)。

(42) 大原康男『忠魂碑の研究』(暁書房、昭和五十九年)六三頁。

(43) 『生蒭一束　秋田県臨時招魂祭及軍人慰労会』(藤林正縁編輯兼発行、明治二十九年)。

(44) 「富山県の招魂祭」(『全国神職会会報』二八、明治三十四年)。

(45) 『第四師団招魂祭紀念帖　明治三十七八年戦役』(森脇竹一、明治三十九年)。

(46) 白川哲夫「地域における近代日本の「戦没者慰霊」行事―招魂祭と戦死者葬儀の比較考察―」(『史林』八七―六、二〇〇四年)では、「招魂祭の祭文は日露戦争後には哀悼の言葉が消え、ほぼ称賛のみとなる。これはいわば国家祭祀(国家神道)的なもので、死者に対してその死の意義を語る形式を取るものといえよう。そこでの僧侶による説教という仏教的な要素は、祭文の趣旨と大筋では一致しながらも、遺族の悲しみや慰めの感情を一定程度フォローしていたのではないだろうか。」と指摘しているが、これはやや一面的な評価である。日露戦争後に発行した『第四師団招魂祭紀念帖』に掲載された塚本勝嘉の四つの祭文では、例えば、主に「顕彰」的な文言は主に前半に述べられた後、「諸士一タビ去ツテ還ラズ凱旋ノ将士首ヲ回ラシテ心ヲ傷マシメ郷党ノ父老門ニ倚リテ涙ヲ揮フ勝嘉一念此ニ及ブ毎ニ感慨ニ禁ヘズ」(明治三十九年二月二十二日)、とあり、その他も必ず「嗚呼悲哉」(同年一月二十七日)、「哀哉」(同年三月十二日)という文言を用いて「哀悼」した上で、「在天ノ英霊」(英魂)に「尚クバ(来リ)饗ケヨ」と語りかけている。

(47) 防衛省防衛研究所所蔵『陸軍省大日記類』明治三十八年壹大日記「靖國神社祭典の節仏式執行に関する件」。

(48) 大原康男『神道指令の研究』(原書房、平成五年)一六八頁。

(49) 神祇院総務局監輯『最新神社法令要覧』(京文社、昭和十六年)一八四―一八五頁。

(50) 阪本是丸「近代の神葬祭の歴史と墓地の問題」(『神葬祭総合大辞典』雄山閣出版、平成十二年)を参照。

(51) 「戦死将校神式葬儀」(『全国神職会会報』六八、明治三十八年)。

(52) 例えば、近藤立臣「戦死者の英魂を祭るに外教を用ふるの弊」(『神社協会雑誌』四‐五、明治三十八年)などを参照。

(53) 緒方稜威雄「戦病死者招魂祭について」(『全国神職会会報』第二十八号、明治三十九年)。

(54) 防衛省防衛研究所所蔵『海軍省公文備考類』公文備考・昭和九年「殉職者葬儀の件」。

(55) 英霊公葬運動に関する先行研究には、中濃教篤編『講座　日本近代と仏教6　戦時下の仏教』(国書刊行会、昭和五十二年)所収「総論」、神社新報社編(西田廣義)『増補改訂　近代神社神道史』(神社新報社、昭和六十一年)「英霊公葬運動」、中西直樹「戦時体制下の「神仏対立」―「英霊」の公葬をめぐって―」(福嶋寛隆監修『戦時教学と真宗』第一巻、永田文昌堂、昭和六十三年)、長友安隆「戦時下神道界の一様相―従軍神職と英霊公葬運動を中心として―」(『明治聖徳記念学会紀要』復刊第三十四号、平成十三年)、粟津賢太「戦没者慰霊と集合的記憶─忠魂・忠霊をめぐる言説と忠霊公葬運動を中心に─」(『日本史研究』五〇一、二〇〇四年)等がある。神道人・民族派による運動に関する基本的史料としては、国立公文書館所蔵『内閣・総理府移管公文書(昭和四十九年度移管)米国からの変換文書』「公葬問題ニ干スル綴」(内務省警保局保安課「英霊公葬問題」や祭政一致翼賛協会『忠霊公葬問題論議』、影山正治「忠霊神葬論」などを含む。一部は『資料日本現代史6　国家主義運動』大月書店、一九八一年に所収)がある。

(56) 神社新報社編(西田廣義)『増補改訂　近代神社神道史』(神社新報社、昭和六十一年)一八四、一八五頁。

(57) 前掲、阪本是丸「近代の神葬祭の歴史と墓地の問題」。

(58) 阪本健一『葬儀と汚穢の観念』(神社本庁『神祇院関係資料』所蔵、昭和十七年四月二日調査参考資料一二号、教務局調査課)。

(59) なお、昭和十八年三月三十日には、皇国同志会理事・白鳥敏夫「明治十五年内務省達(神職葬儀不関与ノ件)撤廃ニ関スル建白ノ件」が、神職葬儀不関与達に批判を加えている(前掲、「公葬問題ニ干スル綴」)。

(60) 前掲、内務省警保局保安課「英霊公葬問題」(昭和十八年四月八日)。

(61) 前掲、「公葬問題ニ干スル綴」の祭政一致翼賛協会『忠霊公葬問題論議』(昭和十七年十月)一八頁以下。

(62) 前掲、内務省警保局保安課「英霊公葬問題」を参照。

(63) 神社本庁『神祇院関係資料』所蔵、白旗士郎「大日本仏教聯合会に対する反批判」(『報国新報』昭和十八年三月二十八日付)。

(64) 神社本庁『神祇院関係資料』所蔵、「内務大臣神祇院総裁安藤紀三郎閣下に対する進言書」。前掲、「公葬問題ニ干スル綴」。

(65) 前掲、「公葬問題ニ干スル綴」の「第八十一回帝国議会貴族院請願委員第四分科会(三月三日開会)ニ於ケル忠霊公葬ニ関スル質疑応答」。

(66) 影山正治「陸軍葬論」(『皇國時報』第八百四十五号、昭和十八年)。

(67) 影山正治『忠靈神葬論』(大東塾出版部、昭和十九年)「序」。

報告②

戦地巡礼と記憶のアリーナ(1)

都市に組み込まれた死者の記憶—大連、奉天—

粟津賢太

一　はじめに

本稿は、これまで行なってきたナショナリズムの文化的側面に関する研究に現代的な観点を補完し、現代社会学理論へと結びつけようとするものである。筆者は、これまで、ナショナリズムを政治思想の問題としてではなく、宗教社会学および歴史人類学の学問対象として構成主義的なアプローチから一貫した理解をすべき対象として研究を行なってきた(2)。

ナショナリズムが、いかに「死」を正当化したのか?という問題を、戦没者にいかに対処してきたのか?という問題であると読み替え、戦没者の慰霊・顕彰の問題として考えてきた。つまり、ナショナリズムの文化的側面の中でも、死を正当化する観念を再生産する社会的装置および、それに関連した言説の問題として考察してきた。その社会的装置として考えてきたのは戦没者追悼・記念施設であり、具体的には英国においてはウォー・メモリアル(War Memorials)や英連邦戦死者墓地(IWG)であり、日本においては招魂碑や忠魂碑といわれる碑表や、忠霊塔という納骨施設などの宗教的なモニュメント、およびそれらを中心とする追悼儀礼であり、また戦没者の追悼式や公葬祭をめぐる言説である。

論点先取の誤りを犯さないために、ここで急いで付け加えなければならないだろう。社会的装置とここで述べていたとしても、なにも慰霊施設が当初から国家のイデオロギー装置として意図されて作られたと言おうとしているわけではない(3)。護国神社の前身である各府県の招魂社には、それまで藩レヴェルで行なわれていた私祭の招魂祭が次第に淘汰整備されていった歴史的過程がある。同様に、東京招魂社から靖國神社へ至る歴史的過程を重視しなければならないし、靖國—護国神社という体制が整ったとされるのは昭和期に入ってからのことである。この時間の幅を見落としてはならない。これらの慰霊・追悼施設は、あたかも当初から国民を総力戦へと動員する目的で作られたかのように理解されるが、実際には戦争や戦死者の発生が先んじており、そうした状況に対する対応であったのである。つまり、むしろ事後的に、時間をかけて、制度的な体制化は図られていったのである。このことは英国の場合にも日本の場合にも当て嵌まる。現代社会学の問題意識からいうならば、ギデンズが指摘したように、このような「時間」を理論へ組み込む必要があるのだ(4)。さらに記憶の場という空間を様々な行為主体であるエージェンシーが交錯するアリーナと考える必要がある。その意味で本稿は、現代社会学の理論的な視座を用いた試論である。

粟津賢太氏

近代日本における戦没者記念施設のうち、国内に造られた忠魂碑などのモニュメントの基礎的調査では、一万六千基ほどの所在が明らかにされた。

これは国立歴史民俗博物館の基礎的調査によるものであり、同調査では、おそらく総数は三万基以上存在すると推定されている。(5)

これらのモニュメントの建造は日清戦争後に始まり、日露戦争を期に全国的に一般化したものと考えられる。それは戦没者の大量発生に対応している。

忠魂碑の研究は一九八〇年代の箕面忠魂碑訴訟にはじまり、そこでは碑を宗教的施設であるか否かが問題とされた経緯があるが、日清日露戦中戦後の時期に、モニュメントの建設を管轄していた内務省の方針は、碑の非宗教化政策であり、この姿勢は一貫していた。これは、忠魂碑が国家崇拝の道具であったとする一般的なイメージとは異なっている。碑を崇拝の対象とすることを国家が推進したのは昭和一四年以降のことであり、それはこれまでの政策の大きな方向転換であった。(6)

これを推進したのは首相を会長とする財団法人大日本忠霊顕彰会であった。同時に、この事業は、紀元二六〇〇年祭へ向けての国家事業のひとつであると捉えられていた。そして、忠霊塔の性格に倣う形で、忠魂碑などの碑の性格も大きく転換されたのである。

この転換について、従来、陸軍と海軍との対立がその原因のひとつであるといわれてきた。陸軍が仏教側、海軍が神道側を代表した言説を用いていたともいわれる。しかし、これは顕彰会発足から実際に忠霊塔の建設が始まるまでの調整期間の存在を説明するものではありえるが、モニュメントの性格（崇拝の対象へ）の転換についての説明とはならない。

忠魂碑や忠霊塔などの戦没者追悼記念施設の議論は、それらを巡る本質論となってしまいがちである。まずは、それを避ける問題設定を行なう必要があるだろう。「文化とは何か」という定義が、論者によって多種多様であり、その確定がほとんど不可能であるように、「忠霊塔とは何か」を定義する、という方向性をここではとる必要はない。(7)こうした前提に立つならば、研究者は忠霊塔の語りと用法を問うべきであろう。つまり、忠霊塔とは何かを問うことではなく、忠霊塔がいかに語られてきたのか、また忠霊塔が（ある歴史的・社会的な文脈において）いかに用いられてきたのか、をこそ問うべきである。

二　旧植民地における忠霊塔

国内および外地における忠霊塔の建設にあたっては、昭和一四年に設立された財団法人大日本忠霊顕彰会が大きな役割を担っていた。(8)同年七月七日、首相平沼騏一郎を名誉会長とする財団法人大日本忠霊顕彰会が設立され、内地においては一市町村一基、外地においては主要戦跡への建設が目標に掲げられ、その財源として「一日戦死」の寄付や勤労奉仕がもとめられた。「國に靖國、府縣に護國、市町村には忠霊塔」という同会発行の絵葉書などに記された標語が、この会の目的を明確に語っている。昭和一四年七月七日に九段軍人会館で行なわれた大日本忠霊顕彰会発会式の席上で述べられた会長菱刈陸軍大将による挨拶には同会の目的と意義が次のように語られている。

そもそも本会の目的は忠霊を戴いて滅私奉公するため忠霊に接しやすいように、あらゆる施設をいたすのであります。その第一は今次事変の主要会戦地における忠霊塔建設に対する助成並びにこれが維持及び祭祀であります。ご承知の通り旅順の白玉山には二万五千有余の遺骨が祀られたる忠霊塔があるのでありますが、これにお詣りするものは旅順攻撃の当時を回顧して血沸き肉躍るを覚ゆるのであります。その他満州の重要なる各地にも忠霊塔が出来ておりまして国民斉（ひと）しくこれを仰いで大陸経営の任に当たっておるのであります。今次事変の忠霊塔もこれを大陸に建てられるのでありますが、これに対して国民全員洩れなく奉仕をもってその完成に尽くすところなければならぬと思うのであります。その第二は内地に無言の凱旋した遺骨は母隊もしくは市町村において、その慰霊祭を行った後これを遺族に渡され、遺族はこれをわが家の墓地に葬るのでありますが、これを過去の戦役に徴するに年代の経過すると共に墓地の改装、移転、或は遺族の断絶、他郷移住等のため祭祀が絶え甚しきものは破損或は紛失しているものもあるような次第であります。それでなくても大小不規、各所に散在しておって参拝するのにも不便であるし、又これが保存もなかなか困難な状況であります。よってこれを市町村毎に一ケ所に纏め永久に市町村において自分等の身代りとなって斃れた忠死者のために奉仕をして永久に忠霊を戴いて行こうという施設をしたいと思うのであります(9)。

周知のように忠霊塔は内部中央に納骨室をもつものであり、その源流はいくつかあるが、その第一に仏教的な納骨堂の伝統がある。本来、「塔」はstupaに由来する仏教概念である。戦死者に対する供養塔を建立しその慰霊とする伝統は日本に存在したといわれる。とりわけ日清戦争の戦死者の遺骨を安置した護国寺忠霊堂が近代における忠霊塔の始まりであるとされる。その起源は東京、護国寺（小石川音羽、真言宗別格本山）境内にある多宝塔および忠霊堂にある。これは日清戦争時に遼東半島で戦死した軍人のために当時護国寺貫主であった高木義海によって建立されたもので、明治三五年に完成している。周知のように遼東半島は日清戦争後の三国干渉により返還されなければならなくなった。戦地に埋葬されていた遺骨の散逸を恐れた現地の守備隊長遠山規方少将（当時中佐）が第四師団従軍僧小林栄達に依頼し、一度京都泉涌寺に引き揚げ仮安置した。その後、七つの箱に入れられた遺骨を四輪車に載せ、これを東海道を宿場ごとに在郷軍人会が順番に徒歩により引いてゆく、一種のリレー式の行進によって京都から東京まで移動されたのである。

四輪車は「明治廿七八年戦役戦病歿者之遺骨」と大書した旗を掲げ、横には三本の白木綿を結び、明治三五年九月四日、京都の在郷軍人会の手で引かれ出発、一一月二日に到着した。つまり約二ヶ月をかけて運搬され、安置されたのである。途中、名古屋の大州観音や川崎大師など、各地の寺院に奉安・滞在しつつ進み、難所である箱根越えには鉄道を利用したほうがよいという意見もあったが、最後まで徒歩の行進を完遂した。忠霊堂の建立は、このように演出されていた。

【写真１】現在の旅順、白玉山表忠塔（現存・絵葉書）

この逸話は「日清戦役忠死の遺骨／東海道を感激の継走」や「覚めよ顕彰の精神／国民の感謝で築け」などという見出しで、この忠霊顕彰会発足と同時に新聞紙上に報道された[10]。そこでは、一宗一派を超越した美談として語られ、ナショナリズムに特有な、覚醒のレトリックが用いられている。

第二の源流に、外地のものがある。忠霊塔は、対外戦争によって戦地にて死亡した兵士遺骨を安置するという目的で、外地に建設されていた。日露戦後、旅順、大連、遼陽、奉天、安東の各地に一基ずつ、満州事変以降、新京、哈爾賓、齊々哈爾、承徳の各地に建設される。いずれも巨大な建造物であり、中でも昭和一一年に完成したチチハルのものは高さ三七メートルにも達する。満州における記念碑あるいは慰霊施設の存在は、昭和一五年の時点で、大小あわせて、少なくとも一七七基にのぼっていた[11]。これらの塔は、いかに用いられてい

【写真2】爾霊山（戦前の絵葉書）

【写真3】爾霊山（現存）

たのだろうか？

こうした外地に建設された忠霊塔の最初のものは、旅順白玉山表忠塔である。この塔は乃木・東郷両大将が発起人となったことでも話題を集めた。明治四〇年六月から四二年一一月までの二年五ヶ月の歳月と、工費約二三万円の費用をかけ完成された。工費はすべて寄付金によって賄われた。この表忠塔は、納骨祠と塔を分離した構造になっている。塔の部分は巨大な建造物であり、塔内部には二四三段の螺旋階段があり、許可者は塔上へ出ることが出来る。さらに塔上には「二百燭光の電灯九ケ」が設けられており、航路標識、一種の灯台という実用的な機能も持っていた。昭和一四年までには、年に一〇万人を下らないという戦跡視察者が訪れていたという。

『忠霊塔物語』（『東京日日新聞』）は次のようにこの塔の意義を語る。

屹然として聳え立つ白玉山の忠霊塔（こゝでは忠霊塔といつてもよいと思ふ）は、たゞ単に英霊を祀る意味での貴さよりも、さらにここを基地とし歩一歩、大陸への巨歩を踏み出したわが皇国の輝かしき過去ならびに将来をこれら英霊に報告する意味において、じつにこよなき生きた記念碑であるといふことが出来る

同記事には、白玉山表忠塔除幕式に乃木将軍副官として参列した松平英夫大尉（後の貴族院議員山田英夫伯爵）の次のような談話が掲載されている。

表忠塔は海の上からもよく見え、はじめてこれを見たときはこの海を通るものは皆この塔を仰いで英霊を偲ぶことが出来る。まことに結構なことだ(12)。

【写真4】大連忠霊塔（戦前の絵葉書）

大連の忠霊塔は「御幣型」と呼ばれる幣束を擬した巨大な塔の建造物である。同様のものは奉天忠霊塔にもみられる。この大連忠霊塔は、明治四〇年関東都督府陸軍経理部が遺灰遺骨の散逸を危惧し、合祀するため同年九月、大連朝日広場に納骨堂を起工、翌年九月竣工し、一一月、戦地からの遺灰を移す。その後、大連市の発展に伴い、満鉄が全費用四万九千余円を負担し、緑山の中腹に鉄筋コンクリート製の塔建設を、大正一四年六月に竣工し、大正一五年四月一五日に完成した。周囲四千四百坪の緑山公園を造営し、忠霊塔前に大広場を設けて大連市の行事を行なう場とした。大連を訪れた大日本忠霊顕彰会のスポークスマンであった桜井徳太郎中佐（大佐）は、「これに遺品館を具備すれば完

壁である」と評し、大日本忠霊顕彰会が全国に普及しようとしている忠霊塔の最も模範的形式であるとされた。

この大連の忠霊塔に関する記事は、「我が大陸建設の基柱／渡満邦人必拝の聖域」との見出しで掲載されている。「戦場に建てられたといふ意味よりも、大陸の基地に建てられたといふ意味において貴重性を持つ」とし、植民地としての大連の発展を象徴するものとして、忠霊塔は捉えられていた(13)。

忠霊塔をめぐる言説は、日本の独自性や精神的な優位性を示すものとして収斂し、さらに次のような帰結となってゆく。それは忠靈顕彰會理事長であった矢野音三郎や大日本忠霊顕彰会のスポークスマンでもあった櫻井徳太郎(14)の言説に明確に現れている。

> 報國殉忠十萬の勇士の血と肉とは凝つて建國の礎となり、遂に荒涼廣漠の滿蒙の野に王道楽土滿洲國の誕生となつた。而して今や日々に躍進する滿洲の姿こそ興亜黎明の曙光であり、東亜新秩序建設の先駆をなす勇姿である。／然しながら日露戦争や滿洲事變の輝かしい聖業の蔭に秘められた雄々しい犠牲は數限りなく、尊い鮮血を持つて彩られた戦蹟は滿洲の天地到る處に永遠不滅の光を燐然たらしめて居る。一度滿洲に足を踏み入れた者は齊しく忠靈塔の崇高さに感激しその遺烈に感慨轉た切なるものがある。其の赫々たる偉勲聖容を一書に纏め以つて後世に傳へ、世の教化に資せむことは年來の宿願であつた(15)。

> 日露戰爭時には日本人が獨力でロシア人を逐ひ拂つた。そのために斃れた勇士の忠靈塔が出來た。それは勿論日本人ばかりであり、而も日本の土地でないところに建てた。ところが、今度は滿洲事變が起つて、建國の犧牲者

が出來た。日本人、或ひは日本側に協力して働いた滿洲人の入つた忠靈塔が創られた。それがノモンハン事件では共同防衛の盟約によつて、日本軍と共に戰鬪をして斃れた滿洲國人が澤山ある。これがみんな忠靈塔に一緒に合祀せられることになつた。こゝにおいて日露戰爭以來の忠靈塔は完全に滿洲のものになつてしまつたわけである。かうなれば最早それは外國の土地に建てたといふものでない。それは滿洲國の礎であり、それによつて日滿は靈的に不可分關係である。(中略)これは支那においても同じことが謂へる。蒙古で同じく徳王が會長になつて、日蒙軍人の遺骨を合祀する忠靈塔が各處に建つて居る。(中略)こゝにおいて日蒙は靈的に不可分である。(中略)日華は靈的に一體である(16)

人柱の精神は今日まで尚ほ續いてゐる。新らしい人柱である奉仕作業がここに行われゐる。金でやつてゐるんでない、眞心でやつてゐるのである。それらの子供が忠靈塔の境域に木を植ゑて置く。子供と共に木は大きくなる。石も木も自分が手懸けたものだ。懐かしい。忠靈塔と繋がつてゐる。その魂は第一線の忠靈塔に行く。第一線の忠靈塔にお詣りに行く時には、やはりこちらの忠靈塔の石や、木を持つてゆく。かくて第一線のそれと靈的に繋がる。八紘一宇の柱は忠霊塔であり、此の忠靈塔の上に八紘一宇の家が出來、大東亜は忠靈精神で結ばれるに至るであらう。戰死の御遺骨を納めた忠靈塔には一億國民の眞心が行つてゐるのだから、その一帯は幸福になる。かうした忠靈を中心としての大東亜の結ばりこそ、大御心即ち天道に合するものであり、利益を持つて唯物論的に形式的に結ばうとすれば、必ずや英米の失敗を繰り返す結果に終はるであらう。われわれはさうした失敗は繰り返したくない。千年動かざる本當の靈から、魂からの一體を築いてゆきたい。それは既に今日形となつて現れてゐる。即ち今日、日泰両國は協同《(ママ)》防衛の約によつて、共に大東亜の新秩序建設のために戰つてゐる。泰人の忠霊は、泰の佛教の形式でお祭り（ママ）がなされてゐる。その中には日本の忠勇無双の人柱も入つてゐる。日泰は相離れない、不可分の關係が結ばれるのである[17]

矢野や櫻井にとって、満州国の建国や八紘一宇の理念の成功は、戦没者の「血」によって贖われたものであり、かつそれは「魂」あるいは「霊」によって媒介されるものであった。「血と肉とは凝つて建國の礎」となり、東亜は「霊的に一体」である。国民ひとりひとりと戦場は忠霊塔によって「繫がつて」いる。その「つながり」が土地の幸福をもたらし、「天道に合する」在り方であるとするのである。

三　都市に組み込まれた死者の記憶

大日本帝国の旧植民地都市研究は近年発展しつつある研究領域である（こうした研究状況の総括する業績として【青井　二〇〇五】を参照）。旅順の表忠塔がシンボルであると同時に実用性も意図して作られており、また大連の忠霊塔も、シンボルであると同時に広場や公園という都市機能があらかじめ設計に織り込まれていたことをみたが、こうした忠霊塔は、都市計画の中でどのような位置を占めていたのだろうか。換言するならば、どのような用法をそこにみることができるのだろうか？

大連の都市建設は、ヨーロッパに伍す都市として、とりわけフランスのドゴール広場を意識して帝政ロシアによって計画されていたものが、日露戦争の敗北によって放置されたことに始まる。中央にある円形広場から放射状に道路が伸びる形に都市の基本デザインがある。円形の広場には哈爾浜の都市計画においても明らかなように、聖堂が設け

【地図 1】「奉天付属地番地入図」大阪屋號書店、昭和九年。

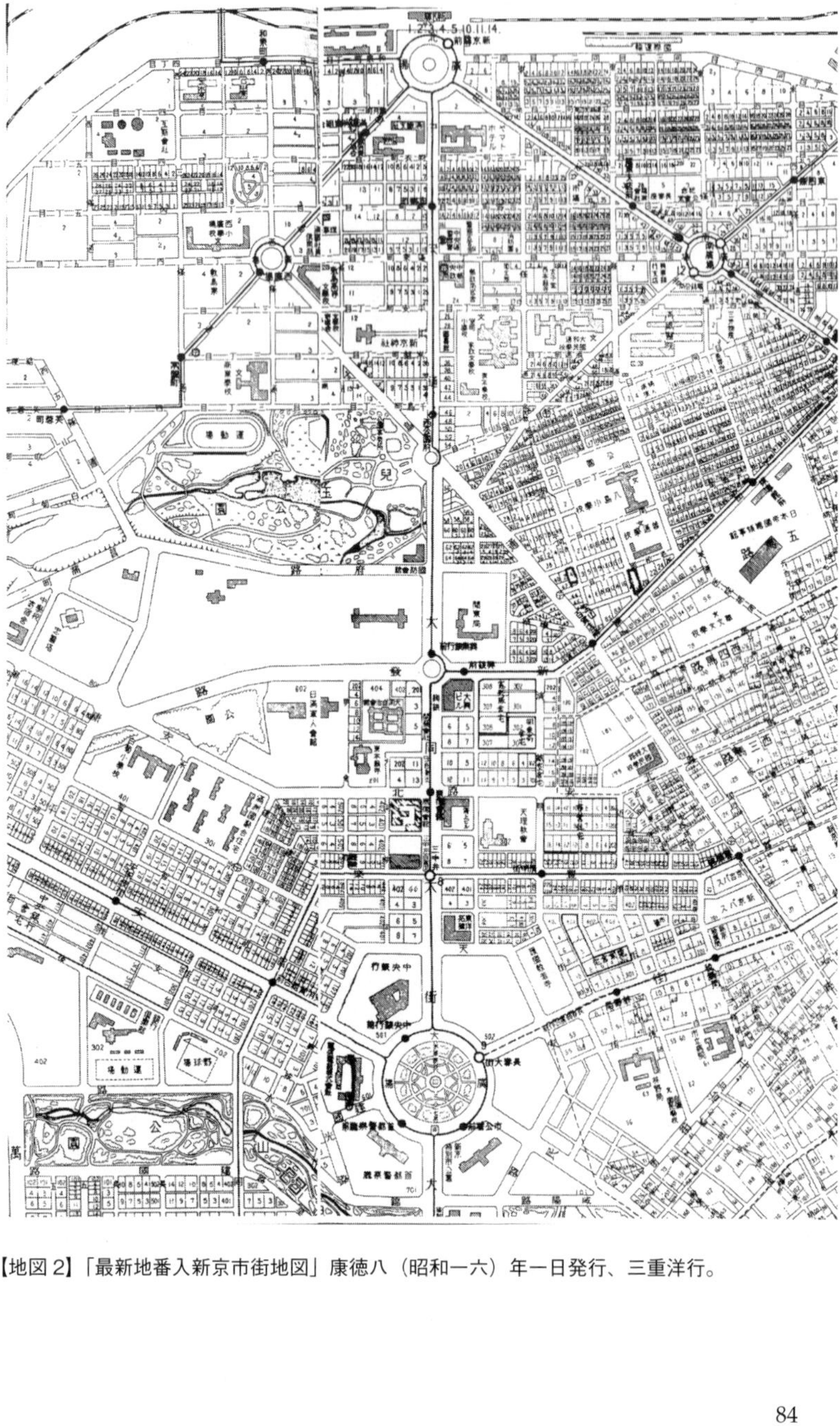

【地図 2】「最新地番入新京市街地図」康徳八（昭和一六）年一日発行、三重洋行。

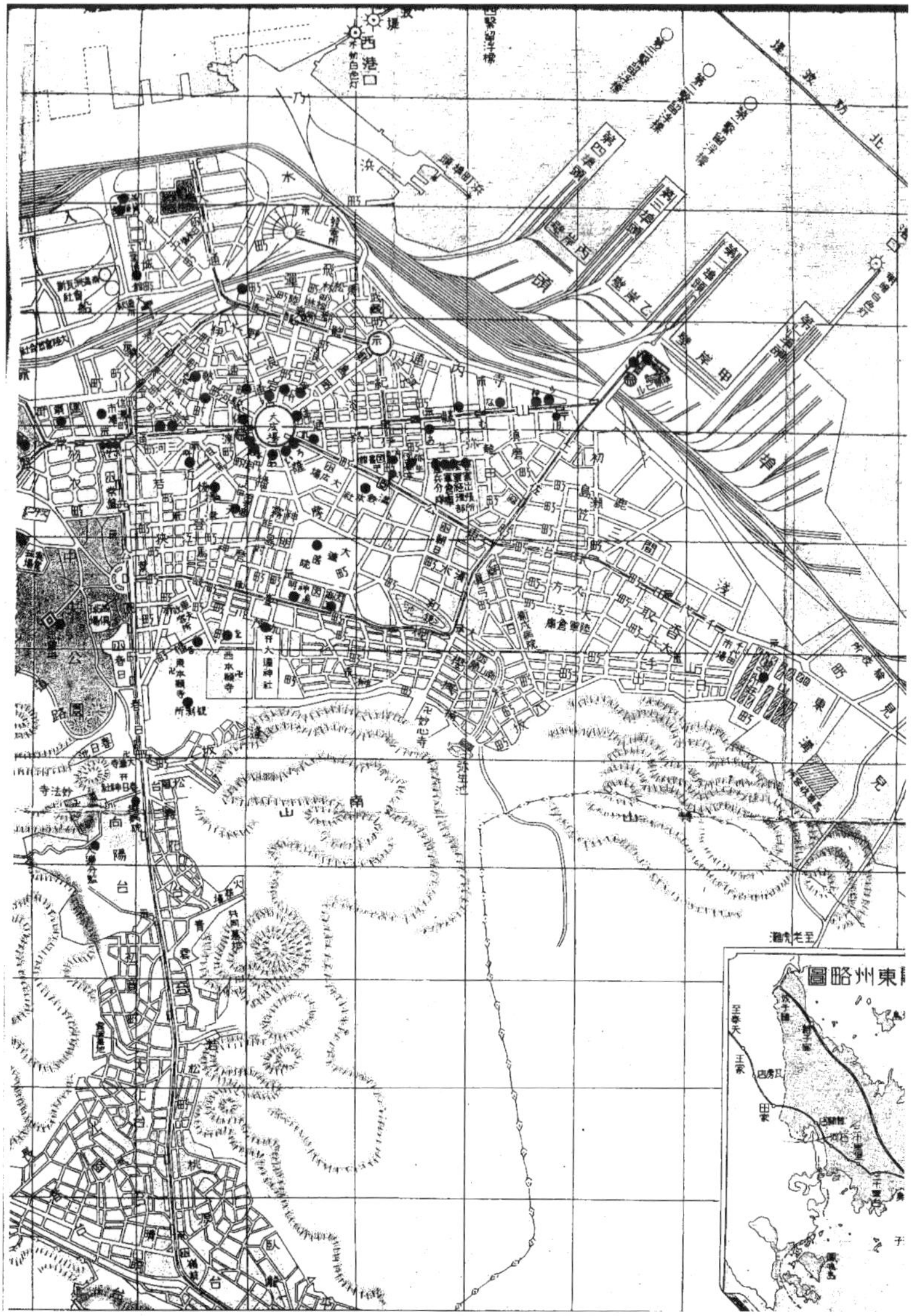

【地図 3】「大連市街全図」『最新大連市案内』昭和十年、満書堂書店。

られる計画であった。それが日露戦争後、日本人によって踏襲され、さらに改革され、拡張、建設されたのである。それゆえ、大連、旅順、奉天（瀋陽）、新京（長春）、哈爾浜（ハルビン）などは同じ都市構造をしている。

これらの都市では、上下水道、緑地計画、広場、鉄道、路面電車、建造物の配置など、満鉄により、徹底した都市インフラの整備が行なわれていった。これらは当時の東京よりも進んだ都市計画であり、現在でもなお旧植民地のインフラが中国や台湾で利用されていることはその証左であるといえる。

大連に限らず、こうした計画がなぜ可能となったのだろうか。後藤新平と彼の理想に従った官僚、技術者たちの意欲や情熱はもちろんであるが、その背後には「鉄道付属地」という半植民地の運営─統治技術がある。

鉄道付属地を中心とした大規模な都市計画とその実現は、内地では予算や利害対立などのさまざまな問題によって決して実現できないものであった。満鉄付属地とは、鉄道経営国の属地的行政権を中国側が認めた外国行政区であり、半植民地であった。そこでは、警察、軍事、裁判権を日本政府直轄下におき、一般行政権を日本政府の命令書によって国策会社である満鉄に委任する形で統治が行なわれていた【越沢　二〇〇二、二〇〇四】。

この鉄道付属地の経営にあたって、その都市計画上のシンボルとなっていたのが、（一）円形広場とそこから放射状に伸びる幹線道路と、（二）忠霊塔であった。中心となる円形広場を囲むように、市庁舎などの行政施設や銀行などの金融施設、また満鉄ヤマトホテルが建設されていた。一方、忠霊塔は付属地の中の、プロミネントな（prominent 顕著な、際立った）場所へ建てられたのである。

これは近代都市の建設のシンボルであると同時に、植民地経営を正当化する論理を可視化する建造物であった。満鉄の文書に明らかなように、その論理は次のようなものであろう。

満鉄付属地ハ日露戦役ニ於テ我國カ其ノ國運ヲ賭シテ得タルトコロノ聖地テ、畏クモ明治天皇ノ御遺産トモ称スヘク将又満州ノ曠野ニ護国ノ華ト散ツタ十萬同胞ノ形見トモ謂フヘキモノテ、満州全般ニ及フ曠汎ナル地域ニ於ケル経済上及行政上ノ特殊権益確保ノ中枢ヲ為シテイル

満州付属地は、「十萬の血によって贖われた聖地である」。こうした論理が本国国内に先んじて成立していた。それが昭和一〇年代に、財団法人大日本忠霊顕彰会によって、いわば逆輸入されたものだということが分かる。

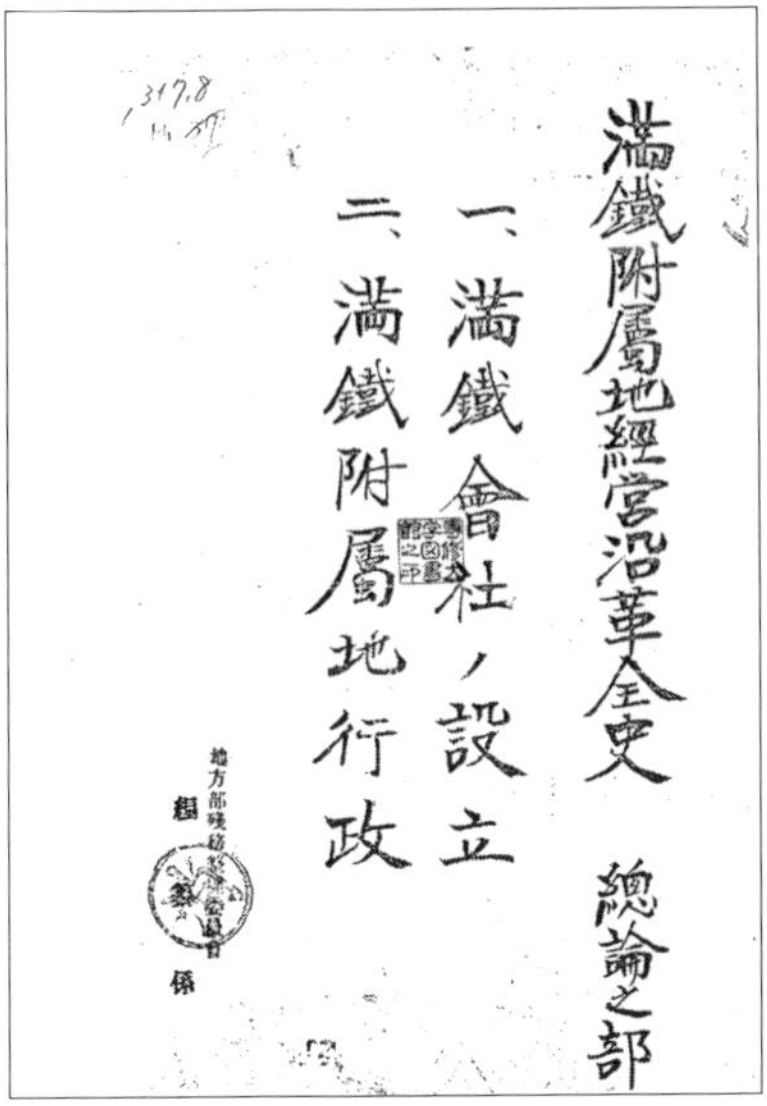
滿鐵附屬地經營沿革全史　總論之部

一、滿鐵會社ノ設立

二、滿鐵附屬地行政

【資料 1】「満鉄付属地経営沿革史」（表紙）

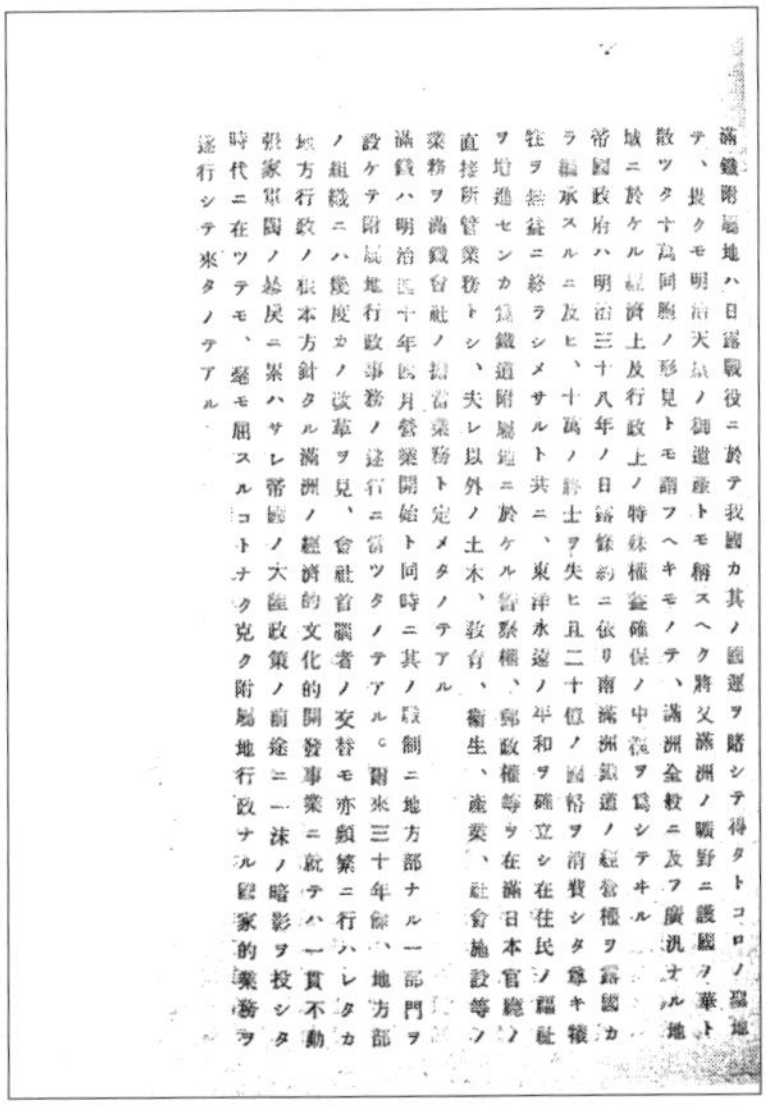
滿鐵附屬地ハ日露戰役ニ於テ我國カ其ノ國運ヲ賭シテ得タルトコロノ聖地テ、畏クモ明治天皇ノ御遺產トモ稱スヘク將又滿洲ノ曠野ニ護國ノ華ト散ツタ十萬同胞ノ形見トモ謂フヘキモノテ、滿洲全般ニ及フ廣汎ナル地域ニ於ケル經濟上及行政上ノ特殊權益確保ノ中樞ヲ爲シテヰル。

帝國政府ハ明治三十八年ノ日露條約ニ依リ南滿洲鐵道ノ經營權ヲ露國カラ繼承スルニ及ヒ、十萬ノ將士ヲ失ヒ且二十億ノ國帑ヲ消費シタ尊キ犧牲ヲ無益ニ終ラシメサルト共ニ、東洋永遠ノ平和ヲ確立シ在住民ノ福祉ヲ增進センカ爲鐵道附屬地ニ於ケル警察權、郵政權等ヲ在滿日本官憲ノ直接所管業務トシ、夫レ以外ノ土木、教育、衞生、產業、社會施設等ノ業務ヲ滿鐵會社ノ擔當業務ト定メタノテアル

滿鐵ハ明治四十年四月營業開始ト同時ニ其ノ職制ニ地方部ナル一部門ヲ設ケテ附屬地行政事務ノ遂行ニ當ツタノテアル。爾來三十年餘、地方部ノ組織ニハ幾度カノ改革ヲ見、會社首腦者ノ交替モ亦頻繁ニ行ハレタカ地方行政ノ根本方針タル滿洲ノ經濟的文化的開發事業ニ就テハ一貫不動我國家軍國ノ基展ニ累ハサレ帝國ノ大陸政策ノ前途ニ一沫ノ暗影ヲ投シタ時代ニ在ツテモ、毫モ屈スルコトナク克ク附屬地行政ナル國家的業務ヲ遂行シテ來タノテアル。

（序文）

【写真 5】大連忠霊塔跡地（現状）

【写真 6】旧満鉄ヤマトホテル（現、大連賓館）

【写真 7】旧満鉄ヤマトホテル（現大連賓館）

【写真 8】奉天忠霊塔（戦前の絵葉書）

【写真 9】奉天市街地戦役記念碑（戦前の絵葉書）

【写真 10】奉天、同広場現状、毛沢東記念碑

四　戦跡巡礼と修学旅行

外地における忠霊塔には、また異なる用法をも生み出されていた。軍事郵便などの資料には、これらの植民地都市を訪れた時には必ず忠霊塔を参拝しているのを見ることができるが、軍人だけではなく、民間人旅行者にまで忠霊塔への参拝が拡大していた。(18) むしろ、旧植民地における忠霊塔参拝は、ツーリズムの観点から考察すべき対象でもある。また、忠霊塔への巡礼は教育の機会としても位置づけられていた。(19) 忠霊塔への巡礼や戦跡への巡礼は、修学旅行のコースにとり入れられ（**資料3**）、次にみるような意義付けが、教科書に載せられていた。

「にいさん、旅順が近いのに、どうして大連にも忠霊塔を建てたのでせう。」
「旅順はロシヤ兵を退けた地だが、大連は、其の後の満洲をきづき上げるのに、一番もとになつた町なのだ。だから、こゝに忠霊塔を建てたといふことは、大そう深い意味があるのだよ。」

（中略）

僕は、旅順では表忠塔といふのに、なぜ大連では忠霊塔と呼ぶのだらうかと思つたので、其のことを聞くと、にいさんは、

「旅順のは、納骨祠が別になつてゐるだらう。だから、あの塔は、たゞ記念のために建てられたわけだ。大連のは、納骨祠と一しよになつてゐるので、忠霊塔と呼ぶのだらうと思ふ。旅順以外は、どこでも忠霊塔といつてゐるやうだね。」

（中略）

おまゐりをすまして、うしろのをかに上つた。こゝからは、アカシヤにうづめられた大連市街が、一目に見下される。其の向かふに、汽船のたくさん浮かんだ埠頭が、遠くながめられる。

「一郎、ごらんよ。」

にいさんに指さゝれて見ると、リュックサックを肩にした學生の一行が、忠霊塔前の廣場を、列をつくつて行進して来るのであつた。

「あれは、内地から来た學生勤労奉仕隊の一行だ。大陸へ渡つて来る人は、あゝして誰でも眞先にこゝへおまゐりして、それからふみ出して行くのだよ。」

これらの資料には、教育の領域でも忠霊塔の論理が繰り返されていることがわかる。また大陸における修学旅行では、訪問する都市では必ず忠霊塔への参拝が行なわれていたことが分かる。その密度は非常に高いものであった。戦跡や植民地の遺構は、単に現在も利用されているインフラではない。それは現在でも観光資源になっている。同様のことは英国の事例においても報告されている【Lloyd 1998: Reader and Walter (eds.) 1993】。英国における戦地巡礼は第一次世界大戦以降始まったが、一九九〇年代になり、再び活発化している。二〇世紀末から現在における、このような戦地観光（battlefield tourism）の活性化は、日本においてもみることができる。各航空会社や旅行代理店が旧満州、とりわけ大連の戦没者記念施設や旅順における戦跡や記念施設をめぐる日本人向けのツアーを提供している。

平和教育の一環としても、戦争経験者たちのノスタルジアを満足させるものとしても、あるいはより真摯で個人的な慰霊の行為としても、いずれにしても観光（tourism）という側面は、戦争の記録や記憶を考えるときにきわめて

十二 忠靈塔巡り 五十八

は山上にほこらを建てて、其の靈《れい》をとむらつた。
これは、鐵嶺《てつれい》の龍首山に、今も傳へられてゐる物語である。

十二　忠靈塔巡《ちゆうれいたふめぐ》り

（一）旅順

にいさんと白玉山へ上つた。

空には、まだ星がまたゝいてゐる。驛前から、電光形に切りひらかれた參道にさしかゝると、表忠塔の灯《ひ》が頭上に尊く仰がれた。いたゞき近くなると、さわやか[illegible]いて、木の葉がさら〳〵と鳴つてゐる。星か[illegible]うすれて、あたりが明かるくなつて來る。

納骨祠《なふこつし》におまゐりして、心から兵隊さんの武運長久をいのつた。僕たちの外にも、二人、三人と、おまゐりの人かげがふえて來る。東の山々の上に朝雲がわき立つて、空は一面にすみ渡つてゐる。港外の廣い海も、むらさき色に光つてゐる。其のうちに朝日が上り始めた。金色の

十二 忠靈塔巡り 五十九

十二 忠靈塔巡り 六十

光がさつと流れて、あか〳〵と表忠塔を照らし、白玉山全體を照らした。

波のやうにうねつてゐる東鷄冠山《ひがしけいくわんざん》・望臺《ばうだい》・二龍山などの山山が、くつきりと照らし出される。西の方をふり返つて見ると、にぶい光をたゝへた西港のかなたに、切立てたやうな老鐵の山はだが、青く浮かんでゐる。二百三高地の塔も、遠く光つて見える。二萬二千四百餘柱の英靈が、かうして思出の戰跡《せんせき》を四方に眺めながら、こゝにしづまりますかと思ふと、いふにいはれぬ深い感じで胸が一ぱいになつて來る。

表忠塔の方へ歩いて行つた。

「にいさん、此の塔は、東鄕大將と乃木大將がおもになつて、お建てになつたさうですね。」

「さうだ。落成式《らくせいしき》もお二人の手でお上げになつたのだ。其の時の兩將軍の、わけても乃木將軍のお心持はどんなであつたらうね。それに此の塔は、全國民の尊い寄附を集めて建てられた、いはば國民のまごころの結晶《けつしやう》でもあるのだよ。」

十二 忠靈塔巡り 六十一

【資料 2】「忠霊塔巡り」『満洲補充読本四の巻』在満日本教育会発行、昭和八年初版、昭和一五年改訂版。

と、にいさんがしみ〴〵と言はれた。

見上げる表忠塔は、英靈のほまれをたゝへるやうに、朝の光を一ぱいに浴《あ》びて、けだかくおごそかにそひえ立つてゐる。

港口を、一せきの小蒸汽船が出て行く。ほの〴〵と明け行く波の上に、舞立つかもめの白い羽が、ちら〴〵と光つて見える。

「一郎、お前が休になつたら、忠靈塔巡りの旅に出ようか。さうして、哈爾濱のをぢさんの所まで行かうか。」

にいさんの言葉をうれしく聞きながら、山を下りて行つた。

（二）　大　連

いよ〳〵忠靈塔巡りの旅に上ることになつた。

先づ大連の忠靈塔におまゐりした。中央公園前の廣場に出ると、したゝるやうなアカシヤの緑をへだてて、黄褐色の塔のいたゞきが仰がれた。

「にいさん、旅順が近いのに、どうして大連にも忠靈塔を建てたのでせう。」

「旅順はロシヤ兵を退けた地だが、大連は、其の後の滿洲をきづき上げるのに、一番もとになつた町なのだ。だから、こゝに忠靈塔を建てたといふことは、大そう深い意味があるのだよ。」

「では、どこで戰死された兵隊さんをおまつりしてあるのですか。」

「旅順をのぞき、蓋平《がいへい》以南で戰死された方は、すべてこゝ

におまつりしてあるのだ。」

僕は、旅順では表忠塔といふのに、なぜ大連では忠靈塔と呼ぶのだらうかと思つたので、其のことを聞くと、にいさんは、

「旅順のは、納骨祠が別になつてゐるだらう。だから、あの塔は、たゞ記念のために建てられたわけだ。大連のは、納骨祠と一しよになつてゐるので、忠靈塔と呼ぶのだらうと思ふ。旅順以外は、どこでも忠靈塔といつて

ゐるやうだね。」

と話して下さつた。

心ゆくまで廣々とした境内《けいだい》は、きれいにはききよめられて、ちり一つとゞめてゐない。いかにも神域《しんゐき》といつたすがすがしさが胸にしみる。

おまゐりをすまして、うしろのをかに上つた。こゝからは、アカシヤにうづめられた大連市街《しがい》が、一目に見下される。其の向かふに、汽船のたくさん浮かんだ埠頭が、遠くながめられる。

「一郎、ごらんよ。」

にいさんに指さゝれて見ると、リュックサックを肩にした學生の一行が、忠靈塔前の廣場を、列をつくつて行進して來るのであつた。

「あれは、内地から來た學生勤勞奉仕隊《きんらうほうしたい》の一行だ。大陸へ渡つて來る人は、あゝして誰でも、眞先にこゝへおまゐりして、それからふみ出して行くのだよ。」

（三）遼《れう》陽《やう》

朝早く遼陽に着いた。もの靜かに落着いた町である。

遷座祭《せんざさい》の時には、僕等もお手つだひをしましたが、日露戰爭の時の英靈が一萬四千三百六十四柱、それに滿洲事變で五百柱以上もふえてゐるのですから、なか〳〵大へんな行列でした。御遺骨《ゐこつ》をお運びするのに用ひた棒は、僕等の學校でもらひ受けて、木劍に作りかへてゐます。」

廣場の左に、もう一つ小さな塔があつた。行つて見ると、それは軍犬の忠魂碑《ちゆうこんひ》であつた。日本人のやさしい心が思はれてうれしかつた。

靜かに風が吹いて通る。白塔の上に、朝日がきら〳〵と上り始めた。

（四）奉天

見るからに美しい塔である。どこか、感じが大連の忠靈塔ににてゐる。にぎやかな奉天の町中にありながら、ここばかりは、にぎやかさをよそに、神々しさと靜かさにしめられてゐる。

にいさんは、説明書《せつめいしよ》を見ながら、

「英靈の數が三萬五千七百三十七柱とある。滿洲の忠

史料十・95　　昭和十四年度　大陸旅行ニ関スル書類　教務課

旅行の手配は、南満洲鉄道株式会社大阪鮮満案内所(大阪市東区堺筋安土町)
14年8月18日付けの「文・理・家事科第四学年満鮮修学旅行案」(引率教員から校長宛)
引率教員　5名
参加生徒　第二十八期生文科24名中17名、理科22名中13名、家事科47名中37名。
即ち、全科生徒93名中、参加者67名、不参加者26名(うち朝鮮人・中国人が6名)。

日　程
8月21日(月)
07:00寄宿寮発、07:50奈良駅発、京都～米原～13:26敦賀着、敦賀気比神社参拝、16:13敦賀出帆(はるびん丸)
8月22日(火)
終日船中、船中宿泊。
8月23日(水)
03:30起床、05:00朝食　06:00清津上陸、清津神社参拝、清津港見学、08:00商工会議所で佐保会員が茶菓を接待。　08:20清津駅発　20:53牡丹江駅着
宿泊:文科理科は周防旅館、家事科24名は立花屋旅館、家事科13名は笑福旅館。
8月24日(木)
05:00起床、06:55牡丹江駅発、19:00ハルビン駅着。モストワヤ街の名古屋旅館宿泊。
8月25日(金)
10:00旅館発、バスに分乗。10:40　満洲開拓青年義勇隊哈爾浜特別訓練所・満蒙開拓哈爾浜訓練所を見学、16:00まで。名古屋旅館宿泊。
「訓練所見学は、満蒙開拓事業の計画と実施に関する大体の概念を得し点に於て、また日満共同一如の精神的自覚をうながされし点に於て、得るところ極めて多かりき。」
8月26日(土)
08:30旅館発。哈爾浜市内外見学。バス3台に分乗。建国記念碑。帝国領事館、哈爾浜神社(下車)、中央寺院、忠霊塔(下車)、志士の碑(下車)、小林向後二烈士の碑(下車)、孔子廟(下車)、極楽寺、露人墓地(下車)、ロバート高地より市街展望(下車)、伝家甸、松花江沿岸、埠頭公園、ヨットクラブ附近、キタイスカヤ。11:00旅館着。12:40哈爾浜駅着。18.39新京駅着。日本橋通り6丁目の旭旅館宿泊。「設備、待遇、食事すべてよろしからず。次回の旅行に於てはかかる旅館を選定せざるを可とす。」
8月27日(日)
08:10旅館発。08.25関東局着。関東局視学官大貫正より満洲に於ける日本人教育の方針等を聞く。
09.10関東局発。バス3台に分乗して新京市内外を見学。関東軍司令部、忠霊塔(下車)、児玉公園、寛城子戦跡(下車)、南広場、旧国務院、仮皇居遥拝(下車)、清真寺(下車)、満人場内、大同広場、満洲中央銀行、新京特別市公署、大同公園、経済部、民生部、専売総局、建設中の動物園概観、中央観照台、南嶺戦跡記念碑(下車)、大同学院、大陸科学院、総合法院、交通部、国務院、其他の官衙外観。
8月28日(月)
08:15大連着。バス3台に分乗して大連市内外見学。山の茶屋にて大連俯瞰(下車)。忠霊塔参拝(下車)、大連神社、遺骨大仏、資源館(下車)、星ヶ浦(下車)、露天市場(下車)、支

【資料3】奈良女子高等師範学校修学旅行日程　出典 奈良女子大学校史 HP http://www.nara-wu.ac.jp/nensi/95.htm

那芝居瞥見、東和長油坊(下車)、碧山荘(下車)、大連埠頭(下車)。16:00 旅館着。18:00 扶桑仙館にて佐保会員より支那料理の接待。信濃町の錦水旅館宿泊。旅館は「設備、待遇、食事等すべてよろし。」
8 月 29 日(火)
07:10 旅館発。07:45 大連駅発。09:12 旅順駅着。戦跡見学。白玉山骨祠、表忠塔、記念館(下車)、東？冠山北保塁、松樹山保塁、水師営会見所、二〇三高地、博物館。17:10 旅館着。錦水旅館宿泊。
8 月 30 日(水)
03:00 起床。04:00 旅館発。05:10 大連駅発。13.08 奉天駅着。15:03 撫順駅着。バス 3 台に分乗。15:35 露天掘着。17:45 撫順駅発。18:55 奉天駅着。江ノ島町の温泉ホテル宿泊。「設備待遇甚だ不良。次回の旅行に於てはかかる旅館の選定は避くべきなり。」
8 月 31 日(木)
09:00 旅館発。バス 3 台に分乗して奉天市内外を見学。忠霊塔(下車)、博物館(下車)、北陵(下車)、同善堂(下車)、北大営、奉天城内。13:00 旅館着。17:30 旅館発。瀋陽大飯店で佐保会員より支那料理の饗応。温泉ホテル宿泊。
9 月 1 日(金)
08:00 朝食。09.45 奉天駅発。17:02 安東駅着。宿泊は、家事科は元宝旅館、文科と理科は日の出旅館。いずれも設備、待遇等極めて良好。
9 月 2 日(土)
07:00 朝食。08:40 安東駅発。14:40 平壌駅着。平壌府内見学。平壌神宮、七星門、博物館、乙密台、玄武門、永明寺、浮碧楼、大同江船上で佐保会員より茶菓接待。宿泊は幸町の朝日旅館。「設備、待遇良なり。」
9 月 3 日(日)
11:20 平壌駅発　20:30 京城駅着　三重旅館宿泊。「設備などはあまりよろしからず」。
9 月 4 日(月)
08:30 旅館発、京城府内見学、南大門、朝鮮神宮(下車)、博文寺(下車)、東大門、経学院(下車)、昌慶苑(下車)、同秘苑、総督府(下車)、徳寿宮李王家博物館(下車)、15:10 朝鮮ホテル着、佐保会員３３名による饗応を受ける。三重旅館宿泊。
9 月 5 日(火)
07:10 旅館発。07:55 京城駅発。16:16 大邱着、乗り換え。18:48 慶州着。柴田旅館宿泊。「柴田旅館は静かにして気持よく、待遇又中々よし。一同頗る満足せり。」
9 月 6 日(水)
08:50 旅館発。慶州古蹟見学。太宗武烈王陵(下車)、五陵、鮑石亭、鶏林(下車)、瞻星台、月城、石氷庫(下車)、雁鴨池、臨海殿、皇龍寺址、芬皇寺(下車)、博物館。11:50 旅館着。13:00 旅館発、バス 3 台分乗。13:30 仏国寺着、仏国寺見学、14:08 仏国寺発。15:00 石窟庵着、石窟庵見学。19:10 仏国寺駅発、21:56 釜山駅着、23:30 金剛丸出帆。船中宿泊。「金剛丸は冷房装置あり、ハルビン丸に比してはるかに感じよし。但しボーイの待遇甚だよろしからず」。
9 月 7 日(木)
07:15 下関着。08:30 下関駅発。19:25 大阪駅着、20:00 天王寺駅着。21:57 奈良駅着。22:30 帰校。途中下車、職員生徒ともにあり。奈良駅に校長以下教授 15 名の出迎えあり。

重要な題材を提供している。

五　存在しない場所の記憶　ムクデン満鉄ホテルと奉天忠霊塔

さて、現在日本に、奉天忠霊塔や満鉄ホテルが存在している、といったらいかがだろうか。筆者は、現実に奉天忠霊塔を最近目にしている。

現在日本に存在するこの奉天忠霊塔は、熱海市網代、国道一三五号線沿いの山側にある「ムクデン満鉄ホテル」の正面に建てられたものである。また、ホテル横手と裏に広がる広大な竹林には無数の校碑が建てられている。これらの一二〇基を超える碑には、満洲に存在していた小学校をはじめとする各学校の校歌が刻まれている。例えば、次のようなものである。（仮名遣いは原文のママとする。）

「奉天千代田小学校校歌」（昭和二年創立　作詩　葛原しげる　作曲　尾松耕輔）

（一）　天地照らしさし昇る
　朝日の姿大日本
　祖国の栄いやまさん
　願にはげみていそしみて
　大和心もほこらしく
　良き名は永遠の千代田校

（二）　強くも胸にひびきては
おもいはたかき自治の鐘
けふのこころによみがえる
満洲野にあまねきよろこびに
五族みちびくみたみわれ
理想はたかし千代田校

（三）　仰ぐもかしこあけくれに
さとすはなにぞ忠霊塔
皇国の使命うけつぎて
正しくはたすと日の御旗
きそいかざしてふるいたつ
使命は尊と千代田校

「おもいはたかき自治の鐘／五族みちびくみたみわれ」「仰ぐもかしこあけくれに／さとすはなにぞ忠霊塔」などのように、校歌には五族協和の理想が語られ、忠霊塔が歌いこまれている。

このホテルは酒井氏（支配人）、佐久間氏（顧問）、吉田氏（社長）の三人によって建設、運営されている。彼ら三人は奉天加茂小学校卒業の同級生で昭和一二年に卒業している。彼らが中心となってこのホテルと忠霊塔を平成六年（一九九四年）頃に建設したという。

【写真 11】再建・再現された奉天忠霊塔

【写真 12】同忠霊塔と再現された満鉄ホテル

【写真 13】ホテルの屋上から裏山へ続く橋

【写真 14】林立する校碑（校歌の歌詞を碑にしたもの）群

【写真 15】林立する校碑群

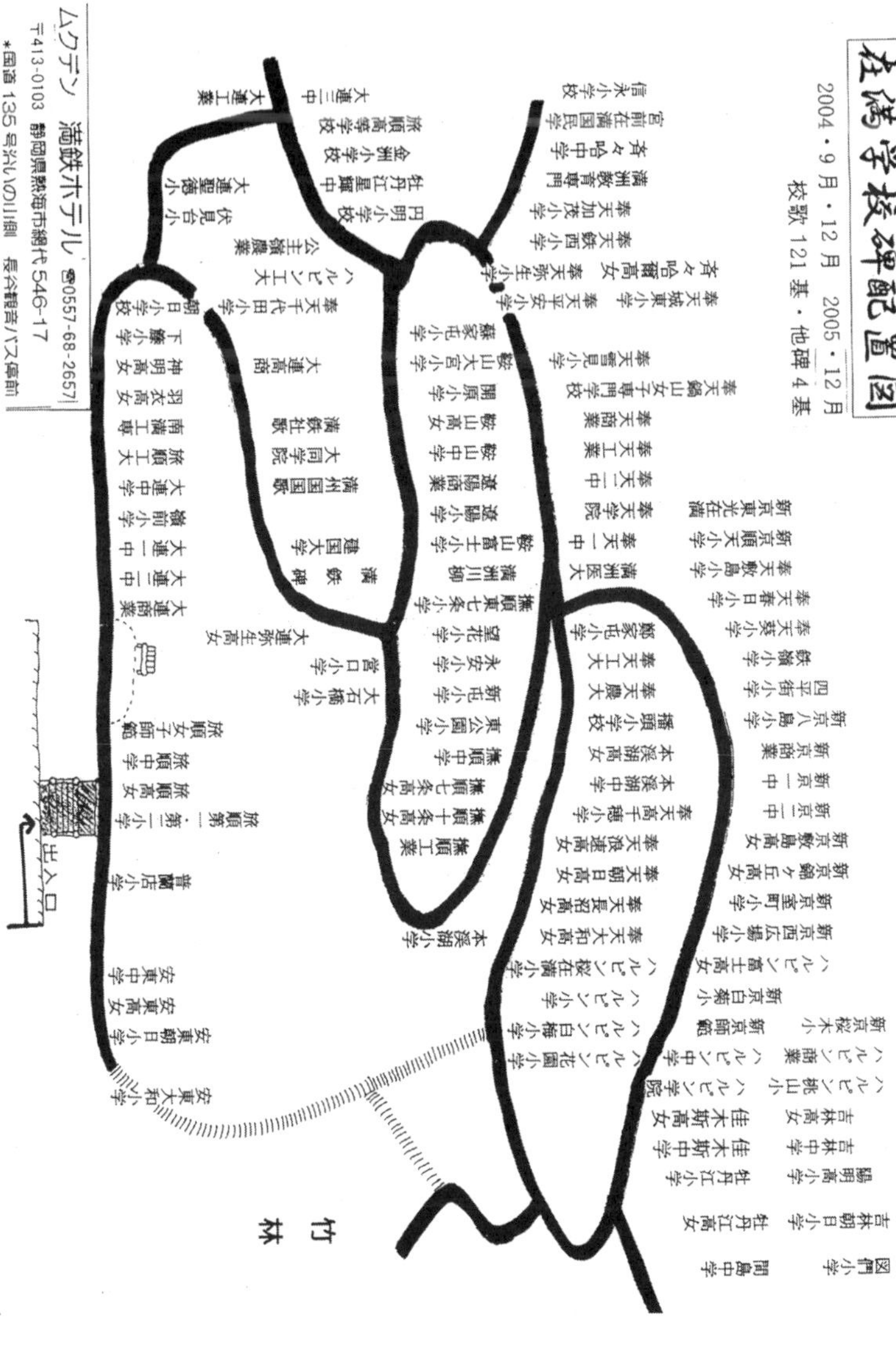
校碑配置図
2004・9月・12月　2005・12月
校歌121基・他碑4基
ムクデン　満鉄ホテル　☎0557-68-2657
〒413-0103　静岡県熱海市網代546-17
*国道135号沿いの山側　長谷観音バス停前
出入口
竹林

【資料4】校碑配置図

ムクデン満鉄ホテルのパンフレットによれば、「ムクデン」とは満州族語で栄える都のことを意味し、「ムクデン（地名）は世界に通用、奉天も満州族語」であるとし、さらに次のように主張している。（数字表記は原文のママとする。）

何故、今奉天忠霊塔なのか？／明治38年3月10日、奉天（現中国瀋陽市）は、日ロ戦争における最後の決戦場として、世に言う奉天大会戦のあった所です。若し日本が負けていれば、日本は勿論、北京もピョンヤンもソウルも、ウラジオストック（現ロシア）になっていたでしょう。／この大会戦の戦没者23000人の御霊を祀る納骨堂として、当時奉天忠霊塔が建立されました。（高さ二六m六角形の白亜の立派な塔です。）しかし敗戦と共に忠霊塔は取り毀されました。その亡くなられた方々を永遠に弔い顕彰するのは、私たち日本人の義務であります。義務を果たさずして未来はありません。／こうした思いを後世に残したいため私たちは、願いを込めて、当ホテルに建立しましたのが奉天忠霊塔です。／（塔は2分の1に縮尺されています。）／遺骨は東京、九段の千鳥ヶ淵に祀られ、この塔の中に渾河の土（瀋陽市外に流れている河）を持ち帰り祀ってあります。この奉天忠霊塔は必ずや、これからの日本、アジアの発展の金字塔になることを信じております。

何故、今満鉄なのか？／満鉄は当時、日本最大のシンクタンクでありました。満鉄は鉄道、産業、都市インフラ整備、治安警備、学校教育、医療などの広汎な事業に命を張って最大の努力をしました。私たちは満鉄の奉天加茂小学校で教育を受けさせて頂きました。言わば満鉄の貴重な遺産であると自負し誇りを持って満鉄に感謝しております。／奉天加茂小学校の特徴は、今のような「いじめ」など全くありませんでした。放課後の4時まで校庭で先生たちと一緒になって皆仲好く遊んだことを良く覚えています。／多くの人と仲好くすることがどんなに大切かを、その環境のなかで自然と育まれていたのです！今も加茂の卒業生は皆仲好くしています。身近な人たちと仲好く出来なくて、どうして異民族と仲好しになれるでしょうか！本当の世界平和が、訪れるでしょうか！奉天加茂小学校は今日の日本の学校教育の「なやみ」を６０年前に見事解決していたのです。／ムクデン満鉄ホテルは皆さんが誰とでも何時でも仲好しでありたいと願って造りました。／全満洲の各母校を偲んで「校歌記念碑」が８８校建立されております。

六　おわりに　ノスタルジアとナショナリズムのあいだ

忠霊塔は植民地都市計画に組み込まれたものであり、満州国の正当化と「五族協和」の理想を掲げる日本の植民地支配の正当化の言説ともなっていた。死者が都市に組み込まれており、そこは観光と巡礼、そして教育の場所であった。同時に、忠霊塔は死者によって贖われた土地であることを想起させる建造物であり五族協和の理念のシンボルでもあった。

戦跡巡礼は、戦前の日本社会においても観光や修学旅行、視察などの目的地として、ひとつの産業をなすとともに植民地を可視化する指標のひとつでもあった。特に大連や旅順に建設された忠霊塔・表忠塔は数十メートルにもおよぶ構造物の巨大さとともに、広場や公園の建設、電飾など、あらかじめこうした指標たるべきことが意図されていた。そしてついには観光地化され産業化されたのである。忠霊塔や巡礼はさまざまな行為主体と意味との接点を形成する、社会的な相互作用の場であったと考えることができる。

また、葬送儀礼がそうであるように死は演出・儀礼化される。死者をいかに迎えるか、いかに扱うかは宗教的・民俗的に演出される。それは、協働による死のパフォーマンス化であり、そこでは統合（Union）が喚起される。結局のところ、社会とは死に立ち向かう共同体であるのだろう。

さて、こうした戦没者の記憶化に関する理論をいかに鍛え上げてゆくべきか、というのが本稿の関心である。従来の宗教社会学・人類学は基本的に機能主義的な解釈に支配されてきた。一方が他方を決定するという従属変数―独立変数という考え方に長く支配されてきた。あるいは、宗教の盛衰が特定の社会状況を反映したものであるという解釈である。また、統合理論においては、構造を支える価値体系が作り出す規範や規則を内面化し（あるいは内面化に失敗し）行為を行なうという事態が描き出される。もちろん、たとえばギアツのように相互を独立変数として捉える（社会体系と文化体系というように）という修正もなされたが、それでもその前提は体系、価値、規則、規範、イデオロギーという用語に依存している。[20]

個別に行なわれる儀礼の複数性へ着目し、それらを個々の記憶行為ととらえることによって、「記憶の場」の理論として接合すべきであるというのが本稿の立場である。現代社会学の立場から言い換えるならば、ブルデュ（Bourdier, P.）の主張するような「場＝界（仏 champ 英 field）」の理論と結びつけて考えることによって再構成される必要があるのである。[21]「場＝界」とは、社会における相対的に独立したミクロコスモスである。それはゲームの行なわれる場であり、闘技場（アリーナ）である。[22]すでに生産性を喪失してしまった統合理論を越えて、国民的儀礼を宗教的場（フィールド）における個々の記憶実践（Mnemonic practice）[23]のダイナミクスとして描き、分析する可能性がそこには存在している。

ただし、ブルデュの理論は再生産に傾いたものであるとともに、場の問題についても大まかな提示がなされるにとどまっている（政治「界」や学問「界」など）。場相互の交渉の過程や複数の場が交渉し合い、単一の場が生成されてくるダイナミズムを解明しているとはいえない。主体の概念を補完するために、エイジェント／エージェンシーという概念を分析的に導入する必要があるだろう。[24]記憶の場というアリーナにおける行為者を、ここではエージェンシーと考えよう。エージェンシーは、むしろ本来の用法における集合的な行為主体を表現している。

ここでいうエージェンシーはある特定の記憶の場を目指した様々な社会的相互作用を行なう主体である。それは儀礼を執行する主体であるとともに参加者であり、言説を産出する主体でもある。記憶の場には、様々なエージェンシーが関与してくる。経済的な意図をもって参入してくるエージェンシーもあるし、行政権力のエージェンシー、宗教的なエージェンシー、軍隊のエージェンシー、公教育あるいは教育産業のエージェンシーなどがある。これらのエージェンシーが、ある特定の空間において（あるいはある空間に対して）、ある特定の時間の幅の中で、いかなる動きを示していったのかを考えることができる。つまり、エージェンシーとは、時間と空間を含みこんだ社会の分析単位として考えることができるのである。[25]

その観点から、忠霊塔を考えてみよう。忠霊塔に関する多くの言説（語りと用法）は、これが複合的な場を形成していたこと示している。この場をめぐって、官僚、政治、宗教（神道、仏教）、言論、教育、道徳、観光、産業、また、植民地経営などの様々なエージェンシーが発動していた。それは、日清・日露戦争という大陸における対外戦争から蓄積されてきた、軍隊（とりわけ陸軍）のハビトゥスであり、そこで行なわれていた慣習的実践（practice）の国家レヴェルへの拡大である。それは、軍部による政治的な発言権の増大と、遂行していた戦争の激化をその背景とする。ファシズム体制という条件の下で、軍人は政治「場＝界」での勝者となりつつあったのである。[26]冒頭に示した一九三〇年代におけるモニュメントの性格（崇拝の対象）の転換は、大陸から逆輸入されたものなのである。

現代の満鉄ホテルを支えている人々をみると、教育の場において身体化されたハビトゥスとして忠霊塔が再生産を果たしていることが分かる。大日本帝国も満洲国もすでに存在しない。しかし、それにもかかわらず／それでもなお、時間と空間を越えて、すでに失われてしまった場所の想起が行なわれているのである。彼らは再び集まり、満鉄ホテルや奉天忠霊塔を再現／再建し、さらに一二〇基を超える校碑を建設し、新たな場を構築している。これは現在という新たな社会的文脈において捉えなおされるべき現象であろう。

こうした観点から現代の日本社会が直面している問題を理解してみよう。戦没者を追悼し、慰霊し、顕彰する施設の問題は、近代日本社会を理解するために考えなければならない重要なものであるが、同時に、現在においても、靖國神社や国立追悼施設の問題として問われている。また、平成以降、戦後五〇年、六〇年の節目をめざした様々な動きも存在した。二〇〇〇年に石川県護国神社参道に建てられた「大東亜聖戦大碑」は、正面に「日の丸」と「大東亜聖戦大碑」、裏面に「八紘為宇」と刻銘し、物議をかもした。また、新たな建碑事業は現在も続いており、例えば二〇〇五年には京都霊山護国神社境内に「忠」と刻んだ碑が新たに建設されている（揮毫は財務大臣谷垣禎一）。

戦後日本社会の公的かつ宗教的な意味での戦没者慰霊・追悼という領域では、一般的な語法における意味の、すなわち代表機関としてのエージェンシーを欠いた状態が続くこととなった。いわば、戦没者の慰霊が宙に浮いてしまうことになった。そこに様々な私的な行為主体としてのエイジェント／エージェンシーが発動することとなったのである。(27)

かつてあった大量の戦死者の存在。その宗教的な意味は現在でも問われ続けている。また、社会的・政治的な意味も同様である。戦没者をめぐる記念施設に関するこうした動きは、現代社会との相互作用の結果、あるいは現代の社会状況に対する応答（レスポンス）のひとつの形であるといえる。さまざまな文脈において、独立して行なわれるこれらの個々のエージェンシーの行為を、ここでは「記憶実践（Mnemonic practice）」という概念によって押さえておきたい。

熱海のムクデン満鉄ホテルにある奉天忠霊塔という、失われた場所の記憶は、現在の日本社会に対する解釈枠組みのひとつとして構成されている。植民地時代の理想は単に残っているのではない。常に新しく生み出され続けている。これが単なるノスタルジアに終わるのか、ナショナリズムの裾野を広げ、新たなナショナリズムを再構成する源流となってゆくのか、それは現代日本の状況に対応した新しい解釈枠組み、あるいは世界観を、つまり未来像をわれわれが呈示できるかどうかにかかっているといえるであろう。

【参考文献】

Bauman Zygmunt, *In Search of Politics*, Polity Press, 1999（ジグムント・バウマン『政治の発見』中道寿一訳、日本経済評論社、二〇〇二年）.
Bourdieu, Pierre, *Outline of a Theory of Practice*, Cambridge Univ. Press, 1977.
Bourdieu, Pierre, *Language and Symbolic Power*, Harvard Univ. Press, 1992.
Bourdieu, Pierre and Loic J. D. Wacquant, *An Invitation to Reflexive Sociology*, Univ. of Chicago Press, 1992.
Giddens,Anthony, *Central Problems in Social Theory: Action, Structure, and Contradiction in Social Analysis*, University of California Press, 1979（『社会理論の最前線』友枝敏雄訳、ハーヴェスト社、一九八九年）.
Lloyd, David W., *Battlefield Tourism: Pilgrimage and the Commemoration of the Great War in Britain*, Australia and Canada, Berg, 1998.
Reader, Ian and Walter, Tony (eds.), *Pilgrimage in Popular Culture*, Macmillan, 1993.
Thompson, E. P. , The Long Revolution, *New Left Review*, 9 and 10, 1961.
Warner, W. Lloyd, *American Life: Dream and Reality*, Chicago: University of Chicago Press, 1953.

青井哲人『植民地神社と帝国日本』吉川弘文館、二〇〇五年。

粟津賢太「集合的記憶のエージェンシー　集合的記憶の社会学構築のために」国立歴史民俗博物館研究報告、二〇〇八年（印刷中）。

井上ひさし・こまつ座（編）『井上ひさしの大連：写真と地図で見る満州』小学館、二〇〇二年。

宇都宮京子「ブルデューにおける『象徴性』と『ハビトゥス』」ブルデュー社会学研究会（編）『象徴的支配の社会学：ブルデューの認識と実践』恒星社厚生閣、一九九九年。

大江志乃夫『満州歴史紀行』立風書房、一九九五年。

大谷正「戦死者の記憶のされ方―日露戦争で死亡したロシア軍人の墓と記念碑：過去と現在（1）」『専修人文論集』七六号、二〇〇五年、一一七～一四五頁。

川村湊『満洲鉄道まぼろし旅行』ネスコ文藝春秋、一九九八年。

久保尚之『満州の誕生　日米摩擦のはじまり』丸善新書、一九九六年。

越澤明『満州国の首都計画』ちくま学芸文庫、二〇〇二年。

越澤明『哈爾浜（はるぴん）の都市計画』ちくま学芸文庫、二〇〇四年。

斎藤充功『旅順歴史紀行　いま甦るセピア色の世界』スリーエーネットワーク、二〇〇一年。

菅浩二『日本統治下の海外神社　朝鮮神宮・台湾神社と祭神』弘文堂、二〇〇四年。

関本照夫「文化概念の用法と効果」『岩波講座文化人類学第一三巻　文化という課題』一九九八年。

太平洋戦争研究会『図説満州帝国』河出書房新社、一九九六年。

竹沢尚一郎（編）『宗教とモダニティ』世界思想社、二〇〇六年。

田中雅一「旅が照射する沖縄戦　二つのオキナワ・バトル・サイト・ツアーをめぐって」西井涼子、田辺繁治（編）『社会空間の人類学　マテリアリティ・主体・モダニティ』世界思想社、二〇〇六年。

田中雅一「主体からエージェントのコミュニティへ　日常的実践への視角」田辺繁治・松田素二（編）『日常的実践のエスノ

グラフィ』世界思想社、二〇〇二年。

田中雅一「序論　ミクロ人類学の課題」田中雅一・松田素二（編）『ミクロ人類学の実践　エージェンシー／ネットワーク／身体』世界思想社、二〇〇六年。

田中丸勝彦『さまよえる英霊たち　国のみたま、家のほとけ』柏書房、二〇〇二年。

西澤泰彦『図説大連都市物語』河出書房新社、一九九九年。

西澤泰彦『図説「満州」都市物語』河出書房新社、一九九六年。

西村明『戦後日本と戦争死者慰霊　シズメとフルイのダイナミズム』有志舍、二〇〇六年。

原田敬一「慰霊の政治学」成田龍一編『日露戦争スタディーズ』紀伊國屋書店、二〇〇四年、二一九～二三三頁。

ピエール・ブルデュー『ピエール・ブルデュー　一九三〇―二〇〇二』加藤晴久編・訳、藤原書店、二〇〇二年。

ピエール・ブルデュー『政治学から「政治界」の科学へ』藤本一勇、加藤晴久訳、藤原書店、二〇〇三年。

ピエール・ブルデュ『実践感覚1』今村仁司、港道隆訳、みすず書房、一九八八年。

北條英勝「ブルデューにおけるデュルケーム社会学の受容と断絶　集合表象の理論家から象徴的支配の社会学へ」ブルデュー社会学研究会（編）『象徴的支配の社会学　ブルデューの認識と実践』恒星社厚生閣、一九九九年。

山中弘（編）『「場所の聖性」の変容・再構築とツーリズムに関する総合的研究』（研究課題番号 15520057）、筑波大学大学院人文社会科学研究科、二〇〇六年。

山室信一『キメラ　満洲国の肖像』中公新書、一九九三年。

芳地隆之『ハルビン学院と満洲国』新潮選書、一九九九年。


【資料、その他】

奈良女子大学校史ＨＰ　http://www.nara-wu.ac.jp/nensi/95.htm
「十二　忠霊塔巡り」在満日本教育会教科書編集部編『満州補充読本』一九四〇年一二月二〇日（改定再版）。
荒川章二（翻刻）『基幹研究「戦争体験の記録と語りに関する資料論的研究」翻刻資料集3　日中戦争派遣兵士の軍事郵便』

国立歴史民俗博物館、二〇〇七年。

＊なお、本文中に使用した写真等のうち、出典を記していないものは、筆者によって撮影されたものである。

註

（1）本報告の一部は、「宗教と社会」学会における「グローカル化する世界と宗教」プロジェクト（代表者、中野毅創価大学教授）年度第一回研究会、および国立歴史民俗博物館基幹共同研究「戦争体験の記録と語りに関する資料論的研究」二〇〇六年度第二回研究会、日本宗教学会第六五回大会（二〇〇六年九月　東北大学）において報告されたものである。また、本稿を可能にした調査は国立歴史民俗博物館基幹研究「戦争体験の記録と語りに関する資料論的研究」の資金提供を受けて実現したものである。

（2）粟津賢太「ナショナリズムとモニュメンタリズム　英国の戦没記念碑における伝統と記憶」大谷栄一・川又俊則・菊池裕生（共編）『構築される信念　宗教社会学のアクチュアリティ』第三部第五章、ハーヴェスト社、二〇〇〇年、一一三～一三一頁。粟津賢太「近代日本ナショナリズムにおける表象の変容―埼玉県における戦病没者碑建設過程をとおして―」、『ソシオロジカ』第二六巻、一・二号、二〇〇一年、一～三三頁。粟津賢太「近代日本における戦没記念施設と文化ナショナリズム―大日本忠霊顕彰会を中心に―」、『ソシオロジカ』第二七巻、一・二号、二〇〇三年、九三～一〇八頁。粟津賢太「記憶の場の成立と変容―欧米における戦没記念施設を中心に」、井上順孝・島薗進責任編集『新しい追悼施設は必要か』第三部第四章、ぺりかん社、二〇〇四年、二四五～二六七頁。粟津賢太「戦没者慰霊と集合的記憶―忠魂・忠霊をめぐる言説と忠霊公葬問題を中心に」、『日本史研究』五〇一号、二〇〇四年、一七六～二〇六頁。粟津賢太「集合的記憶のポリティクス　沖縄におけるアジア太平洋戦争後の戦没者記念施設を中心に」、『国立歴史民俗博物館研究報告特集号　近代日本の兵士に関する諸問題』第一二六集、国立歴史民俗博物館、二〇〇六年、八七～一一八頁。粟津賢太「古代のカノンと記憶の場―英国エセックス州における戦没者追悼施設を中心に」国際宗教研究所（編）『現代宗教２００６』東京堂出版、二〇〇六年、一五五～一八四頁。

（3）「公開シンポジウム　日本人の霊魂観と慰霊」『明治聖徳記念学会紀要 復刊第四四号』（明治聖徳記念学会、二〇〇七年）は、この意味で示唆に富む。

（4）エージェンシーと時間の問題は、ギデンズの「構造化」理論における中心的な概念である【Giddens 1979】。

（5）『「非文献資料の基礎的研究」報告書　近現代の戦争に関する記念碑』、国立歴史民俗博物館、二〇〇三年。

（6）明治三七年一二月、内務省は埼玉県知事木下周一宛ての次の通牒

社甲第三九号

日露戦役モ既ニ多月ニ渉リ候ヨリ、従軍戦死者等ノ数モ尠ナカラス、就テハ該戦死者等ノ為メ社寺境内地ヘ之カ紀念碑建設方ニ付、間々伺書進達ノ向モ有之候処、其功績ヲ表彰シ、忠魂ヲ追悼セントスル如キハ、固ヨリ民心ノ至情ニ出ツルモノニシテ、敢テ咎ムヘキ義ニハ無之候ヘ共、今回ノ戦役タル前途遼遠ニシテ、其終極ノ期未タ容易ニ之ヲ知ルヘカラス、然ルニ一戦死者アル毎ニ、猥リニ其情ニ任セ之ヲ建設セシムルニ於テハ、自然互ニ其建設ヲ競ヒ遂ニ一種ノ弊害ヲ醸生スルニ至ヤモ難計義ト存候、就テハ此等計画ノ実行ハ決シテ一時ノ情ニ馳スルコトナク、静ニ前途ヲ考ヘ、一定ノ時機ヲ待タシムル方可然ト存候間、此趣旨ニヨリ適宜御注意御措置相成候様致度、依命此段及通牒候也

明治三十九年六月、埼玉県知事大久保利武宛「内務省社甲第九号ノ内」の通牒

今般訓第四六六号ヲ以テ明治十九年六月訓第三九七号訓令五条但書改正相成候処、右ハ当省ヘノ経伺ヲ廃シ、貴庁専決ニ任カセラレタル儀ニ候得共、神社境内ニ在リテハ単ニ招魂碑、忠魂碑、弔魂碑、忠死者碑ト称スルモノヽ如キ墓碑ニ紛ハシキモノハ許可セラレ難キ儀ト御諒知相成度、依命此段及通牒候也

追テ、同一紀念碑ヲ一町村内二箇所以上ノ社寺境内ニ建設セントスル場合ハ、何レカ一箇所ヲ撰ハシメ許可スル例ニ有之候、為御心得此段申添候也

二・二六事件の翌年である昭和一二（一九三七）年には日中戦争が勃発し、文部省教学局設置が設置され、官製のイデオロギーである『国体の本義』が発行される。翌昭和一三（一九三八）年三月の国家総動員法成立に先立って、二月一六日　警発甲第一四号、警保局・神社局長通牒「支那事変ニ関スル招魂社又ハ紀念碑ノ建設ニ関スル件」が出され、さらに

昭和一四（一九三九）年一月内務省における同省警保局・神社局・陸軍・海軍・文部・厚生省各係官協議を受け、同二月二七日、陸軍省より陸普第一一一〇号、副官通牒が出される。そこでは「ナルベク単純ナル忠魂碑タラシムルコトナク永遠ニ護国英霊ノ塋域トシテ尊崇ノ中心タラシムルコト」が主張されている。国家側の碑解釈が大きく変更されたのである。

（7）このように、語の定義よりもその用法を重視する立場は英国の文化研究の伝統において見ることができる。レイモンド・ウイリアムズやE・P・トンプソンによる文化概念に関する一連の論争などを参照【Thompson 1961】。また、近年、文化人類学の文脈において関本は以下のように主張している。「文化とはなにかと定義しようとするのはやめて、この言葉がどう使われどんな効果をもっているか検討するのである。（中略）だから検討に値するのは、この語がどう使われてきたか、使われているかということである」【関本　一九九八】。

（8）南満洲鉄道株式会社総裁室地方部残務整理委員会『満鉄附属地経営沿革全史』（昭和一四年発行）によれば、一九二三年南満州納骨祠保存会が軍から引継ぎ、満州事変以降、財団法人忠霊顕彰会がこれを引き継いだ。同様の指摘は、【原田　二〇〇四】、および【大谷　二〇〇五】を参照。

（9）同会の名誉会長となった平沼首相の祝辞と共に掲載。『東京日日新聞』昭和一四年七月八日付。

（10）『東京日日新聞』昭和一四年八月一三日付等。

（11）碑の数については以下のものを参照した。財団法人忠霊顕彰會編『滿洲戰蹟巡禮』（財団法人忠靈顕彰會、一九三九年）および、近衛師團司令部編『日露戰役第一軍忠魂碑寫眞帖』（近衛師團司令部、明治三九年）など。

（12）『東京日日新聞』昭和一五年八月一〇日。

（13）『東京日日新聞』昭和一四年八月一一日。

（14）陸士三〇期。盧溝橋事件時、中国第二九軍顧問という立場にあった。昭和一八年八月、少将に昇進。第五五師団長としてビルマに赴任。新人物往来社戦史室編『日本陸軍指揮官総覧』新人物往来社、一九九五年。

（15）矢野音三郎「序」財団法人忠靈顕彰會編『滿洲戰蹟巡禮』（財団法人忠靈顕彰會、一九三九年）。

（16）櫻井徳太郎「支那事變の本義と忠靈顕彰」（『時局雑誌』七月号、三六〜四一頁）、三八頁。

(17) 櫻井、同前、四〇～四一頁。

(18) 荒川章二(翻刻)『基幹研究「戦争体験の記録と語りに関する資料論的研究」翻刻資料集3 日中戦争派遣兵士の軍事郵便』国立歴史民俗博物館、二〇〇七年。

(19) 参考文献にあげたものの他、ここでは次のものをあげておく。菱木政晴「近代国民国家と戦死者儀礼の変遷―白玉山「表忠塔」をどうみるか―」文部科学省科学研究費補助金研究成果報告書『植民地期中国東北地域における宗教の総合的研究』(研究課題番号13410011、研究代表者 木場明志、平成一七年三月、九五～一一二頁)。なお、筆者(粟津)にとって、戦地巡礼の問題は今後深めてゆくべく現在調査研究中の課題である。先に挙げた国立歴史民俗博物館の基幹研究の一環として、平成一八年度に中国東北部の調査、グアム・サイパンでの調査を行った。ツーリズムについてはここで十全に論じる用意がない。別稿を期したい。

(20) 儀礼の中で集合表象を獲得するというデュルケイムのテーゼから、カイヨワを経てエリアーデに至る宗教学における「聖」概念については、竹沢尚一郎が詳細に系譜学的な批判を行っている。竹沢尚一郎(編)『宗教とモダニティ』世界思想社、二〇〇六年。

(21) こうした、記憶の社会学の観点からこれまでの社会学的な解釈に対する批判は、独立行政法人日本学術振興会の助成事業として国立歴史民俗博物館において行われた国際研究集会「戦争体験の記憶と語り(War, Memory and Narrative)」(二〇〇七年二月一五日・一六日)においてなされた筆者とジェフリー・オーリック氏(ヴァージニア大学)との議論においても再確認された。

(22) Bourdieu, Pierre and Loic J. D. Wacquant, *An Invitation to Reflexive Sociology*, Univ. of Chicago Press, 1992.

(23) Mnemonic practiceという用語はオーリックにならったものである。Jeffrey K. Olick, Genre Memories and Memory Genres: A Dialogical Analysis of May 8, 1945 Commemorations in the Federal Republic of Germany, *Americal Sociological Review*, 1999a, pp. 381-402. また、*mnemonic* という言葉はギリシャ神話における記憶の女神であるムネモシューネ *Mnemosyne* に由来する。Natalie Zemon Davis and Rndoloh Starn, Introduction, *Representations*, No.26. Special

Issue: Memory and Counter-Memory, Spring, 1989, pp. 1-6.

(24) エージェンシー/エイジェント(agency/agent)は、「構造―エージェンシー」論争として社会学において長く論争されてきた歴史を持つ。ここでは、ある程度組織だった集合的な行為主体としてのエージェンシーと個人としての行為主体としてのエイジェントという本来の語法的な意味において用いている。Marshall, Gordon (ed.), *Oxford Concise Dictionary of Sociology*, 1994.

　また、人類学では田中雅一を中心に、エージェンシー概念を積極的かつ戦略的に導入したミクロ人類学の立場もある【田中　二〇〇二、二〇〇六】。本稿の立場は、こうした人類学と問題意識を共有してはいるが、より集合的かつ組織だった行為主体としてのエージェンシーを想定している。

(25) この点については拙稿「集合的記憶のエージェンシー　集合的記憶の社会学構築のために」(粟津　二〇〇八)おいて議論した。また、ウォーナーのメモリアル・デイについての議論も同乗論文において詳述した。参照いただきたい。

(26) ファシズムの宗教性については改めて再考する必要がある。

(27) 公的―私的の区別にエージェンシーとエイジェントを対置する用法はバウマン【Bauman 1999】に見られる。

報告③

慰霊再考
――「シズメ」と「フルイ」の視点から――

西村　明

はじめに

「慰霊」とは何であろうか？　筆者は、このような問いを考えるために、二〇〇五年（平成一七）に博士論文を書き、それを二〇〇六年に書籍としてまとめた(1)。本稿では、慰霊における二つの側面をとらえるためにそれらの論考で新たに提出した「シズメ」と「フルイ」という二つの概念の視点から慰霊という現象を捉えなおすことを通して、「慰霊と追悼の間」という本書の問いに迫ってみることにしたい。

一、「霊魂を慰める」ということ

ここで「慰霊」を考えるにあたって、まずは「慰霊」という概念の発生に注目しておくことにしよう。国立国会図書館所蔵の明治・大正期刊行図書を収めた「近代デジタルライブラリー」には、二〇〇七年（平成一九）七月現在で約九万七千タイトル、十四万三千冊がデータベース化され、本文検索が可能となっている(2)。いまだデータ

西村　明氏

の遡及入力作業が行なわれているため網羅的とは言えず、したがって初出を確定することは不可能であるが、明治期の言説の傾向を把握する上ではひとつの目安となるだろう。

このデータベースを用いて「慰霊」という語を検索してみると、日清戦争直後の明治三〇年前後に戦死者儀礼との関連でこの語が用いられはじめたことが窺える。

そもそも「霊魂（たましい）を慰める」という考えは、五世紀頃の中国においても認められる。『後漢書段熲伝』には「洗雪百年之逋負、以慰忠将之亡魂」とあり、ここにはすでに名誉挽回が死んだ霊魂を慰めることにつながるという考えが窺えよう[3]。日本でも、明治一〇年代の文献には「霊（魂）を慰むる」等の動詞形での表現が登場している。

では、「慰霊」という名詞形の登場についてはどうであろうか？　データベースでは、一八九七年（明治三〇）に刊行された岡吉胤の『祝詞全書　試験科目』において、「戦死者慰霊祭一例」という祝詞の例文が初出であり[4]、しかもそれ以外にはほとんど用例が見あたらない[5]。

またこの時期、「慰霊」とともに使われていた表現として「慰魂」がある。データベース上の初出は、一八八四年（明治一七）に刊行されたヘルベルト・スペンセル（ハーバート・スペンサー）『社会学之原理』第一編第十九章において、propitiation の訳語として「慰魂」が用いられていることが確認できる[6]。

スペンサーの議論は死霊をなだめるために世界の各地で行われた供犠をめぐるものであるが、「慰魂」という語には現在用いられる「慰霊」に近い意味合いの用例も存在する。一八九五年（明治二八）落合直文の『御代のほまれ』に「旅順の慰魂祭」という表現が登場している。

以上の用例から、「慰霊」という語は本来「霊（魂）を慰む（あるいは、慰す）」という動詞的表現が、日清戦役の戦死者儀礼に際して「慰霊祭」として名詞化され、それが後に単独に「慰霊」という概念として一般的に用いられたのではないかという推測が成り立つ。さらに言えば、明治期においては、「慰魂」や日露戦役期から表れる「弔魂」などとともに戦死者儀礼をさすヴァリエーションのひとつに過ぎなかったと考えられる。

それでは次に、慰霊を考える作業を進めていく上で、「霊魂を慰める」という「慰霊」の動詞形に立ち戻って考えてみることで、現在「慰霊」に似た表現として用いられることが多い「追悼」とのニュアンスの違いを確認しておきたい。(7)

『広辞苑』（第五版）によれば、「慰める」という動詞には「①不満な心をしずめ満足させる。気をまぎらす。②相手の悲しみや苦しみをなだめる。」という意味合いが込められている。(8)「慰霊」が「追悼」や「鎮魂」、あるいは「供養」といった表現と共通する傾向のことばとして捉えられる際には、②の語法の「なだめる」あるいは①に含まれる「しずめる」といった穏やかなイメージで捉えられていると言えるだろう。

しかし、他方で①の意味合いで「霊を慰める」というとき、「不満な心をしずめ満足させる」ためには儀礼を行なうだけでなく、社会的・政治的レベルでの積極的な実践を試みることさえ想定できる。あるいは、逆に不満な心、残念といったものがそのような社会的・政治的実践を喚起するものとして捉えることもできる。したがって、「霊を慰める」という行為において問題となるのは、死者と生者との関係性であると言い換えることができよう。すなわち、一方では、死者にたいして生者がその「悲しみや苦しみをなだめ」、他方では、死者の「不満な心をしずめ満足させ」

るために、儀礼や、平和な社会の実現のための運動、あるいは逆にさらなる戦いの遂行といった生者の側の実践が求められるような事態が生じるわけである。

この点において、「慰霊」概念が「追悼」概念とは理念上は異なる死者と生者の関係性のあり方を想定していることが理解できる。「追悼」が、完全に過去の存在となった死者にたいして、生者の側から一方的に「悼む」行為だとすれば、「慰霊」の方は、死者の霊を想定することによって、生者とコミュニケーションをとることが可能な存在と見なしているのである。(9)

このように、「慰霊」が生者の側に社会的・政治的実践を求める側面があるとするならば、それが「なだめる・しずめる」といった「慰霊」の穏やかなイメージの側面と、死者の生き様や死に方を称える「顕彰」の間には連続性があると言えるのではないだろうか。あるいは、「なだめる・しずめること」と「称えること」とは、ともに「慰霊」がもつ二つの側面と言うこともできるのではないだろうか。

二、「シズメ」と「フルイ」：慰霊のメカニズムの総体的理解のための概念枠組み

このような「慰霊」と「顕彰」の連続性、あるいは「慰霊の哀悼的側面」と「慰霊の顕彰的側面」との関係性をめぐる議論は後の三節で行なうことにしたいが、その前に、「慰霊」がもつこれらの二つの側面を的確に捉えるために、「シズメ」と「フルイ」という二つの概念を新たに設定することにしたい。まずは抽象的なレベルで広く定義しておくとすれば、「シズメ」とは自らが揮うものであれ、他から被るものであれ、なんらかの暴力性にたいしてそれを抑制・抑圧する傾向性の全体を指し、他方「フルイ」とは、自律的・他律的力の発動を促すようなすべての傾向性を指すも

のとして概念化したものである。

このような暴力性の度合いの視点からこれら二つの概念を説明するために、まずは大村英昭の「煽る文化」と「鎮める文化」をめぐる議論を参照しておこう。(10) 大村は、人間の感情や欲望を左右するような文化のあり方の傾向性を、「煽る文化」と「鎮める文化」という二類型で把握しようとしている。資本主義社会の消費文化などは前者の「煽る文化」の典型であり、逆に欲望を抑えたり、昇華させる方向に作用する文化資源をもつ社会が「鎮める文化」ということになるだろう。大村によれば、「煽り」と「鎮め」の機能は一つの文化のなかにもみられ、その中にある「ウォーマーとしての煽りの文化装置」と「クーラーとしての鎮めの文化装置」について、それらの相互の関連性にも注目を促している。とくに大村は、宗教の持つ社会的機能とは後者の鎮めの文化装置にあるとして、民俗宗教の怨霊鎮めや仏教の「諦観」、キリスト教の「禁欲」をその例として挙げている。さらに、怨霊の祟りをおそれるような心性に対し、創唱宗教では生きているうちに自身の手でその欲望を鎮める技法に集中していったという宗教類型間の対応の差異にも触れている。

しかし、仏教やキリスト教がそういった鎮めの技法を持つということは理解できるとしても、そのような「鎮めの技法」あるいは「鎮めの文化装置」は、大村のように無批判に称揚できるものなのだろうかということが疑問として起ってくる。もちろん、大村の「鎮め」の提起には、近代社会の「煽り」中心の傾向性にたいする対抗的措置という意味合いがあるとしても、ここでの暴力論的視座から見れば、「鎮め」のほうにも暴力性があることが見えてくるのである。

たとえば、「鎮め」概念には、大村が強調するような自己抑制的なニュアンスもあるものの、「力をもって力を制す」といったように武力的な「鎮定・鎮圧」のニュアンスも持っている。さらには、「鎮定・鎮圧」の結果として「平和」的状態が現出するという「鎮静・鎮護・鎮守」の意味も含まれている。したがって、「鎮め」には、暴力を鎮静化する力や作用そのものの暴力性が内包されているわけである。

他方で、大村の使用する「煽り」概念には、「煽動」や「けしかけ」といった否定的ニュアンスが強く、また他者に向けられたものに限定されて再帰的（自律的）なニュアンスに乏しい。すなわち、他者にたいする励起や自己自身の奮起といったものはその概念枠組みには、当然含まれていないのである。したがって、ここではそのような行為促進的な傾向性全般を「フルイ」として概念化しようとしているわけである。

つぎに、死者と生者の関係性の視点から再度、「シズメ」と「フルイ」という二つの概念を捉え返すために、見田宗介の議論を参照しておきたい。見田は死者との対話のあり方をめぐる文化的類型として、死者とのはげしい断絶を志向する〈Ohne uns!（ぼくらはごめんだ！）〉型の文化と、死者たちとの断絶をはげしく拒否する「きけわだつみのこえ」型の文化を分類している。〈Ohne uns!〉の宗教的背景には超越神のもとで死者たちが「安らかに眠って」いて「死者にたいして責任を取る必要はない」というユダヤ＝キリスト教的な世界観があり、「きけわだつみのこえ」の背景には、死者と生者、死者の未練と死者にたいする生者の未練を断絶しない日本の宗教的特徴を見ている。(11)

このような見田の二類型は筆者がここで論じている「シズメ」と「フルイ」の対概念とは完全に重なり合うものではないのだが、見田が二つの類型の差異を説明するときに用いる「断絶」という着眼点は「シズメ」と「フルイ」に内包される死者と生者の関係性を説明する際にも有効である。つまり、死者と生者のあいだに「断絶」や「切断」を想定するものが「シズメ」であり、死者と生者のあいだに連続性を確保し、両者の相互行為（コミュニケーション）の空間を想定するもので、死者が抱えた未決の課題を生者が引き受ける、あるいは生者に引き受けさせるものが「フルイ」であると言えるのである。

以上のように、暴力性の度合いという視点と死者と生者の関係性という視点から大村や見田の議論を参照することによって、「シズメ」と「フルイ」という概念の大まかな輪郭がつかめるようになった。しかし、いまだ概念の抽象的説明に止まっているため、もう少し具体的にこれら二つの概念を見ておくことにしたい。

見田の議論を踏まえ、「断絶」という視点がもたらされることによって、たとえば「シズメ」という行為をロベール・エルツが「死の宗教社会学」において展開した議論に接続することも可能となる。(12) つまり、ある人物の死はその社会に不安定性をもたらすとしても、儀礼を通じて死者の社会的位置づけを再編成することをとおして、その不安定性を昇華する行為として「シズメ」を理解することができるのである。

ただし、大村の議論にたいして提出した批判を、ここでもう一度確認しておく必要があろう。つまり、「シズメ」という「断絶」「切断」には、有無を言わせず力でもって封じ込める（死者の社会的再措定をはかる）という暴力的側面もあるのである。

たとえば、久野修義が「鎮魂の平和政策」と呼んでいるものは、そのようなシズメのもつ暴力的側面を表しているものであると言えるだろう。久野によれば、中世の戦乱はそれまでの時代に比べ組織的かつ大量の死者を生み出したため、非業の死を遂げた個別の政治的敗者の怨霊を対象とするそれまでの御霊信仰のあり方とは異なり、敵味方を問わない膨大な怨霊に対する戦死者儀礼が求められたという。(13) 久野は、そのような「鎮魂の平和政策」の事例として、治承寿永の乱（一一八〇～一一八五年）の際の後白河法皇主導の東大寺大仏の再建と一連の仏事興隆政策、源頼朝による文治五（一一八九）年の永福寺創建や建久元（一一九〇）年の鎌倉勝長寿院での万燈会、北条泰時による承久の乱（一二二一年）後の京都における伽藍創建、北条時宗による蒙古襲来後の弘安五（一二八二）年の鎌倉円覚寺建立、後醍醐天皇による元弘三（一三三三）年の「亡卒怨霊共」の供養のための大蔵経五三〇〇巻の書写、足利幕府による天龍寺・安国寺・利生塔の建立、足利尊氏による文和三（一三五四）年の大規模な書写事業などを挙げている。

これらの政策の時代的背景には、「冥顕ノ二ツノ道」（慈円『愚管抄』）といった当時の二元論的な宗教的世界観・終末観の存在があるというが[14]、むしろここで重要なのは、戦乱後の権力者がそのような論理構造に沿うかたちでもって、あくまでも勝者の果たすべき戦後処理としてこのような政策を行なったということである。

このように「シズメ」には、個人的な追悼につながるような側面ばかりではなく、体制的シズメとでも呼べる側面をもっているということが、以上のような具体例の検証を通して見えてくるのである。

他方で、見田の「断絶」という視点から「フルイ」を捉えなおせば、死者の生前の想いや死者が未解決のまま残した課題、あるいは彼／彼女の死の要因となった問題などを生者が引き受けようとする「接続」の方法であると言えるだろう。戦後社会における「フルイ」の例を見渡してみると、たとえば一方には、戦死者の想いを汲みそれに生者が応えようとする「英霊」顕彰の運動があり、他方には原爆や空襲の犠牲者を死に至らしめた原因として原爆・核兵器や戦争そのものを捉え、死者にたいする「追悼」の思いを反核・反戦運動につなげていこうとする動きも見られた。「フルイ」という視点から見れば、それらはともに死者の生前の生き様や死に方にたいする配慮という点で共通している。特に、戦後六〇年以上が過ぎ、戦争そのものを直接に体験した世代が徐々に減少している現状のなかで、戦争体験の記憶や記録の必要性など体験継承の問題が大きく焦点化されてきている。これも「フルイ」の視点から捉えなおせば、そこには世代を越えた「接続」の困難があると言えるだろう。

三、慰霊の「顕彰」的側面と「哀悼」的側面

「英霊」顕彰の運動と反核・反戦運動とは、もちろん双方ともに一枚岩の運動であるわけではないが、政治史的に

はそれぞれ異なったイデオロギー的基盤に基づく、対立的な動きとして捉えられることもあった。しかし、上記のような「フルイ」の視点から見れば両者には共通性が存在しているのである。このことが意味しているのは、「慰霊」「追悼」や「顕彰」をめぐる問題には、従来の政治的言説を踏まえた理解の枠組みでは、捉えそこなう部分が存在しているということである。このことについて具体的に見ておくことにしたい。

靖國神社や忠魂碑といった施設やそこでの儀礼的行為など戦死者とかかわる事象が社会問題とされたとき、当然それらに対する批判にはさまざまなヴァリエーションがあったわけだが、そのなかでも目立った傾向としては戦死者に対する英霊「顕彰」的側面と「哀悼」的側面を対極的にとらえた上で、前者が有した戦意を高揚させる「軍国主義的性格」や「国家神道的性格」を批判するというものであった。実際のところは、とくに違憲訴訟のような法廷レベルでの議論においては政教関係の妥当性が問題となり「軍国主義的性格」そのものが焦点化されるわけではなかったが、批判者たちを訴訟へと突き動かした大きな要因はやはり、戦前期の戦死者儀礼が戦争遂行の只中で帯びていたファナティックな性格であっただろうことは想像に難くない。

ただし、ここで問題としたいことは、むしろ「顕彰」的側面と「哀悼」的側面とは、そのようにはっきりと割り切れるものではないということである。慰霊の場にかかわる立場の違いによって「顕彰」ともなれば「哀悼」ともなるような慰霊の多義性を考慮に入れねばならない。その死者と直接の関係を有する遺族や知人にとっては、慰霊の場は「哀悼」の場としての性格が強くなるだろうし、個別的な関係性を有しない者にとっては、郷土や国を同じくするものとして、犠牲的献身を称える場としての性格が主となるだろう。しかし、同時に、そのような顕彰や公的な意味付けをとおして、遺族が身内の死を納得したり、受容するような契機も存在した。

長崎医科大学の被爆学生の遺族運動は、そのような慰霊の多義性を考えさせるものである。(15) 一九六〇年代から本格化するその運動の出発点は、「動員学徒の原爆犠牲者は国家から手厚い待遇を受けているのに医大の学生達は、何等の恩典にも浴していない。せめて靖国神社だけでもお祀りして欲しい」という思いであった[16]。

長崎医科大学は爆心地の東〇・五㎞圏前後に位置し、教官・学生・職員全体で九〇〇名近くが亡くなっている。このうちの半数以上を占める医学部と臨時附属医学専門部[17]の学生たちは夏休み返上で軍医増産のために受講している時の被爆死であったことから、遺族たちは国に公務中の死であったことを主張したのであった。当初は、「長崎医大の学生は本質的に出征学徒や動員学徒と異なっている」という政府の見解によって国会に取り上げてもらえず、靖國神社でも「戦傷病者戦没者遺族等援護法」の適用者でなければ駄目だという反応であったという。

しかし一四回におよぶ官庁への強力な陳情活動の結果、一九六七年（昭和四二）には文部省からの見舞金給付と靖國神社合祀が決定され、一九七三年（昭和四八）には弔慰金と遺族給付金の付与が決定した。さらに一九七六年（昭和五一）には、死亡学生に勲八等瑞宝章が叙勲されている。

このプロセスにおいて重要なことは、遺族たちが靖國神社への合祀を第一の目標としたのではなく、その死が国家のための死であったことを国に承認させようとしたことである。そして、靖國合祀をもって、犬死、無駄な死とはならなったとする認識が遺族たちの手記から窺えることである[18]。さらに、「叙勲によって彼等の死が犬死でなかったことが、確実に証明されたとも云える」という遺族会長の言葉からも窺えるように、一九七六年の叙勲は全面的な国家的承認を象徴する出来事であった[19]。翌年の一九七七年八月九日には遺族年金の給付と叙勲までの経緯を記した顕彰記板を作成し、その最後の部分には「ここに犠牲学徒たちの栄誉を永久に後世に伝えるために」という言葉も見られる。

この長崎医科大学の事例から言えることは、遺族にとって「顕彰」というものが「慰霊」あるいは「哀悼」と対極にあるものではなく、むしろそれと複雑・密接にからみあったものであったということである。筆者としては、この事例に見られるように「顕彰」と「慰霊」とは明確に線引きできるようなものではないために、「シズメとフルイ」という新たな道具立てで考えようとしたのだという背景を読者に理解していただけたらと考える。

また、他方で、戦死者儀礼の戦意高揚的性格を批判するものであっても、戦争死者の「追悼」を通して死者の「想い」や遺された課題を引き受ける「フルイ」を行なう者もあった。日本福音ルーテル長崎教会の牧師で長崎市議会議員も務めた岡正治は、[20]一方で長崎忠魂碑訴訟の原告として、忠魂碑などの戦死者のための施設が戦死者の霊を慰め、かつ戦争のために死んだという生前の事績を顕彰するために建てられたもので戦前・戦中の軍国主義や超国家主義と関係があると理解し、それらに対する行政の姿勢を批判した。また、その訴訟の過程で「慰霊」という概念を、「原初的（即時的）な心情からさらに生じた一定の状態―すなわち、超自然的・超人間的存在である「霊」を観念（確信）し、これを「慰める」という一定の内心の意志―を指し、むしろその外的表出としての行為（神道行為）を指す言葉である。仏教、キリスト教には、「慰霊」という考え方はない」とし、宗教性（特に神道的性格）の有無によって、「慰霊」と「追悼」を厳密に分けることを主張した。[21]しかし、他方では、「被爆死した者のみ霊（みたま）は、犯罪者を呪いつつ、安らかな眠りにつかずにいる」と述べ、朝鮮人被爆死者の遺骨の扱いをめぐる取り組みの中で、「未来に向かって彼らの死とのかかわりを引き受け」、「彼らの死を私の生につなぐこと」を模索している。[22]つまり「顕彰」や「慰霊」を批判しつつも、自ら死者を過去の存在とみなすような「追悼」にとどまらない死者との関係性の構築を目指しているわけである。

以上のような長崎医科大学の被爆学生の遺族運動と岡正治の言動を踏まえれば、「慰霊か顕彰か」という問題設定や、「慰霊か追悼か」といった問題設定は、言説レベルにおいては理念的な腑分けは可能であるかもしれないが、実際の慰霊行為にかかわる現場においては、そのように簡単に分けられるものではなく、むしろより錯綜した様相を呈しているのだということが見えてくる。

したがって、このような複雑な事態を整理するためにも、政治的言説のレベルにおいて「顕彰か追悼か」ということを争点とするのではなく、戦争死者の慰霊が有する「フルイ」と「シズメ」という分析の視点をとることによって、これまでじゅうぶんに視野に入れられることがなかった「顕彰と追悼」のあいだにあるつながりを浮き彫りにできるのではないかということが、本稿において筆者が主張しようとしたことであったのである。

註

（1）西村明『戦争死者慰霊の宗教学的研究』（東京大学大学院人文社会系研究科平成十六年度博士学位申請論文）、西村『戦後日本と戦争死者慰霊―シズメとフルイのダイナミズム』有志舎、二〇〇六年。

（2）http://kindai.ndl.go.jp/

（3）諸橋轍次『大漢和辞典』大修館書店、四五六九頁。

（4）岡吉胤『祝詞全書』、一八九七年、六一頁。

（5）これは二〇〇五年二月段階で確認したデータであるが、その後のデータベースの遡及入力により、「慰霊」概念の初出は一八八四年（明治一七年）刊行の五明楼玉輔口演・伊東橋塘編『開明奇談写真廼仇討（かいめいきだんしゃしんのあだうち）』にまで遡ることが判明した。その「後編第十一回」の見出しが「夫婦厚く行ふ慰霊の佛事　毒婦終（をわり）を探る班猫（はんみやう）の毒」となっている。姦通の末に二人で夫を殺して、結婚したが亡夫の霊にうなされるために法要を行なうという話で、この場合の「慰霊」には不本意の死による死者の無念を慰めるという意味合いが込められているようである。この時期の「慰霊」の用例はこれ以外に見当たらず、必ずしも一般的な表現ではなかったのではないかと推測する。

（6）ヘルベルト・スペンセル著、乗竹孝太郎訳、外山正一閲『社会学之原理』第四冊、経済雑誌社、一八八五年、六七六頁。

（7）本稿の元となったシンポジウムの報告では触れなかったが、本稿では「追悼」の用例についても確認しておくことにしたい（この点に関してシンポジウムの場で示唆をいただいた大谷栄一先生に感謝申し上げたい）。『日本国語大辞典』第二版によれば、日本語文献での初出は一四六二年（寛正三）の『百丈清規抄』で、「仏子で恵命続ならば諱日に追悼せいではぞ」と出ているという。清規とは禅宗における規範書であるが、『百丈清規』自体は唐の禅僧百丈懐海によって書かれたものであるので、中国から伝来した語であったことが分かる。『日本国語大辞典』には、魏の文帝による「追悼之懐、愴然攸傷」という言葉も引かれている。

その後の用例として『日本国語大辞典』では、『百丈清規抄』とほぼ同時期の一四七四年（文明六）の『文明本節用集』に「追悼　ツイタウ　弔義」と出ているほか、松尾芭蕉が天宥法印追悼のために書いた真蹟の句文「此度下官（やつがれ：自分の謙譲表現―西村註）、三山順礼の序（ついで）、追悼一句奉るべき」を引いているが、これに続く俳句には「無（其）玉や羽黒にかへす法の月」とあり、流刑にあい客死した羽黒山別当執行の天宥法印の魂を月の法力で羽黒山に戻すことを祈念した句となっている。

明治期の用例については、前期までは「〇〇先生追悼の歌」といったように特定の個人にたいして用いられることがほとんどであったようだ。「近代デジタルライブラリー」では、一八八五年（明治一八）一二月刊の『日向纂記』巻十一「寓公川崎権助ヲ追悼ノ事」が最も早い用例になっているが、『日本国語大辞典』第二版によれば、一八七一年（明治四）六月（七月の誤り―西村註）の『新聞雑誌』六号の記事が、明治期の初出として挙げられている。日本国語大辞典第二版編集委員会・小学館国語辞典編集部編『日本国語大辞典』第二版第九巻、小学館、二〇〇一年、二一〇頁。

その記事は、桑名藩士滝鐵次郎が藩政にたいする諫言を行ったうえで自害したことをめぐって、知人らが「忠死ヲ追悼シ墓前ニ石燈一基ヲ寄付セリ」という話を載せたものである。木村毅編集代表『幕末明治新聞全集』第六巻上、世界文庫、一九六六年、九八―九九頁。

日露戦役期には戦死者にたいして「追悼」の語が用いられるようになっているが、いまだ個人的な戦死者にたいする追悼に用いられる語であったようだ。たとえば、一九〇四年（明治三七）の『旅順戦死故海軍大尉尾中君伝』における「追悼詞藻」や、一九〇八年の『佐野中尉』における「追悼文」などである。香川政一編『旅順戦死故海軍大尉尾中君伝』華南校友会、一九〇四年、一三二頁。江森泰吉『佐野中尉』対雲堂、一九〇八年、四七頁。一九一〇年には「戦死者追悼会」という表現が演説の文例集に登場している。そこでは、たとえば警察署長の悼辞の例文として「小官は我が某大佐以下戦死者に対して、嘗て一面の識あるにあらず、而も今此の追悼會の席末に列して當年を回想すれば、勇士奮闘の風丰（ふうぼう）さへ、目に浮かぶ心地して、轉々（うたた）感慨に堪へざるものあり。蕪辭を述べて、追悼の意を表す。在天の霊希（こひねがは）くば享（う）けよ。」と表現されており、追悼の対象が特定個人から戦死者を集合的に捉えるものへと変化していることが窺える。また、ここで想定されている警察署長が戦死者と直接の面識を有せず、役職上追悼会に参加していることになっていることの表現も注目しておきたい。この点については「戦死者表象の集合化」と「戦死者儀礼の集団化」の問題として拙著においても論じているので参照されたい。西村前掲書第二章「ウチの死者とヨソの死者と―死者表象の集合化と戦死者儀礼の集団化」。

（8）新村出編『広辞苑（第五版）』岩波書店、一九九八年。

（9）宗教学者の佐木秋夫や、本文でも後に触れることになる長崎忠魂碑訴訟原告の岡正治などは、「慰霊」は霊魂観を前提とした神道的用語であり、非宗教的な「追悼」や「記念」とは別個のものであると主張している。佐木秋夫「追悼と慰霊の間」（『宗教研究』二五〇号、日本宗教学会、一九八二年）、三二一―三二二頁。岡正治「長崎忠魂碑違憲訴訟（第6回反核・平和セミナーにおける講演要旨）」（『追悼　岡正治―孤塁を守る戦い』岡まさはる追悼集刊行委員会、一九九五（一九八八）年、五五頁。

岡が言うように慰霊が神道的用語であるかどうかは、別途に検証が必要なことであるが、ここでは、このような「慰霊」と「追悼」の分類は、現実にはあまり意味をなさないのではないかということを確認しておきたい。というのも、一般的には、「慰霊」も「追悼」もさほどその違いを意識されないかたちで用いられている場合も多い。例えば、「追悼式」と銘打ちながら、「戦没者之霊」にたいして拝礼したり、献花を捧げたりするという実例は、全国戦没者追悼式をはじめ、多く見受けられることである。また、三節で触れる岡自身の行なう「追悼」も何らかの存在を想定した相互作用的なものであるため、むしろ分析概念としてはここで分類した「慰霊」概念の方を用いるべき事例である。したがって、佐木や岡が問題としているように、概念そのものの宗教色を問題とすべきではなく、行為の方を注視すべきであると考える。

(10) 大村英昭「社会現象としての宗教―宗教は鎮めの文化装置」（宇沢弘文他編『岩波講座　転換期における人間9　宗教とは』、岩波書店、一九九〇年）。

(11) 見田宗介『新版現代日本の精神構造』弘文堂、一九八四年、一五二―一五四頁。

(12) ロベール・エルツ「死の宗教社会学―死の集合表象研究への寄与」（吉田禎吾・内藤莞爾・板橋作美訳『右手の優越―宗教的両極性の研究』ちくま学芸文庫、二〇〇一年）。Robert Hertz, "Contribution à une etude sur la representation collective de la mort" in *Année sociologique 1re série*, tX, 1907.

(13) 久野修義「中世日本の寺院と戦争」（歴史学研究会編『戦争と平和の中近世史（シリーズ歴史学の現在7）』青木書店、二〇〇一年）、一〇一―一一一頁。

(14) 久野　前掲書、八頁。

(15) 西村前掲書第六章「死してなお動員中の学徒たち―被爆長崎医科大生の慰霊と靖国合祀」を参照のこと。

(16) 調来助「原爆犠牲学徒の靖国神社合祀と遺族援護に対する請願運動」（『忘れな草　第五号』、長崎医科大学原爆記録集編集委員会編『原爆復興50周年記念　長崎医科大学原爆記録集第3巻』所収、長崎大学医学部原爆復興50周年医学同窓記念事業会、一九九六年）、一九八頁。

(17) 臨時附属医学専門部（通称、医専）は、一九三九年（昭和一四）に軍医増産のために七帝大医学部（東京・京都・東北・九州・北海道・大阪・名古屋）および六医科大学（新潟・岡山・千葉・金沢・長崎・熊本）に増設されたものであった。橋本鉱市「軍医増産の教育社会史―臨時附属医学専門部をめぐって」（青木保他編『近代日本文化論10　戦争と軍隊』岩波書店、一九九九年）、一八二頁。

(18) たとえば次のような表現である。「せめても犬死であってはならないと思い返して、同志の方々と老身に鞭打って請願運動に乗り出し、やっと靖国神社の今年の秋季大祭に合祀がかなった。」「此の度愈々靖国神社に祀られることになりまして、あの子も犬死にならなかったことを思うと、悲しい中にも嬉しさで一杯でございます。」「靖国の宮居に永久に眠ることとなり、先ず犬死になりませんので有難うございました。」「医専学生遺族の手記」(三九五・三五〇・二八七)(『忘れな草　第一号』長崎医科大学原爆記録集編集委員会編『原爆復興50周年記念　長崎医科大学原爆記録集第2巻』所収、長崎大学医学部原爆復興50周年医学同窓記念事業会、一九九六年)、一〇一・一〇八・一一三頁。

(19) 調来助「過去十五年間の遺族会の歩み」(『忘れな草　第六号』長崎医科大学原爆記録集編集委員会編『原爆復興50周年記念　長崎医科大学原爆記録集第3巻』所収、長崎大学医学部原爆復興50周年医学同窓記念事業会、一九九六年)、二五七頁。

(20) 岡正治についての詳細は、西村前掲書第五章「岡正治における慰霊と追悼—『二様の死者』のはざまで」を参照されたい。

(21) 岡正治「長崎忠魂碑違憲訴訟(第6回反核・平和セミナーにおける講演要旨)」(岡まさはる追悼集刊行委員会前掲書)、五五頁。このほかにも、長崎市殉国慰霊奉賛会による戦死者の慰霊祭や、長崎原爆殉難者慰霊奉賛会による原爆犠牲者慰霊祭への補助金の支出に対し、「この儀式に対して公金を支出するならば、神道用語による「慰霊」祭とせず、追悼式として無宗教形式にするべきである」との主張をおこなっている。岡「長崎・忠魂碑を支える精神的風土」(『天皇制研究7』JCA出版、一九八三年)、三六頁。

(22) 岡「〈現代の課題〉としての朝鮮人被爆者」(長崎在日朝鮮人の人権を守る会編『朝鮮人被爆者—ナガサキからの証言』社会評論社、一九八九年)、二五七頁。

岡「ああ、朝鮮人被爆者—長崎原爆朝鮮人犠牲者追悼碑建立経過」(『大村収容所と朝鮮人被爆者』「大村収容所と朝鮮人被爆者」刊行委員会、一九八一(一九七九)年)、二五頁。

〈コメント〉

「慰霊と顕彰の間」はどのように問われたのか?

大谷栄一

一、「慰霊」と「顕彰」をめぐるアクチュアルな問題群

今回のシンポジウム「慰霊と顕彰の間――近現代日本の戦死者観をめぐって」の主旨は、靖國神社をはじめとする近現代日本の国家的・公的な「慰霊」と「顕彰」の諸制度や言説の歴史的変遷、さまざまな「慰霊」の形態や事象、その分析の理論的枠組みを検討することである。

こうした主旨にもとづいて、藤田大誠、粟津賢太、西村明各氏の報告がなされたが、三人の研究の特徴は、フィールドワークを徹底して行なう、あるいは徹底して史料を分析するという堅実な実証的なスタンスにあり、今回もそうした特徴が発揮された報告内容であった。

ここで、三人の報告にみる論点を挙げてみると、以下のようになる。

大谷栄一氏

□「慰霊」「顕彰」(「追悼」)という概念、言説の問題。
□「慰霊」「顕彰」の対象(戦死者観)の問題。
□「慰霊」「顕彰」の装置、メディア、場の問題。
□「慰霊」「顕彰」の行為、儀礼、実践の問題。
□「慰霊」「顕彰」をめぐる公共性と宗教性の問題。

図1
三人の報告にみる論点

これらの論点は、近現代日本の戦死者に対する「慰霊」「顕彰」「追悼」の研究をめぐるアクチュアルな問題群であるということができよう。まず、「慰霊」「顕彰」——ここに「追悼」も含めることができると思うが——、それが一体どのような概念であるのか、どのように語られたのか、その言説がどのような特徴を持っていたのかということが、三人の報告を通じて、大きなテーマとして挙がっていた。

二点目は、このシンポジウムのサブタイトルにある「近現代日本の戦死者観」に関する問題である。「慰霊」「顕彰」の対象は一体誰なのか、ということである。「戦死者」といっても、藤田氏は「戦歿者」、粟津氏は「戦没者」、西村氏は「戦争死者」という言い方をそれぞれしており、ここに取り上げられている対象は誰なのか、どのような性格を持っているのか、どういった位置づけを持っているのかということが問題となった。

三点目が「慰霊」「顕彰」の装置、メディア、場がどのようなものであったのか(あるのか)ということである。靖國神社は一つの「慰霊」「顕彰」の場であり、粟津氏の取り上げた「忠霊塔」も一つのメディアであろう。

四点目が「慰霊」「顕彰」の行為、儀礼、実践がどのように行なわれたのか、という問題である。これは三人の報告の中でそれぞれ言及されていたテーマである。

最後に、「慰霊」「顕彰」をめぐる宗教性と公共性の問題も重要な論点であり、三人の報告の中でも、この宗教性と公共性の関係が触れられていた(1)。

これらの論点に即して、以下、三人の報告にコメントと質問を行なってみたい。

二、藤田報告に対するコメント

藤田氏の報告のテーマは、近代の神道と戦歿者の「慰霊」「顕彰」の関係についての問題関心をもとに、神社制度の変遷やその担い手の言説、戦歿者の公葬問題を分析することで、国家的かつ神道的な「慰霊」「顕彰」の意味を再検証することであった。藤田氏らしい重厚な内容であった。

考察の結果、明らかになったことは、靖國神社は中央における国家的戦歿者の慰霊・顕彰の場だったが、靖國神社を頂点とする一定のヒエラルキーを持った統一的・体制的な「慰霊」「顕彰」形態は実現しなかったのではないか、ということである。そのことが、数々の史料の読み込みを通じて、結論として明確に導かれている。

藤田報告のポイントは、大きく次の三点にまとめることができるであろう。

(一) 神社制度の変遷

報告では、「靖國神社は国家神道の重要な一支柱として位置づけられた」と主張する村上重良氏の見解を批判した上で、靖國神社の管轄官省の変遷、経費の支出等の制度的変遷が紹介された。これは、狭義の「国家神道」体制（島薗進）における靖國神社の位置づけに関する再検討作業と捉えることができる。

報告でも紹介されていた島薗進氏の論文「国家神道と近代日本の宗教構造」（『宗教研究』三二九号、二〇〇一年）では、従来の「国家神道」研究を踏まえ、「国家神道」を狭い意味と広い意味に区別している。狭義の「国家神道」とは、国家管理化された神社神道の制度的なあり方をいい[2]、広義のそれは、国家の主導権の下、天皇を聖なるものとし、日本の国土や神々や精神伝統が独自で高い価値を持つものであるとして、広く国民に天皇崇敬や国民道徳の実践を求め、学校・軍隊・戦争・祝祭日・イベント・メディア（新聞・雑誌・書物・ラジオ）などの形式を通じて広められていくあり方と規定されている[3]。

さらに島薗論文では、「宗教」概念を、近代日本のコンテクストに即して、「宗教（狭義）」「治教」「祭祀」に区分した上で[4]、国家制度にかかわる「治教」「祭祀」を司る「国家神道」と、人々の救いや生死や私的日常生活にかかわる諸「宗教（狭義）」が二重構造を有していた点に、近代日本の宗教構造の特徴をみている[5]。

藤田報告では、島薗氏のいう狭義の「国家神道」体制が主題化されており、その中での神社制度、神社行政の変遷が丁寧に跡づけられた結果、政府・内務省、陸海軍省、靖國神社（神道人）の見解、足並みが不統一であったことが明らかにされている。靖國神社は国家的＝公的であり続けたが、その公的性格のあり方をめぐって紆余曲折があったことが示された。つまり、靖國神社の公共性をどう考えるか、という問題提起がなされた。

（二）靖國神社の担い手の言説

靖國神社の担い手の言説として、明治四二（一九〇九）年から昭和一三（一九三八）年にかけて、靖國神社の宮司を務めた賀茂百樹氏の言説が事細かに紹介され、興味深い論点がいくつも提示された。とくに、祭神が「公神」性を有していること（ただし、遺族と軍人へは特別待遇）、祭神が「忠君愛国の全国民精神」の象徴であるなど、賀茂宮司による祭神の意味づけが分析され、また、その「英霊」観が考察された。先の「三人の報告にみる論点」に即せば、「慰霊」「顕彰」の対象の問題が言及されたといえよう。

（三）戦歿者の公葬問題

戦歿者の公葬問題も非常に興味深い内容である。ムラ・レベルの戦歿者の公葬が地域ごとに完結していたこと、公葬を「神式」で執り行なうか、「仏式」で執り行なうかの神道側と仏教側の対立の問題、英霊公葬運動における「英霊（忠霊）」の公葬は「神式」に統一すべきだという主張など、これらは、戦歿者をどのように「慰霊」「顕彰」するか、そしてどのような宗教的な形式によって、「慰霊」「顕彰」するかという問題であろう。

さらには、「慰霊」「顕彰」の公共性と宗教性の問題、つまり、戦歿者の公葬において、その公共性と宗教性の関係をどのように捉えるのかという問題にもつながるものと思われる。とくに、英霊公葬運動に即してみれば、先の島薗論文でいう「治教」「祭祀」と、「宗教（狭義）」の二重性の問題として考えることができるであろう。

三、藤田報告に対する五つの質問

（一）「慰霊」と「顕彰」の区別

まず、一点目は、賀茂宮司の言説に関することである。賀茂宮司の言説の中で、「慰霊」と「顕彰」の区別はあったのだろうか。

（二）「祭神」の記名性・個別性と「英霊」の匿名性・集合性

二点目も、賀茂宮司の言説を紹介する中で言及されていた問題で、靖國神社における「祭神」の記名性・個別性と「英霊」の匿名性・集合性の関係の問題である。

戦歿者を、記名性・個別性を有する「祭神」として祀ると同時に、匿名性・集合性を有する「英霊」としても祀ることをどのように考え、また、祖先として祀るとともに、「国家の神霊」としても祀ることは——粟津報告でも言及されていた——「多重祭祀」（岩田重則）[6]と考えてよいのか？

（三）「一般国民のための神社」？

三点目と四点目は連関する内容だが、靖國神社の性格について伺いたい。

藤田氏は、靖國神社を「一般国民ノ神社」と意味づける賀茂宮司の言説を紹介し、靖國神社が「単なる『軍機関』ではなく、陸海軍省を介さずとも広く一般国民の教化の場ともなり得る『開かれた』性格を明確に持っていた」と述べているが、靖國神社が「開かれていた」とする根拠はどこにあるのか？　宮司の靖國神社に対する意味づけと、実際の社会的・政治的機能とは区別して考えるべきであり、「開かれていた」かどうかを判断する際、言説のレベルと、機能のレベルは分けて考えるべきではなかろうか？

（四）公（official）と公共（public）

公共性をめぐる難問として、公（official）と公共（public）の二重的側面の問題がある。[7] そもそも靖國神社は公的だったのだろうか。また、公共的だったのだろうか。

この「おおやけ」の問題を考える際、日本社会における公・私関係を考慮する必要があるが、ここでは、近年の公共哲学の議論を参照して、公（official）と公共（public）を区別して捉えておきたい。[8] 国家レベルの公（official）の側面と、国民・民衆・市民に対して開かれていた公共（public）の側面を分けると、靖國神社はオフィシャルではあったと考えられるが、はたしてどの程度までパブリックだったのか。[9] つまり、人びとに対して、「開かれていた」のかどうかを、実態的なレベルでお聞きしたいと思う。

（五）英霊公葬運動に対する靖國神社の態度

英霊公葬運動に対する靖國神社の態度はどうだったのかが気になる。英霊公葬運動をある種の神道ファンダメンタリズム運動と捉え、それが、神道の狭義の宗教性を神葬祭の復活という形で取り戻そうとする活動であったと解釈できるのであれば、当然、神社非宗教論にもとづく靖國神社の非・宗教性的側面（治教・祭祀の側面）と抵触すると考えられるのではないか。

四、粟津報告に対するコメント

粟津報告は、ナショナリズムの文化的側面に関する構成主義的研究という立場から、ナショナリズムにおける死の正当化の問題を、戦没者の「慰霊」「顕彰」の問題として読み替え、死を正当化する観念を再生産する社会的装置、それに関連する言説の問題として考察したものである。

栗津氏は、徹底的なフィールドワークと史料分析を行ない、そうして収集した史料を社会学・歴史学・人類学等の最新の理論や概念を用いて分析するという立場から、一貫して研究を続けている。(10) 今回は、旧植民地における財団法人大日本忠霊顕彰会の「忠霊塔」を対象として、「忠霊塔」の語られ方、用いられ方の分析を通じて、死のフェーズと人称性、それに伴う「慰霊」と「顕彰」の関係性を明らかにしている。

栗津氏の報告のポイントは、以下の三点にまとめることができるであろう。

(一)「忠霊塔」をめぐる言説の特徴

一点目は、「忠霊塔」をめぐる言説の特徴が明らかにされたことである。これは、冒頭に挙げた論点に即して考えると、「慰霊」「顕彰」の装置、メディアの問題に関連する。

とりわけ興味深いのが、昭和一〇年代に出現した「忠霊塔」が納骨施設をもった宗教的建造物であったこと、つまり、宗教的メディアとして、「忠霊塔」というものがあったことを指摘していることである。

(二) 旧植民地都市のランドマークタワーとしての「忠霊塔」

これは栗津氏の言葉ではないが、栗津氏の報告内容を私なりに敷衍すると、「忠霊塔」は、旧植民地都市におけるランドマークタワーだったのではないかと思われる。というのも、都市計画におけるシンボルとして、「忠霊塔」があり、社会的な有用性があったことが指摘されており、近代都市建設のシンボルとして、植民地経営を正当化する論理を可視化する建造物だったという政治的な意味もあったと分析されているからである。

さらには――時間がなくて触れられてはいなかったが――、満州付属地が「十萬の血によって贖われた聖地である」という宗教的な意味づけも見出されていた。つまり、「慰霊」「顕彰」行為における実践の問題が取り上げられていた。報告では、聖跡巡礼、ツーリズムの話題を通じて、実際の行為の儀礼的な部分を紹介しており、いずれも興味深い内容であった。

（三）社会的相互作用の場としての「忠霊塔」

三点目は、「忠霊塔」が社会的相互作用の場であるという論点である。「忠霊塔」に対する巡礼が、行為者と意味の接点を形成する社会的相互作用の場であり、「忠霊塔」というメディアが行為者に意味や解釈の社会的フレームを提示する機能を果たした物質的・空間的フレームであることが示されていた。(11)

この社会的相互作用の場という視点から、「死者の主題化の位相」を把握できるとして、三つのフェーズ（個人的・直接的な死、共同体の死、歴史化された死）が提示され、フェーズの一から三へ向かうほど、顕彰の意味合いが濃くなっていくという結論が導かれている。ここでは、「慰霊」「顕彰」の対象が主題化されているといえよう。

五、粟津報告に対する五つの質問

（一）「忠霊塔」の安置対象者

忠霊塔の安置対象者は、戦死した軍人だけだったのだろうか。たとえば、現地において病気で亡くなった人や、戦争に関係なく、亡くなった人びとはどうだったのか。また、安置されていた遺骨・遺灰は個別性を保たれていたのか、いなかったのか。

さらに、死者の位置づけは「英霊」かどうか。当時の関係者の談話を引用する中で、「英霊」という言い方が紹介されていたが、「忠霊塔」を造った当事者たちは、死者をどういうふうに位置づけていたのだろうか。

（二）忠霊塔における「慰霊」と「顕彰」の関係

二点目は、このシンポジウムのテーマにかかわる論点だが、「忠霊塔」における「慰霊」と「顕彰」の関係、または、その位置づけは当事者たちの間でどのように考えられていたのかを知りたい。

（三）巡礼や観光の性格

続けて、「忠霊塔」に対する巡礼や観光の性格は、公的（official）なものだったと考えてよいのかどうか。たとえば、学校では修学旅行で「忠霊塔」に訪れるということを考えると、多少なりともオフィシャルなものだったのではなかろうか。

（四）「記憶実践」としての観光

四点目は、「観光」という行為が意味するものについてである。時間がなく、言及されなかったが、粟津氏は、「記憶実践（mnemonic practice）」という概念を資料で提示している。[12]

粟津氏の研究は、モーリス・アルヴァックスやピエール・ノラなど、社会学・歴史学者の集合的記憶論を積極的に用いながら展開しているという特徴があり、集合的記憶論による分析が粟津氏の研究のスタイルを方向づけており、こうした学的背景の下、国内外の戦死者をめぐる集合的記憶に関する粟津氏のオリジナリティがあるといえよう。

報告における「忠霊塔」への「観光」という行為が、この「記憶実践」という視点からどのように分析できるのか、補足してもらいたい。

（五）フェーズ間の断層

「死者の主題化の位相」を把握するための三つのフェーズについてだが、「慰霊」「顕彰」のベクトルはフェーズ一から三へ向かうほど、「顕彰」の意味合いが濃くなっていく、という指摘はその通りだと思うが、フェーズ二の死の人称性（集合的・社会的）に注目すると、フェーズ二の「共同体の死」とフェーズ三の「歴史化された死」、フェーズ二の村レベルの死、フェーズ三の国レベルの死には大きな断層があるのではないか（もちろん、つながりもあるのだろうが）。

この「共同体の死」の問題をどのように考えるか。たとえば、岩田重則、一之瀬俊也、矢野敬一、籠谷次郎らの歴史学・民俗学研究におけるムラにおける戦死者の「顕彰」のあり方や、ムラとクニとの関係を踏まえるならば、フェーズ二とフェーズ三の関係の把握が大きな争点となるのではなかろうか。

六、西村報告に対するコメント

西村氏の報告は、先に刊行された労作『戦後日本と戦争死者祭祀――シズメとフルイのダイナミズム』(有志舎、二〇〇六年一二月)の内容を踏まえての、とても刺激的な報告であった。

まず、「慰霊」概念の成立史の検討からはじめ、「追悼」概念との比較を通じて、「慰霊」の概念内容を確定させたうえで、「シズメ」と「フルイ」という分析概念を、「慰霊のメカニズムの総体的理解のための概念的枠組み」として提示した。非常に丁寧に概念の整理がなされ、議論のための指針や道筋が示されたといえよう。

また、慰霊の「顕彰」的側面と「哀悼」的側面が簡単に割り切れないものであり、立場の違いによって、「顕彰」ともなり、「哀悼」ともなる慰霊の多義性を、西村氏が実際に調査した事例を通じて指摘し、その多義性を、「シズメ」と「フルイ」の分析概念によって分析することの有効性を明示している。

ポイントは、以下の二点であろうかと思われる。

(一)「慰霊」の二側面の提示

「慰霊」「追悼」「顕彰」概念を、「死者と生者の関係性」の問題として整理したうえで、「慰霊」の二側面(なだめる・しずめる側面と積極的な実践を動機づける側面)を「シズメ」と「フルイ」として概念化し、この対概念を「死者と生者の関係性」の理念型として提示した。また、「慰霊」概念が「追悼」概念とは異なる「死者と生者の関係性」を想定しているという指摘も重要である。

これらの問題は、――「三人の報告にみる論点」に照らせば――「慰霊」「顕彰」「追悼」の概念を直接的に扱ったものである。

(二) 戦争死者をめぐる「慰霊」の複雑性

戦争中の出来事や戦前・戦中の体験、あるいは歴史認識の問題、戦争責任の問題等に対して、戦後社会の中で、それらがどのように扱われてきたのか、それらが単純なものではなく、非常に複雑な「慰霊」の形態を示していたことが、「慰霊」の「顕彰」的側面と「哀悼」的側面という視点から明らかにされた。

そして、このふたつの側面がはっきりと割り切れるものではなく、「慰霊」にかかわる立場の違いによって、ある場合には「顕彰」となり、またある場合には「哀悼」となるという多義性が、長崎医科大学の被爆学生の遺族運動とキリスト者・岡正治の言説を丁寧に検討することで明確にされた。

戦争死者の「慰霊」の問題を考察する際、それが「顕彰」なのか、「追悼（哀悼）」なのかを争点とするのではなく、「慰霊」の有する「フルイ」と「シズメ」の両面性に着目することで、これまで十分に論じられることのなかった「慰霊のメカニズム」が浮き彫りにされると結論づけている。

これらの問題は、私の言葉でいうと、「慰霊」「顕彰」の行為、儀礼、実践の問題となる。つまり、西村報告では、「慰霊」「顕彰」の概念、言説、行為、儀礼、実践が主に主題化されたといえよう。

七、西村報告に対する四つの質問

(一)「追悼」概念をめぐって

報告の中では、さまざまな概念が紹介されたので、それらを整理したい。

まず、「慰霊」の概念内容が「追悼」概念との比較によって確定されていた。たしかに、「慰霊」概念について詳細に説明されていたが、では、「追悼」概念は、近代以降、どのように用いられてきたのだろうか。

(二)「追悼」と「哀悼」の違い

次に、「追悼」と「哀悼」の違い、関係について伺いたい。「哀悼」と「追悼」の関係をどのように考えればよいのか。栗津氏の報告では、「慰霊」と「顕彰」のベクトルというかたちで、死の人称性が高まるにつれて、顕彰性が強まるという指摘があった。つまり、死の人称性が「慰霊」「顕彰」の関係を考えるうえでの重要なポイントになるのではないか。

(三)「顕彰」の位置づけ、「慰霊」と「顕彰」の関係

長崎医科大生の話題の中で、靖國神社への合祀や、見舞金の給付や叙勲による国家の措置によって、その死が「犬死ではない、無駄死ではない」ことが認められたという遺族たちの言葉が紹介されていた。「犬死」「無駄死」とは何かといえば、いわば、無意味な死であろう。彼らの死が無意味な死ではなく、国家にとって意味のある死、公的貢献の死だったことを遺族たちが政府に認めさせる運動を行なったことを興味深く感じるとともに、このことを本シンポ

ジウムのテーマに即して考えるならば、これは「顕彰」の問題であり、戦死者、戦没者の公的（official）な位置づけの問題となるのではないか。

また、「慰霊」と「追悼（哀悼）」の関係についていうと、粟津氏は、「慰霊と顕彰」という対概念で概念の規定をしているが、西村氏は、「慰霊」という概念を上位概念として、そのサブ・カテゴリーとして、「顕彰」という概念を提示している。つまり、「慰霊と顕彰の間」ではなく、「慰霊の中の顕彰」というかたちで設定をしている。この点をどのように考えたらよいのか。

（四）近代的な概念としての「慰霊」「顕彰」

三人の報告を通じて明らかになったことは、こういうことである。

「慰霊」という概念や実践、「顕彰」という概念や実践は、きわめて近代的な特徴を有したものであるということである。とくに、西村報告での「慰霊」概念の跡づけ作業は、その象徴であろう。

では、「慰霊」「顕彰」という実践が前近代になかったのか、というと、おそらくそうではなく、その実践や行為自体は前近代から存在したであろう。今回のテーマである「慰霊」そして「顕彰」という近代性を帯びた概念をめぐる言説や実践をより明確に分析するためには、前近代との比較が非常に重要になる。その作業を通じてこそ、「慰霊」「顕彰」の近代性もよりはっきりと浮かび上がってくるのではないか。

この「慰霊」「顕彰」の近代性と前近代性の関係性について、最後、三人に伺いたい。

八、三報告の論点のまとめ

以上、三人の報告の論点をまとめると、以下のようになるであろう。

「慰霊」「顕彰」（「追悼」）	藤田報告	粟津報告	西村報告
概念、言説の問題	研究者、招魂祭、靖國神社の用法	死の人称性に伴うベクトルの違い	慰霊の両側面。立場の違いによる多義性
対象（戦死者観）の問題	戦歿者、英霊	戦没者、英霊	戦争死者、被爆死者、
装置、メディア、場の問題	靖國神社	旧植民地の忠霊塔	慰霊碑（顕彰記板）、忠魂碑
行為、儀礼、実践の問題	参拝、「国の休日」意見書、英霊公葬運動	観光、巡礼、教育、（記憶実践）	（シズメ、フルイ）
公共性と宗教性の問題	国家的な戦没者慰霊・顕彰の場。「神社非宗教論」の原則	宗教的建造物。宗教的行為	長崎忠魂碑訴訟における宗教性と公益性

図2　三報告の論点のまとめ

こうして整理してみると、三人の取り上げた事例や話題は多岐にわたるが、その論点は対応し、共鳴していることがわかる。今回、三人の報告を通じて、「慰霊と顕彰の間」が実証的に手堅く問われたのはもちろんのこと、それに止まらず、「慰霊」や「顕彰」の概念や実践、分析方法自体が根底的に問い直された、聞きごたえのある内容だった。

雑駁なコメントだったが、三人のお答をお聞きしたいと思う。

註

（1）この「慰霊」「顕彰」をめぐる宗教性と公共性の問題については、三土修平『靖国問題の原点』（日本評論社、二〇〇五年）第五章、同『頭を冷やすための靖国論』（ちくま新書、二〇〇七年）第四章をそれぞれ参照した。

（2）島薗進「国家神道と近代日本の宗教構造」（『宗教研究』三二九号、二〇〇一年）、三二三―三二四頁。

（3）同前、三三二―三三三頁。

（4）同前、三二八―三三〇頁。

（5）同前、三三八頁。

（6）岩田重則『戦死者霊魂のゆくえ――戦争と民俗』（吉川弘文館、二〇〇三年）三〇―三二頁。

（7）例えば、西村明氏は、国家的慰霊システムの戦前における公的（official）性格と、無縁死没者や原爆死者一般への態度に見られる二人称的＝私的関係を超えた三人称的＝公共的・公開的（public）性格という二つの公共性を指摘している（『戦後日本と戦争死者祭祀――シズメとフルイのダイナミズム』有志舎、二〇〇六年、九〇頁）。また、公（official）と公共（public）の区別については、山脇直司『公共哲学とは何か』（ちくま新書、二〇〇四年）のとくに第一章も参照した。

（8）山脇直司『公共哲学とは何か』（ちくま新書、二〇〇四年）参照。また、「宗教と公共性」の関係については、稲垣久和・金泰昌編『宗教から考える公共性』（東京大学出版会、二〇〇六年）も参考になる。

（9）なお、靖國神社のパブリックな一側面を提示した作品として、坪内祐三『靖国』（新潮社、一九九九年）がある。

（10）粟津氏の研究として、「近代日本ナショナリズムにおける表彰の変容――埼玉県における戦没者碑建設過程をとおして」（『ソシオロジカ』第二六巻一・二号、二〇〇一年）、「近代日本における戦歿者記念施設と文化ナショナリズム――大日本忠霊顕彰会を中心に」（『ソシオロジカ』第二七巻一・二号、二〇〇三年）、「戦没者慰霊と集合的記憶――忠魂・忠霊をめぐる言説と忠霊公葬問題を中心に」（『日本史研究』第五〇一号、二〇〇四年）、「集合的記憶のポリティクス――沖縄におけるアジア太平洋戦争後の戦没者記念施設を中心に」(『国立歴史民俗博物館研究報告』第一二六集、二〇〇六年)等があり、今回、それぞれ参照した。

(11) 社会的フレームと物質的・空間的フレームについては、粟津賢太「ナショナリズムとモニュメンタリズム——英国の戦没記念碑における伝統と記憶」(大谷栄一・川又俊則・菊池裕生編『構築される信念——宗教社会学のアクチュアリティを求めて』ハーベスト社、二〇〇〇年)を参照されたい。

(12) この「記憶実践」概念については、粟津氏の前掲論文「集合的記憶のポリティクス」、九四頁を参照のこと。

【討議】

報告者　藤田大誠（國學院大學二十一世紀研究教育計画ポスドク研究員、日本文化研究所兼任講師）
　　　　粟津賢太（創価大学非常勤講師、国立歴史民俗博物館共同研究員）
　　　　西村　明（鹿児島大学助教授）
コメンテーター　大谷栄一（南山宗教文化研究所研究員）
司　会　中山　郁（國學院大學研究開発推進センター講師）

＊報告者などの肩書きは当時

慰霊・追悼・顕彰が全て含まれた祭文・祝詞

中山　ただいま大谷先生の方から非常に細かく、核心を衝いた問いかけがなされました。そこで、コメンテーターからの質疑に対しまして、発表順でリプライの方をお願いしたいと思います。それでは時間の方も超過しておりますので一人五分程度をめどにして、おまとめいただければと思います。では、藤田先生からお願いします。

藤田　どうも大谷さんコメントありがとうございました。これだけ詳細に質問いただいて、五分では到底難しいとは思うんですけれども、多少、この場で思いついた限り、お答えを申し上げたいと思います。

まず一点目なんですけれども、賀茂（百樹）宮司の言説の中で慰霊と顕彰の区別があったのか、というお話しですが、賀茂宮司のみならず、靖國神社に関係する祭文、あるいは戦時下の祝詞の構造なんかを見ていきますと、慰霊・追悼・顕彰というものがそういった祭文とか祝詞の中に含まれている。例えば事績を顕彰するような文言が入って、そういった人々が亡くなったことを悲しむ、それを和めてお祀りする、というような表現がある。私は、「メカニズム」ではありませんが、「慰霊」「顕彰」あるいは「追悼」「哀悼」といったことは、一つの表現形態、そういった戦歿死者に対する敬意表現のヴァリエーションではないかと。その時期、あるいは社会の色々な変化の中でかなり強調点が異なってくるんじゃないかと、ある程度そういう風に考えています。

それで二点目ですけれども、「英霊」の個別性と集合性といいますか、普遍性のようなことがどういう風になるのかということだと思うんですが、一つは、今、ハーバード（大学）にいらっしゃる菅浩二さんが、和辻哲郎を引いて、「通路としての神」ということで、個別性から世間に広がっていくような神として、普遍的なものに繋がっていく回路であるんじゃないか、と。これに妥当性があるかどうかはともかく、一つの考えとしてはそういった考え方もあると思います。靖國神社の『忠魂史』であるとか、祭神の亡くなった日、また個別の名前を明記している。それからそういった神々が全て集まって、「靖國の神」として認識されるということが、村上重良さんがよく「忠霊」から「英霊」というのんべんだらりとした個性の無いものになったと言いますけど、そうではないと思います。岩田（重則）さんの「多重祭祀論」につきましては、多重かどうかはわからないんですが、ある程度そういった祖先祭祀というものが基盤にある、というのは勿論あると思いますし、地域というかコミュニティの中である程度、私は「完結」という風な言い方をしていますけれども、それはそれで一つ一つ完結している。ただ、それは近代におきましては、国民国家の戦歿者を祀ったり、あるいは葬儀をやるといった場合に、靖國神社というものが念頭にあって行なっている。というのは、やはりそういった意識が、仏葬であっても、そこらへんの帳尻をつけないといけない、という言説がかなり出てきておりますので、岩田さんなんかは、別に靖國神社が無くてもその他の多重な祭祀があればいいんだという風に仰しゃっていますが、それはどうなのか。特に近代に関してはそうはいかないという風に思います。

三点目と四点目ですが、これは「公共性」の問題で、賀茂宮司さんの言説と実際の靖國神社の社会的な機能が異なっているかもしれない、ということだと思います。今回の発表では、あえて知られていないと思われる、靖國神社で三十年宮司さんをやられた方の、一つの考えというものを紹介しました。それが一般化できるかどうかという問題もありますが、ただ、靖國神社のトップとして陸海軍省と対峙したという事実もありますし、その中で、色々な、軍とは違う考えを持っていたという側面は明らかになったと思います。「一般国民のための神社」というのは、近代の国民国家、「国民」がいなければ靖國神社は存在しなかったはずですので、これはかなり戦時下になってくると顕著でしょうけれども、メディアがかなり効果的だったと思いますし、簡単に申しますと結局、靖國神社は天皇の勅使であるとか、（天皇が）参拝に行かれたり、というような、「公共性」というか、それ無くしてはここまで国民の支持は得られ

ないというのが、近代における状況であるという風に思います。

「公共性」とは非常に難しい問題で、確か、齋藤純一先生は、オフィシャル（official）とパブリック（public）とオープン（open）という三つがあると書かれていたと思います。神社そのものが、その全てを、ある程度持っている。その中で靖國神社をどう考えるのかというところがあるんですけれども、場として開かれたオープンな場であって、公的なものは勿論、実際に国からお金も出ておりますし、何よりも天皇のそういったお参り等、関係が深い。それで「公共性」が一般の国民にどうあったのかという問題があると思うんですけれども、そのへんがですね、具体的な事例を今回はなかなか挙げられませんでしたけれども、（報告で挙げた以外にも事例を）積み上げていくということは出来ると思います。かなり複雑な問題が出て来ますので、ちょっとここでは置いておきます。

最後の五点目ですが、英霊公葬に対する靖國神社の態度ですが、基本的には民間からの一方的な運動と思っていいと思いますし、その根拠として「靖國神社の神式」としてやったことが大きいので、靖國神社そのものが積極的に動いたということはありません。宗教的な、葬儀に関するようなことは、実際には、神道人らが神式公葬の執行を主張してきたりするんですけれども、「国礼国式」という言葉で、ある程度、（宗教を）超越したようなですね、形式としての神道式、これは神道の非宗教／宗教の間の中の議論で、なかなか理解されにくいところだと思うんですが、（賀茂宮司の言説も含め）全てはそのへんにあると思います。ちょっと長くなったんですが、これで終わりたいと思います。

中山　ありがとうございました。続きまして、粟津先生お願いします。

「英霊」と「忠霊」の用語法は互換的

粟津　コメンテーターの大谷さんからは、的確なコメントと五点にわたる鋭い御質問を頂きましてありがとうございます。五点の質問のうち、前半の三つは忠霊塔に関する問題ですね。後半の二つに関しては、「記憶実践」あるいは「行為」の問題だと思います。ですので、その二つに分けて答えられる範囲で答えたいと思います。

前者の忠霊塔の問題ですが、大日本忠霊顕彰会の内部の中心的な資料というのはですね、現在、現存しているのか不明でして、私も入手しておりませんので、細かいところはなかなか難しい、わからないわけです。ですが、内部の、特に遺骨の安置状況、あるいは、対象者の問題を述べたいと思います。忠霊塔の発祥は、日清戦争の戦場で倒れて、戦場に残った兵士の遺骨あるいは遺灰を集めた、そういったことから始まっています。そういう意味では非常に軍人が自分たちの、戦友といいますか、同じ軍人たちの遺骨遺灰を無碍にできない、というところから始まっていますので、かなりこの時点で「集合的」にはなっていると思います。

もう一点はですね、こうした外地ではなくて、国内で作る忠霊塔があります。国内も一市町村一基という目標でやっていたのですが、この背景にはですね、一つは様々な形態、墓であるとか碑であるとか、そういう形で顕彰あるいは慰霊の形を取った施設が各地にたくさん出来るんですけれども、それが何年かすると「無縁化」されてしまったり、誰も手入れをしなくなったりして、どんどん物質的な面での状況が悪くなってしまっている。誰もお参りする人がいなくなってしまう、それではいけない、という動機があります。ですから各地様々にある忠魂碑なども一つにまとめてしまおう、そしてその代わり、それは今後永久的にずっと忠霊塔一本、その村は村の忠霊塔一本にして、絶え

粟津賢太氏

ずお祭りして行こうと、そういうものとして考えられている。また、内地の実際の忠霊塔ですが、これは大阪の真田山陸軍墓地の中にあるものなのですけど、その中には入れてもらったことがあります。その中では、個々の骨壺の状態になっておりました。実際に、申し訳ないですが幾つか開けて見たのですが、お骨が入っているものと入ってないものがやっぱりあって、特にアジア太平洋戦争末期になればなるほど、もう戻ってこない状況でありますので、そうした所は入っていない。ただ、これはあくまで陸軍墓地という特殊な敷地の中にある施設ですので、これを一般化できるかどうかは何ともお答えできません。

それから、死者の位置付けは「英霊」なのかということですけれども、基本的に発祥から言って軍人を祀っているというか、その遺骨を納めているということになっています。言説のレベルで言うとですね、「忠霊」という言い方をしている場合もありますし、しかし同じものが新聞記事では「英霊」となっていたりしますので、かなり互換的に用いられていたのではなかろうかと思います。それから忠霊塔への巡礼や観光というものが公的なものであったのかということですが、これはレベルにもよるんですが、普通の一個人が行く、個人が集団で行くようなのは基本的には公的ではない。どこからどこまでが、私的、あるいは公的なのか。学校で行くとそれは公的なものになるのか。国が、ということでは、国が指導して、ということは無かったように思います。ただ、この忠霊塔に参拝する様子というのは、映像資料でもかなり残っていまして、一つは新京につくられた外地の忠霊塔の、これは皇帝の溥儀が参拝する様子なんですが、これは公的なものです。その儀礼を、音声は無いのですが、映像で見る限りでは神式で行なわれていたようです。

それから「観光」や「記憶実践」の問題なんですけれども、これも話し始めると長くなってしまいますので、手短かにしますが、「記憶実践」というのはアメリカの社会学者ジェフ・オーリックという人の提唱した概念であります。彼はドイツの終戦記念日といいますか、それが戦後何十年間どのように行なわれてきたのかという分析をしました。そういうことを見ることによって、そういう「記憶実践」、あるいは「想起」、あるいは「メモリー」という言葉を使っていますが、想起するそういう行ないというのは、何らかの形式をだんだん獲得して行く。その慰霊行為あるいは記憶する想起する行為というのが、何かしらの特定の形式を取るのはなぜなのか、つまり「文化資源」としてそれを捉えることができるのではないかということです。

また、私はそれに、これもアメリカのウォーナーという人の「フェーズ」、あるいは「ステージ」という概念を結び付けて考えてみたんですけれども、個々の、この場合なら戦没者に対する行ないというものが没交渉で独立に行なわれている、そうした様々なものを含めて「記憶実践」という風に、今日はムクデン満鉄ホテルという例を紹介いたしましたけれども、時間も空間も隔てて、没交渉に戦友会などの様々な団体は行なうことが出来るし、行なってもいる。そういうことも捉えようという風に考えました。

最後の、フェーズ1から3へ向かうほど云々、という表についてでありましたが、確かに、御指摘のようにフェーズ1・2とフェーズ3というのは、とくに1・2と3の間に大きな断絶があるのではないかというのはその通りです。それらは排他的ではありませんけれども、対立しうる。先程の西村さんの御発表でも、例えば靖國について訴訟を起こすことが出来るわけです。それはフェーズ1・2とフェーズ3というのはやはり対立しうる。そういう状況があるという風に思います。しかしですね、これらはやはりフェーズ1から3に行くほど、より広い社会的な相互作用を行ないうる、そういうものに変わってゆく。そこを、連続性よりもむしろ、そうした様々な側面があるということを強調したいと思っておりました。そのより広いところでは、それは「観光」という意味で産業化されるということもありうるという風に考えます。また、その「慰霊」と「顕彰」ということですけれども、一番最後の西村さんの御報告をお聞きして、もちろん御著書も読んでおりますが、やはり「慰霊」や「顕彰」や様々な個別な行為は混在していると。だから分析概念として西村さんが提起されたのが「シズメ」と「フルイ」という、そういう風に考えると、より整理しやすいのではないかなと思っております。以上です。

中山　ありがとうございました。それでは西村先生お願いします。

前近代からの連続性をどう理解すべきか

西村　はい、大谷さんコメントありがとうございました。いつも大谷さんの発言は非常にシャープで、院生時代から憧れの先輩だったんですけれども、誉めてもそれを回答に代えるというわけにはいかないようなので、お答えが出来る範囲で四つの質問に対して回答したいと思います。

まず、一つ目の「慰霊」の概念については、報告では歴史的な経緯をお話ししたのですが、「追悼」概念がいつから用いられているか、ということについては、これは非常に痛いところを突かれまして、実は詳しくは検討しておりません。戦前の史料の中で、果たして「追悼」という言葉が出て来ていただろうかということを、今、頭の中で考えたんですが、なかなかはっきりとは出ていないんじゃないかと思います。これはもしご存じの方がいらっしゃったらお教えいただければと思います。戦後になりますと、例えば全国戦没者追悼式など、「追悼」という言葉が、非常に公的な場でも、広く一般に使われるようになりますが、「慰霊」と「追悼」という議論は、七〇年代・八〇年代の議論の中から非常に大きく取り沙汰されているという背景から考えますと、それほど古くは無いんではないだろうかというのが現段階の理解です。これについてはきちんとお答えすることは出来ません。

二つ目は「哀悼」と「追悼」の関係ですが、私はこういう風に考えております。「追悼」というのは哀悼する行為である、「哀悼」というのは基本的に感情、悼むという感情である、という使い分けをしております。事前に本シンポジウムのために提出したレジュメでは、「追悼」と「顕彰」ということで並べて書いたのですが、これでは具合が悪いと考えまして、後で「哀悼」に変えました。これはどういうことかといいますと、その前のところで「慰霊」と「追悼」について「生者」と「死者」の関係の違いということをお話ししましたので、「慰霊」のなかで追悼的な側面があるといってしまっては語義矛盾になると思って変えた次第です。したがって「哀悼」は心意あるいは感情であり、「追悼」とはそれを表出する行為であると理解しております。そこには先程、お話ししましたように過去、時間軸で完全に過去の存在となった死者に対して現在の視点から遡及的に至るという、そういった関係性があるだろうと思います。

三つ目です。「顕彰」を考える時に、死の公的認定が基準になるんではないか、という御指摘ですが、まず、それは大方そうであろうと思います。特に私の言葉で言うと「戦争死者」、戦争で亡くなった方、戦争での死ということですから、要は国家と国家の戦闘行為で、戦争による、特に不条理なというか、遺族にとってそれは、その死自体を、自分の日常の延長で納得する回路というのは設けられていない。それが戦争で亡くなったということ、ですね。それは徴兵なり、志願なり、出征して戦闘で亡くなった人の戦争による死、国家による戦争という回路がありますので、それで、やはり公的な意味付けは非常に大きく出てくるだろうというのは、確かだと思います。ただ、今日はなかなか具体的なお話は出来なかったんですけれども、論文の中で扱った長崎医科大学の

西村明氏

事例で申しますと、国家による承認が果たされる前の段階ですね、遺族達はその死をどう受け止めようとしていただろうか、国家によってまだ承認がされていない段階です。こうした時に彼らはこう考えようとしていました。「長崎医科大学の学生として」なのだと。要は、大学というものを、慰霊する、あるいは顕彰とまで言えるか解りませんが、その死を意味付ける基盤にしようと。それが結果的には承認されますので、その「大学の学生として」というものが、国のためにというより大きな枠組みの意味付けになったわけです。

最後四つ目なんですが、これも非常に難しい質問ですね。「慰霊」概念あるいは「顕彰」概念の近代性が明らかになったけれども、前近代からの連続性というのはどう理解すべきか、或は断続性をどう理解すべきなのか、ということですが、これは、私は博士論文を書く段階で、先行研究を整理してみました。「慰霊」や「顕彰」というものをどこから議論し始めるかということについて、それらの先行研究では基本的に靖國神社の源流と言いますか、幕末の招魂儀礼だったり楠公祭との関わりなんかから議論が始まっています。例えば今日もお名前がたくさん登場しました村上重良先生や、小林健三先生と照沼好文先生の『招魂社成立史の研究』などですね。七〇年代・八〇年代当時の議論というのは、靖國神社の源流はどうだったのか、そこからこの近代の慰霊現象というものを理解する。それより先には迫らない、というか、歴史的に遡らない形での議論というのが行なわれていて、これに疑問を感じました。一方では民俗学の分野で、桜井徳太郎先生などは、靖國神社が御霊信仰の系譜にあるという指摘をしていたんですが、これもそんなに簡単に言い切れるものなのか。拙著（『戦後日本の戦争死者慰霊』）の中ではこのへんについて、前近代との関係を系譜的に理解する必要があるだろうという風に考えました。顕彰的な側面、慰霊の哀悼的な側面、あるいはもう一つ、戦後の長崎の原爆慰霊を考える際に重要なのが、「無縁死没者」、あるいは「無縁仏」、「無縁霊」の祭祀ですが、それが祟りを及ぼす存在であるのかどうか、そういったことも含めて単に近代的なものとしてだけ把握出来ない部分があると思います。前近代からある戦いや自然災害での死者、あるいは無縁霊に対する供養とかとの連続性とかも考えなければならない。お答えになっていませんが、そういうことが重要ではないかということで、お答えに代えさせていただきます。

中山　どうもありがとうございました。引き続きましてフロアに討議を開く前に、ちょっと時間も押してはおりますが皆様もお疲れのことでしょうから、五分間のお手洗い休憩を取りたいと思います。

「慰霊」「顕彰」の現代性とは

中山　お待たせいたしました。それでは再び討議に入りたいと思います。まずはじめに、今まで大谷先生の質問に対してパネラーの方々からリプライをいただきましたけれども、これにつきまして再度、大谷先生の方からコメントしていただきたいと思います。

大谷　三人の報告者の方々から、大変丁寧なリプライをいただきました。それにまた逐一お答えしていると時間がなくなってしまいますので、三人のお話を聞いて感じた三点ほどの論点をあらためて提示させていただきます。その三点をお話をして、議論的公共性というか、フロアの皆様に話を開いていけたらと思います。

まず一点目が、このシンポジウムのメインテーマである「慰霊」と「顕彰」の関係をどう考えるのかという点です。これは、やはり大きな問題だと思います。三人の報告を聞いてわかる通り、これらの言葉には非常に多くの意味があり、意味を特定できないということがあると思いますが、立場やコンテクストによって使い方も違ってくるということが、三人の報告を通じて明らかになりました。では、記述概念として、この「慰霊」と「顕彰」という言葉を使うことが出来るのか出来ないのか。じつは、このことが三人の報告を通じて問われたことではないかと思います。それがまず一点目です。

二点目は、「記憶」の機能、ファンクションに関して申し上げたいのですが、今、粟津さんのリプライの中で、オーリックのことばを引用される形で「装置が形式を獲得する」、「記憶が形式を獲得する」という非常に興味深い話がありました。私自身まったく不勉強で、粟津さんの研究を通じて、集合的記憶論を勉強しているだけなので、言ってることが間違っていたら御指摘いただきたいのですが、「記憶が形式を獲得する」、これは逆もあると思うんですね、「形式が記憶を形成する」という側面です。

大谷栄一氏

また、「記憶が形式を獲得する」、その形式によって何らかの社会関係が形成されるという風に考えることもできるのではないか。つまり「記憶」がフォーマット、形式を獲得することによってナショナリティックな社会関係を作り上げる、共同体の結びつきを強める働きが「記憶」にはあるのではないか。では、「記憶」が何らかの社会関係、共同性を強める機能を持っていたと考えた場合、どういった「記憶」が人々の結びつきを強めるのか、あるいはどういった「記憶」が人々の関係を結びつけないのかということは、この戦死者の問題を考える場合、大事になってくるのではないか、これは具体的なコンテクストにおいてどうなのか。例えば、藤田さんの報告であれば、今日は賀茂宮司の言説ということに限定されましたから、靖國の社会化の議論に関しては私は問いませんでしたが、今後、その点をお聞きしたいと思っています。皆さんが「記憶」の機能ということをどう考えるかということを、お聞きできればと思います。

三点目は最後に西村さんにリプライしていただきました、「慰霊」「顕彰」の近代性・前近代性の話ですが、もう一つ付け加えると、「慰霊」「顕彰」の現代性ということになるのではないか。現代をいつからと考えるかは、日本の現代史を考える上で大きな問題となりますが、例えば一九四五年の終戦を契機として、戦争体験が風化する過程が顕在化していきます。また、日本の祖先祭祀の問題を考える場合、一九五〇年代半ばから七〇年代初頭の高度経済成長期が日本社会の大きな転換期だったわけですから、終戦を経て、高度経済成長期以降の現代的な状況における「慰霊」「顕彰」のあり方というのは、やはり、それ以前の近代の「慰霊」「顕彰」のありかたとは違っていただろうし、現在の「慰霊」「顕彰」のあり方が、前近代の「慰霊」「顕彰」のあり方、実践と、どのような関係があるのかという点も、非常に大きなテーマとなるのではないかと思いました。以上三点、三人のリプライをお聞きした上で考えました。

「記憶」の機能と「慰霊」「顕彰」

中山 ありがとうございました。以上、大谷先生の方からは、先ず「慰霊」と「顕彰」の関係をどう考えるのか、次に「記憶」の機能の問題、そして「慰霊」「顕彰」の現代性の問題という三点について問いかけがございましたが、時間の関係もありますので、この中でも先ず「記憶」の問題につきまして、大谷先生からの問いかけに対して、一言ずつ報告者の方からコメントいただければと思います。

藤田 「記憶」の機能ということですが、どういう風にお答えすればいいか悩むわけなんですけれども、一つは今日紹介しました、招魂祭におけるそれ。神式・仏式問わず、どのような形でも、祭文なり、あるいは仏教式においても、結局は同じような戦歿者・戦死者の顕彰的な部分、あるいはそれを悼む部分、そして慰霊に向かうということで、実際上は同じなんですけれども、考え方においては、仏教式においても靖國神社の「英霊」というものを意識しないといけないという状況があって、それを踏まえながら、その中の霊魂が「英霊」になっているにも拘らず、何故か一部の霊魂は阿弥陀様に、というような方向性、言説があったりしますけれども。それは「記憶」の問題とは外れるかもしれませんが、その中の「顕彰」部分であるとか、戦歿者それぞれの霊魂がどこでどのように亡くなったとか、あるいは公葬のことでも祝詞でもですね、どこでどういう風になったとか、戦歿者の「記憶」というものが、そういったお祭りの中である程度共有されるのではないかと。ただ、招魂祭については、特に軍のものですけれども、かなり祝祭的な面が強くて、それがどこまで「記憶」の共有になったのかという問題がありますけれども、そのへんはある程度の規模、公葬であれば、ある程度の地域の人々が集まれば、この辺に住むこういう人が、あの辺りで亡くなって、といった「記憶」が共有されて、また次の招魂祭であるとか公葬に繋がっていったという風な。あまり答えになってないですけれども、このような答えにしておきます。

粟津　「記憶」の問題なんですが、一つは、ここで「記憶」というのは、発表の中、あるいはこのシンポジウムの趣旨にもあるように、死者自体は語ることは出来ませんから、やはり生者が死者を巡って、様々な行為をする。そういう意味で、一つは生者が生者側の問題、「死者に会いたい」というですね、希望させるものとして、それが「記憶」という風に語られる。もう一つは、社会学を専攻しているもので、どうしてもそういう発想になってしまうんですけれども、様々な個々の行為というのは、時間も空間も共有していない別々のものから、時間や空間を部分的に共有するもの、時間と空間を共有するという。これは、ウォーナーがアメリカのメモリアル・デイという南北戦争に始まって戦死者を追悼する休日ですね、その慰霊の当日のパレードが最後に共同墓地に行くシークエンスとしてそういう使い方をする。個々別々のものが、最終的には一箇所に集まる。そういう意味では彼はネイションといっていますけれども、そういう国家レベルの方向を最終的には可能にしている。そういった場として彼は考えています。私の「記憶」の機能というよりも「効果」、それはこの二つが回答できることです。

西村　私の方からは二点だけ述べたいと思います。一つ目は「形式が記憶を作る」側面もあるんではないかということに関してですが、まず、私が扱っている実例というのが戦後の話、とくに原爆が落ちた一九四五年、昭和二十年から六十年間くらいのタイムスパンを視野に入れていますので、三つ目の現代性というのとも関わる問題です。風化ということと絡んで、それを体験した人、あるいは死者の身近な人の持っている記憶、要はその「記憶」の内容ですね、それが要は時間の流れと共に風化していくというような「記憶」のイメージがあります。そこで「形式が記憶を作る」というところで、「顕彰」の問題をどう考えるか。それを体験していない人間がそこで記憶されているものを、パソコンからメモリーで記憶のデータを移すようには移っていかないものですから、いくら体験を語られても、体験してない人間はそれを想像するしかない。このへんは私自身、具体的には作業が出来ていないんですが、恐らく体験した人間と非体験者との隔たりというのは、これは宗教体験の言説の議論と繋がるんではないだろうか、神秘主義的体験でもいいんですが、宗教体験が言説化されて、それを皆で共有していく、これとパラレルなものとして考えなくてはいけないと、あくまでも今の段階では思います。ここで重要なのは、何が記憶されるべきなのか、これはその時代の社会のコンテクストによって変わってもいくし、あるいは一旦忘却されていたものが新たに記憶されるべきものとして浮かび上がってくる。これと二つ目の答えが繋がりますが、先程の粟津さんの御発表にありました、オーリックの「記憶実践」という概念は非常に示唆的な概念で、拙著の中で「記憶」というものを考えようとした際に気になったことは、データとしての記憶といいますか、現在の「記録」ですね、「レコード」という意味でデータとして記憶というものも捉える傾向が強いんではないかということでした。最近なら脳のトレーニングとかありますが、だんだんデータが無くなっていきますんで、そういう記憶というのはそういう側面だけではなくて、要は時とともに失われていくもの、あるいは内容があって記憶された時点が百で、それから段々少なくなっていく。そういうものだけじゃなくて、むしろ「記憶」というものは、「行為を促す」ものでもあるのではないかということで、「パフォーマティブな記憶」、「行為遂行的な記憶」という概念を提出して考えたことがあります。恐らく戦後の話、風化の話や「慰霊」の現在形の話、あるいは「顕彰」という問題とも関わると思うのですけれども、「記憶」というものが、人々に単に記憶することを促すだけではなくて、なにか別の行為を促すのではないか。命令をしたり呼びかけたり、死者が生者に呼びかけたりですね、こういうものを捉えていく必要があるのではないかと考えます。私自身は宗教学をやっていますので、宗教学の今までの研究蓄積をそういう風に活かして行けるのではないかと現時点で考えております。

招魂社制度の展開と人神祭祀の歴史

中山　どうもありがとうございました。以上の報告者の皆様方からのお話、さらに大谷先生からの問いかけなどをもとにした上で、フロアの方に議論を開いていきたいと思います。時間もあまりございませんので、集約した形で行ないたいと思いますので、とくに大谷先生の方から出ました、「慰霊」と「顕彰」の関係性をどう考えるのか、という問題、今、皆様方からお聞きしました「記憶」の問題、そしてさらに「慰霊」「顕彰」の現代性の問題など、主にこのへんに的を絞っていければと思います。同時にこれらについて話し合う過程で、先程、西村先生の報告にありました、「シズメ」と「フルイ」という概念というようなものが、果たして「慰霊」と「追悼」についての研究に対してどのような有効性があるのか、ということや、粟津先生の報告にありました、図表で示して頂きました概念をどのような形で切り口を作っていくのか、などの議論にもひろげていければと思います。それでは質疑のある方、いらっしゃいましたら挙手の上、所属と氏名を名乗って御質問をお願い致します。

藤本　神社本庁教学研究所の藤本（頼生）です。本日は、「慰霊」と「顕彰」ということについて、歴史的な、近代におけるものを明らかにしていただいたという風に思います。それぞれの御発表が、神社、忠魂碑、「シズメ」と「フルイ」ということでですね、その接点をどのように片付けるのかというところで、大谷さんがうまくそのへん議論を整理していただいたもんですから、補足ということですね。一つは制度的な面で、やはり「記憶」という問題に関わることでありますけれども、やはり今回の問題では前近代の部分ですね、なかなか触れられなかった部分であると思いますし、近代日本における「顕彰」「追悼」ということだと思いますけれども、やはりそこで欠けている視点というのは、西村さんのいわれる「シズメ」と「フルイ」ということだと思うのですけれども、西村先生も後のリプライで仰しゃっているように、「祟る」ということがですね、一つ欠けている視点でないのかなと思いました。

その中で前近代に戻っていくんですが、「御霊信仰」の問題であったりとか、「義民信仰」ですね、義人に対する神社の問題、それはやはり「記憶」という問題に関わってきますし、やはり戦争体験をされた方に聞きますと、必ず出てくるのは、悪いイメージ、思い出に関しては思い出したくも無いし喋りたくもない。また、ある程度ですけれども、いい思い出なら同じ戦争の体験でも話をしたくなるけれども、実は辛かった経験だとか思い出したくない経験は「記憶」としては出したくないという。そういうことが、一つ、重要な問題であるとしたら、義人をやはり神に祀るという、神社にするという例もありますし、それも顕彰していくということに繋がっていくんだろうなと思いました。

そこで、一つ藤田さんに補足を頂きたいなと思ったのは、招魂社の整理の問題でですね、やはり統一的なヒエラルキーのもとに云々、というのを大谷さんが質問されておったんですが、近代日本の地方における招魂社の成立と、中央における東京招魂社・靖國神社の成立というのが、それぞれ違うんじゃないかなという部分もありますし、内務省、また陸海軍省のお宮としての、護国神社、靖國神社という問題とを、それぞれが別々で出来ているということも含めて、少し補足をいただければ皆さんの理解に役立つんじゃないかと思いましたので、あくまで統一的にそれがやられようとしていたのか、そうでないのかという部分、少し補足をいただければと思います。

中山　藤田先生お願い致します。

藤田　招魂社については、今回は触れなかったというか、招魂祭と招魂社は非常に関わってくるんですが、それは特に明治の初年に関わってきますけれども、地域的な部分で、京都の霊山《りょうぜん》でありますと、維新の志士が中心でありますし、ただ、その霊山にしても、これは白川哲夫さんがもうかなり研究をやられておりまして、いわゆる靖國神社のヒエラルキーのもとに招魂社が設定されたんではない、というようなことをやっておられます。簡単に言いますと、明治元年というか慶応四年の二つの布告で招魂社というのが様々各地に出来まして、それを藩で運営していたものが、廃藩置県によって結局拠り所を無くしていく中で、国家がですね、ほんの少しでありますけれども援助をしていくわけなんですが、これが官祭の招魂社であったりしますけれども。そういった色んな歴史をやっているときりが無いのですが、ただ、そういった招魂社が全国にあって、ある程度ですね、国家が数を制限していく。

これは何もヒエラルキーを作っていくというのではなくて、どんどん招魂場や招魂社ができてくる。それはある程度できてきても、それが結局成り立たない、藩が運営していたものができなくなるという状況が、廃藩置県後あるように、実際かなり色々な整備もしたものの、昭和の初年に至りましても、結局は京都の霊山護国神社にしましても、荒廃とまでは行きませんけれども、発展したものではなかったと。そういう状況を変えようということで、また地域の人達が、改めてその時期にですね、どんどん各地で招魂社と靖國神社、靖國神社があるのである程度招魂社につなげて行きたい、という下からの意識がですね、国の中でももう一度整理し直そうという動きとして護国神社制度につながっていく。また、昭和十四年になりますけれども、その時期にそういった整備をしていく、という展開がありますので。白川さんは、そういった動きを国家が受け入れて、最後にはヒエラルキーそのものになったという理解をされていますが、なかなかそういうものではなくて、実際上は、祭神の問題とか、細かいところはありますけれども、それらが直結して統一的な慰霊形態というものを国家が作ろうとしたというわけではない、と思います。

あと、「系譜的な理解」で本当は色々と申し上げたいんですけれども、特に神社、靖國神社という形態におきまして、やはり他の招魂祭であればいちいち魂を呼び寄せてそこで、というのを、（霊魂を）固定化する場所として神社を設けていくという流れがあると思うんですけれども、そういったものとは別の、「慰霊」という観念というよりも、靖國神社そのものの、人の霊というものを祀っていくという、それこそ系譜的な理解が必要です。ですから「慰霊」という議論でいくと、今日は、殆どそういったことは出てこなかったのですけれども、人を神に祀っていくという歴史というもの、「御霊信仰」を含めまして、それをどう考えるのか、というところの視点が、それこそかなり遡っていろんな点からできる。

藤田大誠氏

「御霊信仰」にしても、近世においてはほとんど無いというのは、豊臣秀吉の豊国社に対しても徳川家康がすぐ弾圧してしまうという状況は、かなり御霊信仰から遠い問題であると思いますし。近世の中の義民信仰にしたって、御霊信仰と繋がるものもある程度意識としてはある。流れとしては全く途切れていないというものはありますが。明治に入っても例えば鎌倉宮。護良親王、後醍醐天皇の皇子を祀ったお宮ですが、この皇子を祀る時は「荒御魂を和める」というような文言が出てくる。ただ、ほとんどそういったお宮は明治初年にはなくて、靖國神社も招魂社もそういったものは出てこないですし、やはりそういった意識というものを、人を祀る、或は実在していた天皇、皇族を祀ることでもいいんですけれども、そういった歴史的な流れというのを、神道史の立場から言うと、そのへんからやっていかないと、なかなか「慰霊」とか「顕彰」とかという枠組だけでは、靖國神社とか「招魂」といった問題は捉えきれない。西村さんの議論の「シズメ」と「フルイ」にしましても、タマシズメとかタマフルイ、ミタマフリとかですね、そういったことを近世の国学者、伴信友であるとか、研究していると。そのへんをどう見るのか。「招魂」という言葉も陰陽道系の言葉だといいますけれども、果してそれが、名称は残ったけれども、全く違うものなのか、ということがあまり研究されてないと思います。あんまり広げると、たいへんですので。ちょっと、問題意識としてはそのへんがあります。

近代神道における慰霊の意味と死者の人称認識

中山　ありがとうございます。では次に行きたいと思います。

田中　神戸大学の田中（悟）と申します。二点ばかり質問したいと思います。一つ目は藤田さんに。これは阪本是丸先生や菅浩二さんの本を読んでいて思ったことなんですが、「国家神道」においては、神道というもの、神道サイドにどのくらい何かを決定する機会があったのだろうかというのを、ちょっと疑問に思っているところがありまして。国家が本体であって、神道が尻尾にあたるような、尻尾が軽々しく振れないという風な状態なのかな、というのを今日の発表で思いまして。というのは賀茂宮司の言説であるとか、公葬運動、国葬国式の運動というのを見ていって、これは、恐らく現状はそうでないから、こういうことをすべきである、と主張している、ということだと思うんですね。実際これが実現することなく敗戦を迎え、阪本先生や菅先生も書いているように、最後は神道人の運動が行政に押さえつけられてしまうというストーリーがわりとあると思うんですが、仮にそうだとしたら、近代神道において「慰霊」「顕彰」の意味というものを探求するということに、どれだけの意味を、意義を見出し得るのか。実際それはあったけれども取り上げられず、有効では無かったということであれば、意味が無いんじゃないかといわれてしまってもおかしくない。そうじゃないとすればどういうところなのか、というのが一つです。

二つ目は、粟津先生・西村先生に併せてちょっと質問したいと思いますが、死者の「人称」の話と「政治」という問題なんですけれども、粟津先生の提起されていた死者の「人称」部分、それを読んでいて混乱した部分があるんですね。というのは、ぼくらだとジャンケレヴィッチだとかヤスパースなんか読みながら、自分なりにまとめた「人称」認識でいうと、一人称とは私の死であって、それじゃあ経験できないから、親しい人の死を経験することによって自分の死をも想像する、というような形で、一人称と二人称の死、普通にヤスパースが書いていています。これは末木（文美士）先生とかが言っていることだと思うんですけれども。で、二人称の死というのはそういう意味では弔いとか、それこそ「慰霊」とか「顕彰」の場で扱われる死っていうのが二人称の死であって、それを併せて、私たち共同体の、一人称の、複数の死というのが想像される。そういう意味でいうと、三人称の死はその場に入ってこない死。だから「慰霊」にも「顕彰」にも入ってこない死のことを普通三人称の死というんじゃないか、と私は思っていたんですが。むしろ二人称の死と、三人称の死を区分するものとして境界線を引くというのが政治の動きであって、ナショナリズムであれば靖國神社でだれが合祀されるか、されないか、とか、ぼくが会津だったら会津は合祀されていないからそれを何とか入れようとする運動が働く、ということから、「慰霊」と「顕彰」における「政治」っていうのを僕は理解していたんですね。だから僕の「政治」の理解は結構偏っているんで

すけれども、カール・シュミットなんかの「政治」の概念とほとんど重なるんですけれども、そういう理解をしている中で、聞いているうちちょっと混乱してきましてですね。で、粟津先生に質問したいのは、僕が言っているような「人称」区分とレジュメに出てくる一人称、二人称、三人称の死というのは、それこそフェーズが違う別のことを言っているのか、それともなんか、通じるところがあるのだろうか。というのはちょっと疑問に思っているのですが、僕は一人称、二人称、三人称と分けるのは、各フェーズごとにしていて、「人称」区分の重層性というのが積み上げられるんではないかと思うのですが、その理解で違うのか、僕が間違っているのか、教えていただきたい。

それからもう一つ簡単に、一言だけですけれども、西村先生には、「政治的なレベルを云々」、というのが最後にあったので、「政治」というところで何を意味しようとしていたのか、ちょっと僕の考えているところと違うので、もしあれば教えていただきたい。以上です。

中山　ありがとうございます。それでは時間も押しておりますので、端的に、わかりやすくお答えいただきたいと思います。

藤田　仰しゃったようなことで、神道サイドの決定権というか、神祇院を神道サイドとして入れたとしても、現実には入らないと思うんですけれども。官僚というか。ただ、今までは、そういった人々が「無気力」だと。葦津珍彦先生(の説)にしてもそうですが。菅浩二さんなんかは、それに対して、そういう風に言うけれども、「葦津先生の話であっても、もうすでにそれはもう歴史的な言説じゃないの」と言われてですね、そうすると何なのか。神道人達が「無力」と言いますか、より一層力が無かったのか。確かにその神祇官の興復運動とか色々やりますけれども、意見が統一されないという事態が、色んな問題でありまして。詳しくここでは述べませんけれども、そういった状態。ただ、今回も取り上げましたように、明治の十五年に出した、内務省のたかが達《たっし》による神職の葬儀不関与という問題が、神祇院の中の、かなり考証的にできる人々が真剣に考えて、それを何とかしたいという風にして、通牒案というものを作ったにも拘らず実現しないという、神祇院とか内務省の「神社非宗教論」というもの自体の、逆に根強さというものが、すごく感じられるというか。単に「無気力」というよりも、逆にこだわりというかですね、神祇院そのものだけではなくて国家の、ある程度そういった神道に対する見方というのが、「非宗教論」というのを貫徹しないといけなかった、ということが、ちょっと感じたところで。そうすると、民間からいくとですね、非常に激しくなって行くように見えるけれども、国家はそこまで行かない。教育の分野であるとかそういうところでのイデオロギー注入という方が非常に大きいという風に思っております。

あと、近代神道としての慰霊の意味というのもこれも大きいテーマでありますんで、たいへんなんですけれども、さっき申し上げましたように、「慰霊」というのもあるんですが、もともと靖國神社にしても、幕末維新期、近代国民国家を作っていくために志士達が、ある程度身近、或は同じ志を持った人々を祀っていく、ということから始まって、それが大きな内戦を徐々に積み重ねて、日清戦争、日露戦争という風に、戦歿者というものも、また性質も変わっていきますし、それがある程度一緒になっていくというのが、明治の段階でそういった方針になりますけれども。実際は明治十六年から、靖國神社にはもともとは戦歿者しか祀っていませんでしたけれども、そういった志士（国事殉難者）の武市半平太とか高知の人々から祀って行く、というようなこともありますんで、そういった「初志」と近代的な戦争の問題に関して、神道、というよりも神社がですね、「人の霊を祀っていく」という流れにおいて、その中で大規模な戦争というものをどう位置付けるのか。戦争という社会的な背景の中で、靖國神社とか、或は地域でいくと招魂社というのが形になったんではないかと。ちょっとあまり答えが明確ではありませんが、そのように今考えた次第です。以上です。

粟津　死の人称性と「政治」の問題なんですけれども、これはですね、確かに私もちょっと誤解を招く、と思っておりまして、基本的には、西村さんの著書に私は基づいて書いています。そこでは、死の主題化される場面を、イエ、ムラ、クニという、これは田中丸（勝彦）さんの三項で考えている。また同時に、ウチとソトというのは、非常に可変的だということです。そういう意味では、私が使っているものはヤスパースやカール・シュミット等のような哲学的にしっかりしたものではない、ということがあります。それから、「政治」の問題なんですが、二人称の死であってもそれがやはり政治性を帯びる。これは、やはり共同体レベルの中での死は、非常にポリティカルな問題になってくるのではないかという風に思います。

西村　私の方には「政治」ということについての御質問でした。私がここで使っている「政治」というのは、生きている人間同士の交渉、ないしは駆け引きという意味合い以上のことは含めていません。それで「最後のところで」と仰しゃったので、報告の最後に申し上げた「政治的レベルで顕彰か追悼か云々」、というところは、表現として的確ではなかったと思います。むしろ、言論レベルでというような意味合いで使いたかったというところなので、これについては、そういった意味合いで理解していただければと思います。

それで時間がないと思うのですけれども、「人称」のことで私の議論を引いて頂いてのことなので、一言だけ申し上げさせていただきます。私の場合、一人称二人称の理解が少し違っていまして、やはり二人称（の死）というものは「非常に親しいものの死」という意味合いで使っています。これは私自身がこの概念を捉えるときには、ヤスパースではなくジャンケレヴィッチの議論とともにとフィリップ・アリエスの議論から「己の死」「汝の死」という概念を参考にしました。それで脇本平也先生が『死の比較宗教学』という本でそれを比較宗教的な概念として捉え直し、さらに、「社会成員の死」というのを付け加えられています。やはり二人称の死と三人称の死の間のせめぎ合いの問題になってくると思います。ジャンケレヴィッチの場合、またはノンフィクション作家の柳田邦男さんの場合には、三人称の死とは、非常に客観的な、何の感情も起こさない、冷たい死、昔の医者が患者の体、つまり遺体を見るような類のものです。しかし、「慰霊」の場というのは、そういう二人称的ではない三人称の死に対して何らかの感情が起こされることがある。本来は、日常生活の延長上では、私のような九州の人間が関東の人の死を悼むかという と、直接的には、何か生前のつながりが無ければ本来ないわけなんですけれども。それが戦没者なり、戦後の原爆なり空襲なりの「慰霊」という場では問題になってくる。そのへんの二人称と三人称の関わりを何とか問題にしたかったということです。

「慰霊」を記述概念として用いるべきか

中山 以上でよろしゅうございますか。その他の質問はございませんか。

土居 ものつくり大学の土居（浩）と申します。発表者とコメンテーターと立場が違って、民俗学とか地理学の方をやっておりますので、その関係で教えていただきたいのですが、今回は「慰霊」と「顕彰」というキーワードでなされて、コメンテーターも記述概念として使えるのかどうか、というような振りをなさっていたんですが、発表者の皆さんがそれに対してお答えになっているとは私、聞こえなかったので、端的に。西村さんは確認になると思うんですけれども、例えば栗津さんなどは「記憶」という概念をキーワードとして使われていたのですが、この「記憶」についても、例えば去年の夏でしたか、麻生太郎さんなんかは、「靖國神社は、骨は無くてあそこにあるのは集合記憶だ」みたいなことを発言したりするわけで、世間が追いつくと言うか、すぐさまその、学者の使っている概念（を用いる）というか、なかなかその、扱いづらい。今後私たちが学術交流を続けていく上で、史料用語として、とか、フォークタームとして「慰霊」があるよ、とかなら仕方ないと思いますが、コメンテーターの大谷さんが言われたような、記述概念、分析概念としてこれを使うべきか、避けた方がいいのか、「シズメ」と「フルイ」の方がいいのか、そこらへんのことを一言ずつお願いしたいと思います。

中山　お願いします。

藤田　私の立場と言いますか、今回のアプローチからしても、神道、神社でそういった戦没者をどういう風に祀って行くのかという話になりますと、先程から申し上げていますけれども、人を祀る、「人の霊を祀る」ということを、系譜的な理解というか、歴史的なものの中で考えられるんではないかと、私自身は思っておりますが。それが仏教的なもの、例えば靖國神社に対して、近代からになりますけれども、長野県の善光寺の忠霊殿であるとか、あれは骨、遺骨が祀られていますが、初めは日露戦争以降でしたが、（靖國神社と同様に）維新期まで遡って祀っていくということが行なわれていくということで、その担い手にしても靖國神社問題でかなり活躍した、（戦中は）大東亜相、あるいは戦後は参議院議員であった、青木一男が中心となってやっていたりすると。そういったことをどういう風に考えるのかという時に、やはり「慰霊」の問題で考えないと難しいなという風に思っております。

神道史一辺倒ですと「慰霊」に触れなくてもいい、というのは、逆にいうと、近代の神道史を語る場合に、別段、靖國神社というものを、島薗（進）先生とか大谷さんがいう、私はそうは思っていませんが、「狭義の国家神道」。私はレッテルだと思っているんですけれども。そうだとしましたら、なかなか靖國神社と交錯するところが無くなってくる、というような状況がありますので、靖國神社を中心に仏教とか他宗教のこととかを考えていくと、「戦歿者慰霊」という概念で、接点は靖國神社とか、招魂社のところで出てくるという風に思っています。答えになっていませんかもしれませんけれども、以上のように考えています。

粟津　私は「慰霊」という概念は、やはり記述概念として使うべきだと考えます。それは、土居さんが仰しゃったように、一つは実際にそれが使われているというのもありますけれども、しかし、特に、先程の「人称」の話で言うと、より近親者、近ければ近いほど、それは宗教的なものがやはり入るのではなかろうかと思います。それは単に社会学、宗教社会学だけではなくて、社会心理学などでも、そうした「喪失の体験」による、そのあり方は、霊魂観が云々、という文化的な違いというものがありましても、やはりそれは記述概念としては手放さないほうがいいんじゃないかなと思っております。そして分析概念としては、私はこの問題を「記憶行為」あるいは「記憶実践」という形で用いておりまして、また「顕彰」ということに関しても同様に、記述概念あるいはそうした行為を記述する概念だとして、やはり持っておくべきだろうと思います。

西村　私もほとんど粟津さんと同じような回答になってしまうのですが、「シズメ」と「フルイ」で行くのか、みたいな問いかけがありましたけども、あくまでも「シズメ」と「フルイ」は私の本のなかではサブタイトルでして、メインタイトルは「戦争死者慰霊」なんですね。先程大谷さんからもありましたが、私の場合「慰霊」という概念をかなり広く取っています。慰霊祭をはじめとして、公葬とかですね、戦争死者の霊を慰める行為に関わる現象を全体的に捉える概念として、「慰霊」というのはやはり便利な言葉です。これに「追悼」で代えられるかというと、やっぱり「追悼」では代えられない含みというものを「慰霊」というものは持っていますので、記述概念としてはやはりこれはまだまだ有効性があるだろうと思います。で、今後の議論の展開、これは私自身の、ということではなくて、議論されるべきこととしては、大分最近、「慰霊」や「供養」や「鎮魂」、色んな言葉、「顕彰」を含めて、学問的に検討が進んでいますけれども、まだ、これを踏まえて、先ほど新谷尚紀先生の辞書項目もありましたけれども、まだコンセンサスは取れていない段階だと思いますので、これは今後詰めていくべき問題だと思います。辞書レベルである必要はないんですが、概念をきっちりと、先程「追悼」がいつから始まったのかというのも含めて、もっと詰めていった上で、それを前提としてお互いにまだ議論をさらに発展させていく必要があるんではないかという風に考えています。「シズメ」と「フルイ」に関しては、あくまでも「慰霊」や「追悼」、「顕彰」、色んなことで語られているものをメタレベルで見てみると、どういう風に斬ることができるか、という一つの試みとして理解していただければと思います。

中山　ありがとうございました。では、ちょっと時間の方もございませんが、最後にどなたか、これは御質問しておきたい、確認しておきたいという方、いらっしゃいましたら挙手お願いします。

「慰霊」概念の設定で得られる議論の場

高森　國學院大學の高森（明勅）と申します。今日は大変聞き応えのある御発表を聞かせていただきました、また、コメンテーターの非常に鋭利な分析にも感服を致しました。最後に「記憶」というキーワード、そして「顕彰」と「慰霊」ということに絞ってのフロアでの議論ということでしたので、三人の先生方それぞれの考えを聞きたいと思っております。まず西村先生の今の議論にも関わるんですけれども、先生が提起されました「フルイ」と「シズメ」という概念。メタレベルでの分析の為に持ち出してきたというお話でございました。「慰霊」に「フルイ」と「シズメ」という二つの側面があるというお話ですが、この点と、先生が最後に締め括りで触れられた、「慰霊」における顕彰的側面と哀悼的側面という、この「顕彰」「哀悼」というものと、触れられた「フルイ」と「シズメ」との関係ですね、その点について特に「哀悼」と「追悼」という大谷先生からの質問がありまして、お答えとしては「哀悼」は心意・感情であり、それを表出したものが「追悼」であるというような御説明であったかと思います。そうした場合、「追悼」と「慰霊」というものが、いわば別の範疇として対比を出されておられる。そういう死者との関係において、切り離された存在としての死者と向かい合うのが「追悼」であると、それに対して「慰霊」の場合はコミュニケーションというものを前提にした概念であるということでございましたので、その場合、「慰霊」における哀悼的側面、といった場合、それをどう考えればいいのかということでございます。しかも「哀悼」ということと、例えば「シズメ」というものが繋がってくるのかどうか。また、「シズメ」は切断をする、というお話ですから、そうするとそれは「追悼」という行為と近づいてくるのかどうか、このあたりの整理を一つお願いをしたいと思いました。

高森明勅氏

それから粟津先生につきましては、「記憶」というキーワードを答えていただいておりまして、そのキーワードを具体的に深めていく素材として忠霊塔というのが出され、その忠霊塔の性格についてちょっとお尋ねをしたいんですが、両方といいますか、言説レベルでの分析ということで、「十万の血によって購われた聖地としての植民地」という、植民地支配を正当化するシンボルであるという側面を指摘頂いているわけです。これは昭和十五年に大体百八十あった満洲地域における慰霊施設の共通した性格として取り出すことができるのかどうか。また本来この忠霊塔が持っていたであろう「顕彰」という機能と、植民地支配正当化の一つのメディアとしての働きとの関係、さらには国内における忠霊塔との機能の関係においてはどうなっているのかな、という点が、ちょっと教えていただきたい点でございます。

それから藤田先生の最後の、靖國神社における慰霊の問題で、「人を神に祀る」

という点から、いわゆる「慰霊」論の文脈とはまた別の次元の話が出てくる。ある方がいうには、神として祀られた存在を祭祀する場合、これを「慰霊」という範疇で、靖國神社の祭祀を「慰霊」という範疇で括っていいのか、という、ある種、神道神学的な問題提起といいますか、捉え方もあります。もう「慰霊」の外にある行為ではないのか、というような議論についての関係でございます。以上でございます。

中山 それでは皆様、時間も押していますので、なるべく手短にお願いします。

西村 では私からお答えします。まず「顕彰」と「哀悼」、それと「フルイ」と「シズメ」の関係ということですけれども、ここでまず確認しておきたいのは、「顕彰」と「哀悼」というのは、私自身がそういう側面として考えているということではなくて、従来の、特に忠魂碑訴訟といった、そういったところでの言論の中で、「顕彰」という側面に対して批判的であったりするものに対して、果たしてそういう風に割り切れるのかということで、それがパラレルに「フルイ」が「顕彰」であり、「シズメ」が「哀悼」であるという形の認識ではありません。

二つ目の、切断されたらその結果、要は過去の存在ですね、「追悼」になるんではないかということですけれども、先程の祭神として祀られたら「慰霊」ではないんじゃないかということと関係するんだと思うのですけれども、「シズメ」の行為というものは、鎮まってないからこそ鎮めるという側面があると思いますので、おそらく「慰霊」という場で、霊という存在を想定した上で、それを鎮めるという、鎮めるというのは、私の言葉で言うなら「シズメ」という行為がなされることは、完全に過去のものとして扱っているのではないと思います。非常に簡潔ですがこれで終わりにします。

粟津 御質問ありがとうございました。忠霊塔の性格についての御質問であると思います。まず外地に作られた百七十幾つというものはですね、忠霊塔のみではないです。大小様々と書きましたが、例えば戦地に作られた、そこで死んだ兵士の小さな碑であるとか、そういうものも含めたものです。先程の小さいものはむしろ戦跡にあったお墓のようなニュアンスが強いものだと思います。ですが、各都市の中心というか、忠霊顕彰会が推進したといわれる巨大なものに関しては、これは、それとは性格が異なるものであり、やはり「顕彰」であるとか、戦役で亡くなった兵士のため、というだけではなくて、勿論それもあるんですが、やはり巨大な集合的なものであったと考えています。

また、その中の言説などで出てくるのは、御霊はやはり靖國にあるという考え方です。ただ、実際に遺族がどう考えていたのかというところまでは把握できておりませんので、あくまでこれは推進する側の言説理解です。また、国内にもつくろうとしていた各市町村の忠霊塔でございますが、これはやはり非常に顕彰的な性格が強い。なぜならこれは戦役ごとの、それまで例えば「日露戦争忠魂碑」というような記念碑でありましたが、そうではなく、全てをまとめて、明治以降の全てをそこに納める。それを今後ずっと永久に祀る。そういう目的を持っていたわけです。これにつきまして、私もこれまでのいくつかそれの建設希望届けを内務省に出したものなどを見ていますが、ただ、そこにある論理が果たして遺族の本音であるのか、多くが在郷軍人会が主体になっており、かなりその忠霊顕彰会の論理が前面に出ているかたちだと思われます。

藤田 先程のお話にも繋がるんですけれども、「慰霊」あるいは「追悼」であったり、「顕彰」、特に「慰霊」という言葉の中で靖國神社の問題を語れるのかどうかということについては、先程の神道史という文脈から言うと、逆に「慰霊」という意味をどのように捉えるのかということが非常に難しいんです。祭文とかに出てくる、御霊を慰めるという意味は当然あるとは思うんですが、それだけでとどまっていない。確かに「顕彰」の部分は非常に大きいものがありますし、最終的には御霊を招き寄せて清めてお宮にお祀りをするというプロセスというのは、他にはないといいますか、先程の善光寺忠霊殿とは違います。「祀る」という言葉を使った時にやはり遺骨が有るのと無いのという問題がありますし、そういった意味ではやはり霊魂の問題として靖國神社そのものを捉えないといけないと思いますんで、そうすると、確かに非常に近いところで、墓の問題であるとかそういったものはあるんですが、それを無理矢理に位置付けるのはかなり難しい。招魂祭にしましても戦歿者、戦死者に対する生きている者の態度であるとか、姿勢というものをどういう風に表現するか、という中で、やはり私は「慰霊」とか「顕彰」「追悼」という行為が出てくるという風に思っているんです。その特に神社、あるいは神道的な理解では、近代の靖國神社、そういった「人を神に祀っていくという歴史」の中に位置付けられているんではないかと、思うんです。ただ、こういう貴重な場が設けられるというのは、やはり、「慰霊」というような概念をかなり広くとって、仏教者であれキリスト者であれ、色んな人たちの戦歿者に対する態度というものがある以上、それを神道の立場からどういう風に考えていくかという時に、やはり「慰霊」という概念をまず挙げて、その中で議論していくという、こういったことがあまり今まで無かったと思いますので、そういった意味では、「慰霊」という言葉をまず使って行くということは必要であると思っております。

中山　どうもありがとうございました。「フルイ」と「シズメ」というところでいえば、「フルイ」どころか、皆様方の議論に水をかけて「シズメ」てしまうのが私の役どころでございまして、議論も尽きないところではございますけれども、そろそろ会場の借用時間も迫っておりますので、皆様方の気持ちを静めていただければならない時間がやって参りました。本来でしたなら司会のほうから議論をまとめるのがシンポジウムの通例ではございますが、今日は時間もないので省かせていただきます。

ただ、一つ言えますのは、最近「慰霊」と「顕彰」の研究が高まってくる中で、これまで自明とされていた枠組や事実への疑問とか、問いかけというものが、若手・中堅研究者たちのなかにあり、それが「慰霊と顕彰の間」という今回のシンポジウムが成立する所以であったのではないかと思います。その上で、今回議論の中で出された、研究の枠組や概念をどうするか、そして記述の問題や歴史性との接合など、色々な疑問点やこれからの課題などがあると思います。つまりは、大枠での新しい研究というものを作り出していくための新しい枠組への問いかけということが、おそらく今回の報告者やコメンテーターの方々に共通している。そしてその中から、新しく色々な課題が出てきたと考えております。

報告者の皆様も、これからその新しい課題に向かいまして研究を積み重ねて行かれることと思いますし、國學院大學研究開発推進センターの「慰霊と追悼研究会」の方も、今までは、大学の中での会合を中心としていましたが、今後は、一般に開いた形で議論を行なっていければと考えています。そしてまた機会があれば、今日出ました様々な問題点、御意見等を含めたかたちで、再びこのような討議の場を持つことができれば、センターとして大変有難いと思っております。それでは、午後の一時から現在に至るまで、五時間近くになりましたが、どうも皆様方、長い間お疲れ様でした。そしてまた報告者の皆様、コメンテーターの大谷さん、どうもありがとうございました。

研究会

「靖國信仰の個人性」をめぐって

平成十八年十月七日
於　國學院大學

靖國信仰の個人性

池上良正

一　はじめに

本稿は、平成一八年三月に刊行された駒澤大学文化学教室の紀要『文化』第二四号に掲載された小論の再録である。この年の『文化』は、二八年の長きにわたって駒澤大学に奉職された洗建先生の定年退職にあたり、先生への感謝をこめた記念号とされていた。平成一一年四月から駒澤大学の文化学に所属し、日頃から先生のお世話になっていた筆者もまた、この機会をひとつの「ご縁」として、靖國神社をテーマにした論考を書いてみようと一念発起したのだった。周知のように洗先生は、宗教法の専門家として、「愛媛玉串料公金支出違憲住民訴訟」の最高裁判決に際して「鑑定意見書」(1)を提出されるなど、政教分離をめぐる近年の司法の判断に大きな影響を与えてこられた。昨今の靖國神社をめぐる一連の問題に関しても、「首相は靖國参拝すべきではない」という明確な立場を主張してこられた(2)。

筆者自身についていえば、とくに近年、みずからの研究テーマのひとつとして「死者供養の宗教学的研究」に取り組んできた。そこでは「民俗・民衆宗教研究」という視角から、日本の庶民層が身近な死者とどのようにつき合ってきたのか、という課題を追究するなかで、近代の戦死者慰霊の問題などにも関心を寄せてきた。しかし、靖國神社に関して専門的な研究を積み上げてきたわけではない。本論であつかう聴き取り調査にしても、個人的な関心にまかせて細々と行なったもので、専門の研究者という視点から「靖國問題」に対して責任ある評価をできる立場にはない。ここが新たな軍国化の拠点として利用されてほしくないといった一般的な願望はあり、個々の事案に関しても個人的な感想のようなものはあるが、未だ素人の見解の域を出ない。

靖國問題の難しさは、それが政治・外交・法律・経済・軍事・教育・宗教・歴史・文化など、多様な領域に関わり、しかも諸々の要素が複雑に絡み合っているため、ある論者がどのような立場から、どのような論拠によって語るかによって、文字通り無数の見解が生まれてしまうところにあろう。とはいえ、こうした「多様性」そのものは悪いことではない。筆者は立場上、この問題についても主として専攻分野である「宗教研究」の視角からアプローチすることになるが、たとえば靖國の本質は宗教施設か否か、靖國問題とは宗教問題なのかどうかという出発点において、すでに議論はわかれるであろう。だが、近代以降にはじめて普通名詞化されたにすぎない「宗教」なる事象について、意見の対立が生まれるのは、むしろ社会の健全性の証しでもある。帝国主義的な軍事政権下であれ、共産主義を標榜する独裁政権下であれ、ほぼすべての国民が「宗教」をめぐる公式見解や主張で一致するといった全体主義的状況こそ、危険な時代というべきである。

とすれば、現在のように靖國の閣僚参拝などをめぐって世論も司法も賛否が拮抗し、どちらの意見もほぼ「自由に」発言できるという状態は、むしろ好ましいことではないか。研究者としては、陣営のいずれかに立って奮戦することの意義も大きいが、主要な責務は、賛否の議論や意見表明が自由にできるということの現状を、できるかぎり先の時代まで引き延ばせるように、「多様な」観点や素材を明るみに出し続けていくことではないか、と考えている。

もとより、あらゆる言論活動は、好むと好まざるとにかかわらず「政治的」な意味を帯び、「政治的」文脈において評価されたり利用されたりする可能性をもつ。とりわけ昨今の社会状況のなかで靖國神社について多少とも真剣な発言をすれば、本人がいかに中立的スタンスをとろうとしても、一定の政治的論争や葛藤に巻き込まれることは避けられないだろう。この拙論もまた、本書に収録されることで、そこに何らかの政治的な臭いを嗅ぎ取りたがる人は多いと思う。それはそれで仕方のないことであるが、筆者個人としては、いわゆる護持派／反対派、右／左といった区分けをひとまず離れて、従来の靖國論で十分に論じられてこなかった部分に光を当てることによって、先に述べた議論の「多様性」を活性化させ、そこにさらなる幅が生み出されることを期待している。

本稿では、こうした視点から、これまであまり注目されることのなかった、一般信徒による靖國神社への関わり（あえて「靖國信仰」と概括する）の「個人性」という問題を、少しばかり考えてみたいと思う。

二　集団的特性

靖國信仰の「個人性」というテーマ設定には、どのような意味があるのだろうか。ここでの「個人性」とは、ほぼ字義の常識にしたがって「集団性」の対極語としておく。靖國信仰の特性が、総じて「集団性」に強く傾斜したものであることは、大方の論者によって認められてきた。本質論という話になると政治的立場が先行した理念論争に陥りやすいので、それは避けるとして、少なくとも歴史的過程をたどるならば、そもそもの創建の経緯からして、この神社の起源をなす官祭招魂社には、すでに強い集団性が具わっていた。

まずは、いわゆる官祭招魂社創設の直接的契機として注目されてきた、一八六八年五月一〇日付けの二つの太政官布告、「第三百八十五」および「第三百八十六」を見てみよう。(3) 一八六八年は九月に明治改元となった年だが、五月といえば、まだ国内は政情不安定な時期だった。前年の一〇月に徳川慶喜が大政奉還を上奏し、すでに王政復古の詔勅や、五箇条の御誓文は発布されていたものの、一月の鳥羽伏見の戦にはじまる戊辰戦争は継続中で、五月一五日に上野で繰り広げられた政府軍と彰義隊との交戦の直前期にあたる。東北地方では奥羽越列藩同盟が結成され、実質的な内戦状態は翌年五月の箱館陥落まで続いたのである。

太政官布告「第三百八十五」には、「癸丑以来唱義精忠天下ニ魁シテ国事ニ斃レ候諸士及草莽有志之輩冤枉罹禍者不少…皇運ヲ挽回セントノ至情ヨリ盡力スル處其志実ニ可嘉…依之其志操ヲ天下ニ表シ且忠魂ヲ被慰度今般東山之住域ニ祠宇ヲ設ケ右等之霊魂ヲ永ク合祀可被致旨被　仰出候…」とあって、幕末期の討幕運動で命を落とした志士たちの名誉を回復し、その魂を慰めることが明記されている。さらに「第三百八十六」では、「当春伏見戦争以来引続東征各地之討伐ニ於テ忠奮戦死候者…深ク不憫ニ被　思食候…此度東山ニ於テ新ニ一社ヲ御建立永ク其霊魂ヲ祭祀候様被　仰出候尚向後王事ニ身ヲ殲シ候輩速ニ合祀可被為在候間…」とあり、この年の一月に始まった戊辰戦争の官軍（西軍）戦死者の霊魂を祭祀すること、がうたわれていた。

この布告にもとづく祭祀は、同年七月一〇・一一日に京都の河東操練場において、新政府主催で挙行された。対象者は、癸丑以来（一八五三年、ペリー来航の年から）ではなく、戊午（一八五八年、日米修好通商条約の年）以降の者に変更され、諸官・一般人の参詣は推奨されたが、祭典は朝廷からの御下賜金で行なわれ、民間一般からの料物奉納などは禁止された(4)。つまり、あくまでも国家の行事であって、祭祀の中心的な担い手は天皇であることが強調されたのである。前面に打ち出されたのは、祭祀という行為がもつ「集団性」であり、具体的な個々の戦死者に対応するという意味での「個人性」は、意図的に抑えられていた。

この祭祀をふまえて、一八六九年（明治二）六月に、東京招魂社が九段坂上三番町通の歩兵屯所跡地に建てられる。

当初の候補地は上野の寛永寺の一画だったが、最終的に九段坂上が選ばれたという。同月二九日深夜には、「霊招」の式が行なわれた。一八七二年には陸軍省・海軍省の管轄に入る。一八七七年には西南戦争が起こり、戊辰の祭神（三千五百余）のほぼ倍にあたる六千九百余の官軍戦死者が合祀された。さらに一八七九年（明治一二）の太政官達において、東京招魂社は靖國神社と改称して別格官幣社に列するとされ、「靖國神社」の称号が正式に歴史に登場することになる。なお、各地の官祭招魂社は、明治九年までに全国で一〇五社にのぼり、その四分の三が明治元年から二年にかけて創立されたという。[5] これらの招魂社は、一九三九年（昭和一四）に護国神社と改称された。

靖國神社の祭神は、たしかに具体名をもった戦死者たちであったが、たとえば「英霊」という集合名詞によって、一体化されたイメージが強調されていった。それは発足当初から、たんに固有名詞をもった死者の無秩序な集合体ではなく、天皇のために忠死した志士や将兵たちを、天皇みずからの「聖旨」によって国家が祭祀するという意味づけを与えられ、その後の戦死者についても「合祀」という論理によって祭神と祭祀者の集団的一体性が保持された。第二次世界大戦以前の時期、戦死した息子にボタ餅をあげたいと社前に供えようとした母親が、「ここは畏れ多くも陛下がすべての英霊をお祀り下さる場所で、個人が勝手に供え物などしてはいけない」と叱られたといった話が、遺族の間にも語り伝えられていた。筆者にはこれらの逸話の信憑性を確かめることはできないが、ありうる話ではあろう。

現在の靖國神社の祭神は、二四六万六千余柱の戦没者とされ、本殿奥の奉安殿に納められた霊璽簿には、「命（みこと）」の称号を付したすべての「個人名」が記されている。一定の手続を経れば特定の祭神の所在を確認することはできるから、完全な非公開というわけではない。しかし、少なくとも一般参詣者が霊璽簿を直接目にする機会はなく、拝殿の前で対面するのは、一体化された「国家の英霊」というきわめて抽象度の高い集団的な祭神である。[6] しかも、この集団性は普遍主義的に、あるいは無秩序にどこまでも広がるような複数性ではない。それは日本という国家、より端的にいえば天皇を元首とした日本国家を明確に区分する堅い輪郭をもっていた。この輪郭によって戊辰戦争期の賊軍（東軍）将兵や、その後の対外戦争の敵国兵士、あるいは民間の戦災犠牲者が祀られることはなかった。一九六五年に世界各国の戦争死者の慰霊を目的に創建された鎮霊社という小祠も、現在では重要な位置づけを与えられているとはいいがたい。

首相や閣僚による参拝の「公私」の判別が難しいのも、この神社がもつ強い集団的性格に由来している。当人が「私的」参拝を強調し、「哀悼の誠を捧げる」（小泉純一郎氏の首相時代の発言）といった個人的心情に嘘はないとしても、国内外の反対者からは、国家の指導層や代表者がこの神社に参拝するという行為そのものが、すでに一定の政治的主張の表明や外交戦略の道具として解釈（利用）されるのは、この本来的な集団性が関わってくるからである。他方、いわゆる靖國護持派の人々にとっても、「私的参拝」は好ましいことではないとして批判の対象となる。首相は国家という集団の正式な代表者として英霊に向き合うべきだとされ、さらにいえば、彼ら（護持派の人たち）が最終的に望んでいるのは、天皇みずからが国民の祭主となって執行する親拝の復活である。つまり賛成派にとっても反対派にとっても、靖國神社の中核的な意義と機能（それゆえに反対派にとっては問題性）は、この神社が保持してきた強い「集団性」と、その輪郭の堅固さにある。

靖國神社の「集団性」を支えてきたのは、神道と総称される宗教が伝統的な礼拝技法としてきた「祭祀」であった。「神道」の起源と本質をどこに求めるかは、これまた議論百出の難問であるが、その中核に強い地縁・血縁共同体の信仰があり、祭祀という礼拝形態は基本的にこの共同体という集団性を基盤として営まれるものであったことに、大きな異論はないだろう。「祭祀（まつり）」は原則として集団的に実践される。あるいは集団の権威を体現した長（おさ）や代表者が祭主となってはじめて実現する。「個人的な祭り」といったものがまったく想定できないわけではないとしても、理念的モデルとしては、「祭祀」という実践に関わる個人とは、あくまでも一定の集団に内属する私、という自己同定を帯びやすい。たとえば「○○村（家）の一員である私」「日本という国家の一員である私」といった自己同定である。

靖國信仰を支える礼拝行為には、「祭祀」と並んで、「顕彰」という、もうひとつの重要な要素を指摘することができる。「顕彰」とは、来世に赴いた死者の安定化を主眼とする「祭祀」とは異なり、ひたすら故人の生前の徳を誇示し、栄誉を称えるという点で、現世への価値づけが高まる社会環境のなかで成長する。すでに多くの研究者によって指摘されているように、特定の死者をその祟りへの恐れを契機に祀るのではなく、もっぱら生前の功績によって神として祀るようになるのは、豊臣秀吉の豊国神社、徳川家康の東照宮の頃からで、近世の神道思想などの影響を受けて活発化するようになる。近世末から近代は、日本人が死者に向き合う態度のなかで「顕彰」の要素が肥大化し、社会の前面に広く顕在化した時代でもあった。「顕彰」は現世志向への道を開く一方で、やはり強い権威や権力をそなえた集団に支えられることによって機能するため、この点では「祭祀」がもっていた「集団性」をそのままのかたちで保持しやすい。

一八七八年（明治一一）には、陸軍省から靖國神社の社格を定めるよう上申がなされる。これが翌年の靖國神社への社名改称となる太政官達につながるわけだが、このとき「別格官幣社」という格付けの先例とされたのが、南朝の忠臣として神格化された楠正成・正行父子を祀った湊川神社のほか、日光東照宮、豊国神社、藤原氏の祖（鎌足）を祀った談山神社、和気清麻呂を祀った護王神社などであった。(7) いずれも「顕彰」という要素の濃厚な祭神であり、これが靖國信仰の基本的性格の一半を成す範型となったのである。

三　個人性を示す具体例

みてきたように、靖國信仰の中心には、祭祀であれ顕彰であれ、「集団性」という大きな特性が具わっている。もちろん、そこには「個人性」への契機がまったく欠けていたわけではない。そもそも社頭での日々の参拝風景をみれば、遺族をはじめ多くの一般参詣者が三々五々訪れては賽銭を投じて拝礼する姿があり、靖國信仰はまさしくこうした「個人的」関わりの集積のうえに成り立ってきた。その一方で、他の都市神社に比べると、各地の遺族会や戦友会、議員団などを単位とする集団参拝が目立つことも事実である。個人や家族が任意に参拝する場合でも、すでに述べたように、そこには「日本人である私」といった意識がともないやすく、それが賞賛を受けたり反発を招いたりする原因にもなる。今日、メディアを通して国の内外に発信され、賛否を問わず政治の場で論議される靖國信仰の姿は、とりわけその「集団的」な関わりに焦点が当てられている。

こうしたなかで、神社境内で日々営まれてきた信徒たちの実践を、やや冷静な視点から眺めなおしてみると、「個人性」が卓越するいくつかの営みに目が止まる。とくに終戦五〇年を迎えた一九九五年以降の時代に着目するとき、集団性をめぐる議論が深刻化する一方で、社会状況の大きな変化に再適応しつつ、一定の「個人性」を確保するかのような動向も見いだされる。以下では、とくに三つの具体的事例に注目してみたい。すなわち、（一）永代神楽祭、（二）花嫁人形の奉納、（三）遊就館での個人遺影の展示、である。

（一）永代神楽祭

集団的性格をめぐる議論が取り沙汰されることの多い靖國神社にあって、一年の三六五日間休むことなく、遺族が個別の死者と向き合う行事が続けられていることは、あまり知られていない。それが、戦没者の命日とされる日に遺族が参集して営まれる、永代神楽祭である。靖國における祭祀体系のなかでは、「遺族・崇敬者の申出により行なう恒例特殊祭」のひとつに位置づけられている。(8)「永代神楽」という名称は、やや奇異な響きをもつ。仏教寺院であれば「祥月命日」の「永代供養」などの表現は広く聞かれるが、神社信仰には馴染みが薄い。これも靖國神社が一般庶民の死者を祀るという特殊な事情に由来するからといえる。

この祭儀の始まりは、終戦から五年後の一九五〇年である。神社の記録によれば、「昭和二十五年十月一日、永代神楽の制度を設け、遺族ならびに関係者の申出により、御祭神の命日または希望の日時を選んで、神前において御神楽を奉奏して御祭神をお慰め申上げ、当日を恒例として永く祭典を行なうことを定めた」とあり、同月二五日に荒川区三河島町の丸山はつという女性の申し出によって、レイテ沖で戦死した丸山春雄命と、満州で戦病死した丸山國治命のために、最初の永代神楽が行なわれたという。(9)「権宮司、古河主典、山本・北澤両宮掌、田邊・深澤両仕女奉仕」とある。制度化がなされて申し出があったという書き方だが、あるいは申し出を受けてからの制度化だったのかもしれない。かなり高額の奉納金が添えられた可能性もある。こうした「個人」の英霊に対して祭儀を行なうことに、靖國内部から異議は出なかったのだろうか。興味あるところだが、神社側でも当時の事情はよくわからないという。

永代神楽施行の細則は、翌年の恒例特殊祭規程の制定などによって何度かの変更はあったものの、奉納の神楽料、祭員ならびに楽人の名称に多少の変更があったのみで、神楽祭の趣旨・内容は今日まで同一であるという。現在、永代神楽祭への登録は、個人名義で申し込む場合には一〇万円から、戦友会単位（団体）の場合には五〇万円からの祭資料が必要である。この祭資料は積み立てられ、永代神楽祭の基金になっている。登録した遺族には、毎年の命日に行なわれる祭儀への案内状が送付されるほか、第一回の奉奏後に「永代神楽神璽」が授与され、さらに月刊の社報

『靖國』が送られるようになる。現在の登録祭神数は五万柱弱で、「大東亜戦争の合祀者二一三万余」に対しては二・五パーセントにも満たない数字だが、登録にかかる祭資料が比較的高額だったことを考えれば、かなりの遺族がこうした「個人的」祭儀を積極的に望んできた事実が注目される。

この祭儀が発足した一九五〇年当時は、まだ祭神名簿も完備していなかった。登録者数が急増したのは、厚生省から大量の戦没者情報が靖國神社に寄せられるようになり、(10) 国民の生活にも多少の余裕が生まれはじめた五五年（昭和三〇）ころからという。全盛期には、連日多くの参列者で賑わった。現在では遺族の高齢化により、五万件の登録者のなかにも案内状が宛先不明で戻るケースが増えている。参列者も一日に五組から一〇組程度、人数は一〇人から三〇人程度である。ただ、玉砕の日などは戦友会単位の参加者もあって一気に増加する。平均的には登録者の約一割程度が参列するにすぎないが、遠方から奉納金を郵送する遺族も多い。また、現在でも神社はパンフレットを作成して申し込みを呼びかけており、新たな登録者もある。一九九五年以降は、メンバーの減少や高齢化のために解散する戦友会が全国各地で増えているが、そのなかには、残った会の資金をこの永代神楽の団体申し込みに宛てる事例も多いという。

現在の永代神楽は、他の大きな行事と重ならないかぎり、毎日午前一一時から行なわれる。参列者は一五分前までに参集殿で受付をすませ、控室で待機する。やがて神職の先導で手水・修祓の後、本殿に案内される。奉仕の神職・仕女が参進着座し、神楽笛で「祭り始め」の曲が奏される。二人の仕女によって五品の献饌がなされた後、神職が祝詞を奏上するが、このなかで、その日に登録されているすべての祭神名が読み上げられる。個人の場合は「〇〇の命」となるが、団体で申し込んだ場合は「〇〇連隊にゆかり深きみたまたち」などとして奏上される。玉砕日などは、かなりの人数になるので時間もかかる。

これが終わると、「みたま慰（なご）めの二人舞」という神楽舞が二人の仕女によって演じられる。この舞は、「やすらかに　ねむれとぞおもふ　君のため　いのちささげし　ますらをのとも」という一九三七年一一月三〇日に香淳皇后が戦没者に賜ったという歌に、一九五一年に宮内庁楽長の多忠朝が作曲振り付けしたもので、一人舞・二人舞・四人舞があって、月次祭などでも奉奏されている。舞が終わると、参列者各組の代表者が前に出て玉串を奉奠し、全員で二拝二拍手一拝の拝礼を行なう。撤饌、神職らの退下の後、仕女一名だけが残り、もう一度参列者全員で拝礼し、しばしの黙禱を捧げる。これで祭儀は終了し、本殿から下がった参列者には「直会」と称して御神酒がふるまわれ、撤下された神饌の菓子などが渡され解散となる。この撤下品は当日不参加の登録者にも郵送される。

筆者は靖國神社に願いを出し、二〇〇五年一一月一二日（土）の永代神楽祭に参列する機会を得た。この日の参列者は六組一五名（筆者を除く）で、その内訳は一名（男）・一名（男）・二名（夫婦）・二名（母・息子）・四名（女四）・五名（男三・女二）だった。代表者は五組までが六〇歳以上だったが、付き添いには三〇代四〇代の参列者もいた。この日に祝詞奏上で読み上げられた祭神数は九八柱であった。人数が比較的少なかったこともあるが、印象的だったのは、全体的な静けさだった。控室でもグループごとに小声での会話は聞かれたが、グループ相互に交わされた言葉は、退去の際の「お先に失礼します」といった挨拶だけだった。戦争体験を共有できる遺族の減少や、核家族化の進行とともに、こうした個別的な性格はますます強まっているように思われた。本殿での祭儀もまた、深い静寂と厳粛さに包まれていた。黙禱のときなど、耳に入るのは鳥の声だけで、ここが東京の都心部にあることを忘れさせるほどだった。少なくとも、八月一五日に代表されるような集団的な喧騒とは異質な時空間を、肌で感じ取ることができた。

集団性を特徴とする靖國信仰のなかにあって、永代神楽祭の歴史は大きな意味をもつ。終戦を契機に、それまで完璧な集団性を固守してきた靖國信仰が、はじめて個人単位の遺族へと開放された儀礼実践といえよう。それが公的な後ろ盾を失った神社の経営戦略から創られたという面があるとしても、背景には、祭神への個人的な働きかけを切望する遺族たちの広範な需要が存在したのである。先にも触れたように、「永代神楽」という命名には、明らかに個人性への展開を許容しうる仏教の「永代供養」のモデルがあったと考えられる。じっさい、筆者がインタビューした遺族たちのなかに、この祭りを「永代供養祭」と言い間違えているケースが、少なからずあったことは特記しておきたい。

戦没者を直接に知る遺族や戦友たちの高齢化によって、この祭儀の先行きにも不安定要因が指摘できる。神社側が発行しているパンフレット「永代神楽祭のご案内」の二〇〇五年版には、「先の大戦が終わりてより早くも六十年が過ぎ、ともすると御祭神の御遺徳が忘れ去られようとしています。今こそ、雄々しくも散華された御祭神の御遺徳を子々孫々に継承するために、一人でも多くの方々が永代神楽祭をお申し込み下さるようご案内申し上げます」とある。ここで強調されているのは、もはや個別の遺族たちの生々しい心情への訴えかけではなく、むしろ顕彰の重要性である。「遺族」の系譜を引く人たちが、こうした呼びかけにどこまで応えるかは興味あるところだが、永代神楽祭を静かに下支えしてきた「個人性」もまた、卓越する集団的性格に連動するかたちで、声高に主張される理念論争や政治的喧騒の渦中に巻き込まれていく可能性が高まっている、といえるのかもしれない。

(二) 花嫁人形の奉納

遊就館や参集殿の控室には、遺族が納めた花嫁人形がいくつか展示されている。花嫁人形の奉納は一九八二年以来、約一八〇体になるという(二〇〇五年時点)。白無垢姿、赤の打掛けなど市販のケース入り人形に、祭神名と奉納者名を書いた札や色紙などを納めたものが多く、軍服姿の祭神の写真を添えたものもある。未婚の戦死者をあの世で結婚させるという意味がこめられており、広くは冥界結婚と総称される習俗の一形態といえる。最初に奉納を申し出たのは佐藤ナミという北海道の女性で、沖縄戦で戦死した息子のために、靖國神社での受け入れを希望したようである。(11)同じような習俗としては、青森県の津軽地方を中心に民間巫者などの関与で始められたものが知られている。佐藤ナミ自身はこの習俗を知らなかったようだが、初期の奉納者には北日本の在住者が目立ち、何らかの関連が推測される。

当初、神社側はこういう「個人的な」死者との交渉を連想させるものは受け入れられないとして、拒否の態度を示したという。ローカルで、しかも仏教寺院を核とした習俗を神社に持ち込むことに対する反発もあったろうが、何よりも「集団的」な英霊祭祀の場に、祭神の結婚などという、あまりにも「個人的」な対応を導入することに抵抗があったと考えられる。しかし、依頼者の熱心な要望と、多額の寄付金が添えられたこともあって、最終的にはこれを受け入れる。やがて、いくつかの花嫁人形が、参集殿の待合室など、多くの参拝者の目にふれる場所に置かれるようになる。

ひとたび陳列がなされると、自分たちも奉納したいという遺族からの申し出が増えていった。独身で亡くなった戦死者のために、兄弟姉妹が奉納するケースが多いという。遊就館では「英霊に捧げる花嫁人形」(12)と名づけて展示するまでになり、一九九九年には花嫁人形の特別展も開かれた。現在では、大部分は倉庫に保管され、月ごとに当月に命日を迎える祭神に奉納された人形だけを出して、参集殿の小さな控室に陳列している。この部屋のドアはふだんは閉まっているので、一般の参拝者が目にする機会は少ないが、希望すればいつでも拝観できる。

未婚者を供養するために花嫁人形を寺などに奉納する習俗の発祥地は津軽地方で、当地で通称「西の高野山」とよばれている木造町（現・つがる市）の弘法寺が最初といわれている。この寺で花嫁人形の奉納がはじまったのは一九五五年（昭和三〇）ころで、広く行なわれるようになったのは七二年ころ、他の寺院にも波及するようになるのは七五年（昭和五〇）以降という。(13) マスコミなどで「花嫁人形の寺」として報道され全国的に有名になり、その濃厚な信仰圏は青森県を中心に北海道や東北各地にまで拡大した。

弘法寺に奉納された人形は、一九八〇年代の時点で千体をはるかに超えていたが、すでに焼却供養されたものも多く、正確な起源や累計は不明である。受付けた人形には番号が貼られ、住所が明記される。七一年からは戒名を記した用紙を貼るようになった。人形の横に亡くなった男性の写真が添えられ、缶ジュースなどを供えたものもある。女性の死者のための花婿人形の奉納もあるが、むしろ女性の場合には人形を本人の花嫁姿に見立てる例が目立つ。薄暗い堂内に並ぶ数百の人形ケースは、訪れる者を粛然とさせる迫力をもっている。

この習俗については、山形県のムカサリ絵馬に代表されるような絵馬による死者結婚、あるいは津軽地方で子供の供養のために造像された化粧地蔵などの民俗的ルーツが想定される。化粧地蔵とは、顔を白く塗った地蔵尊で、子供を亡くした親たちが村の堂社などに奉納したものである。死んだ子供本人に見立てられて菓子や玩具が供えられたり、ランドセルが背負わされたりする一方で、死者を救いに導く菩薩の役割や、遺族に利益をもたらす守護仏としての力も期待されるなど、きわめて複雑な構造をもつ。しかし、古風な絵馬や地蔵像であれ、現代風の人形であれ、それらを奉納する行為のいずれもが、「供養」という言葉で意味づけられていたことに注目したい。「供養」は「祭祀」や「顕彰」のもつ集団的性格とは異なり、強い個人性への道を開く言葉として機能してきた。

当地ではイタコに代表される民間巫者による死者の口寄せの風習が、近代以降も根強く存続してきたことが知られているが、このイタコが、最も繁昌したといわれるのが第二次世界大戦中だった。戦地から続々と帰還する戦死者たちに対して、各町村では「英霊奉斎」の式典がおごそかに挙行された。その一方でひそかにイタコを訪れて、亡き息子・夫・父親の声を聞こうとする人たちも多かったのである。イタコによる口寄せ（ホトケオロシ）は、死者の「供養」になるといわれてきた。「英霊奉斎」は基本的に町や村の集団性、あるいは天皇に代表される国家の権威を前提に意義をもちえた。すなわち靖國信仰にも通じる典型的な「祭祀」である。これに対して、「供養」を目的とした巫者の口寄せの技法は、きわめて個人的な死者との交流を可能にした。国家や行政が英霊の「祭祀」にこだわり、イタコたちがホトケ（死者）の「供養」にこだわったのはなぜか、という問いかけは、死者との交流をめぐる集団性と個人性の動態を考えるうえで、重要な意味をもっている。[14]

花嫁人形の奉納を広く普及させた背景にも、当地でカミサマと総称される民間巫者の活動が広く知られている。そして、初期のころに奉納された人形は、第二次世界大戦期の戦死者の供養を目的としたものが多かったようである。そこには戦死者へのたんなる同情だけではなく、残された遺族たちの災いの原因が、戦死者たちの未練や怨念にあるといった巫者たちの語りも、大きな影響力を及ぼしたのである。[15] いずれにせよ、靖國神社への花嫁人形の奉納は、こうした習俗の来歴をみれば、決して突飛な思いつきではなかったことが理解できよう。じっさい、それらの奉納者のなかには、これが戦死者への「供養」になるという意識をもち、それを公言していた人たちがいたことも確認できる。[16]

先にも触れたように、近年、靖國神社の参集殿の花嫁人形は、人目に触れにくい小部屋に隔離されるようになった。これは当初のように「個人性」の色濃い習俗が警戒されたというより、むしろ神社の管理運営上の理由が大きいようである。豪華な花嫁人形は人の出入りの多い部屋などに陳列すると、場所をとるうえに、誤って倒したり、すぐに埃をかぶって汚れたりする危険も大きくなる。また、これを目にした参拝者たちが、自分たちも奉納したいと申し出るケースが増えることにもなる。遺族たちの心情は理解できても、神社の運営面からいえば、正直のところ厄介が増えるという実情がある。

青森県各地で花嫁人形の奉納をあつかっている寺院でも、寺院経営という面だけでいえば、花嫁人形で全国的に有名になるのは実は嬉しい話ではなく、長期的にはむしろ赤字になる恐れさえあるという。多数の人形を保管するためには堂社の増築をしなければならないし、奉納時に一定の納付金を徴収しても、それきりの奉納者も多く、継続的な布施が期待できるわけではない。そこで、一定の年月を限って「焼却供養」するという方法が、早い時期からとられてきた。おそらく靖國神社の花嫁人形も、同じような理由から、現在では抑制策が計られているのではないかと推察される。

先に花嫁人形の奉納者には兄弟姉妹が多いと述べたが、とくに近年では、戦死者の妹が奉納したというケースが目立つ。津軽地方の習俗の場合にもいえることだが、花嫁人形の奉納者は圧倒的に女性が主役である。このことは、あらためて注目に値する。仏教寺院における死者供養的な行事や実践において、そこに積極的に関わってきたのは多くが女性たちであり、その意味で「死者供養」という文化伝統は、少なくとも草の根レベルにおいては、女性たちを主要な担い手として支えられてきた、といっても過言ではない。逆にいえば、エリート中心の学解仏教や仏教史のなかで、広義の「死者供養仏教」という重要な系譜が軽視されがちであったのは、こうした点にも原因の一端があったのではないか、と筆者は考えている。

靖國信仰においても、たしかに公式の参拝や祭祀には、各地の戦友会や議員団など、礼装した男性の姿が目立つが、花嫁人形の奉納に代表されるような、いわば「死者供養的」ともいえる個人的な関わりの局面には、女性たちの大きな役割があったことを忘れてはならない。もとより祭祀＝男性、供養＝女性といった単純な図式が成り立つわけではない。だが、概していえば、個人性に特化した供養には女性との親和性が指摘できる。靖國信仰の個人性を探るという本稿の視座は、この信仰全体を静かに下支えしてきた女性たちの役割に、自覚的な光を当てることにも繋がるはずである。

（三）遊就館での個人遺影の展示

二〇〇二年七月に新装なった遊就館では、戦死者の個人別の写真を募集して、これを「靖國の神々」として展示室の壁に貼り出すという企画を進めてきた。当初は社報の『靖國』を通して全国から募集したところ二千五百枚ほどが集まり、これを展示した。その後、希望する遺族の申し出が相次いで、二〇〇六年の時点では四千枚ほどに達し、しかも月に五〇枚くらいずつ増えている。二〇〇五年の八月などは、九三組もの申請があった。館では途中から写真のサイズを当初のものより小型にしたが、それでも展示室はすでに満杯に近い状態である。（その後、初期に奉納された写真も小型化してスペースを広げる作業が進められた。）

遺影はすべてモノクロで、平服姿もあるが、大半は軍服姿の半身像である。それぞれの写真には、「〇〇命」という祭神名のほか、最終階級、戦没年月日、戦死地、死亡の種別（戦死・戦病死など）、本籍都道府県名が記されている。二〇歳前後と思われる若い青年の（場合によっては少年・少女の面影を残す）顔も多い。[17] 奉納するには、写真の製版代として実費一万円が必要だが、それ以上の志納金などが要求されることはない。

戦争にゆかりのある施設等で、犠牲者の顔写真を展示したり、個人名を碑に書き連ねるといった形態は、二一世紀に入ってから全国各地で目立つようになっている。二〇〇二年八月に開館した国立広島原爆死没者追悼平和祈念館の遺影コーナー、二〇〇三年七月に開館した国立長崎原爆死没者追悼平和祈念館の遺影閲覧室なども、遊就館とほぼ同時期である。二〇〇四年一〇月に開館した宮城県護国神社の英霊顕彰館では、遊就館をモデルにした遺影展示が始められている。早い時期のものとしては、一九八九年に開館した沖縄県のひめゆり平和祈念資料館のほか、鹿児島県の知覧特攻平和会館などが知られている。

遊就館での企画立案にさいしては、知覧の展示なども当然参考にされたが、むしろ沖縄旅行をした遺族たちのなかから、「平和の礎」のような個人名が表示されるような慰霊の場を靖國神社でも作ってほしいという強い要望が出され、これがひとつのきっかけになった、という証言が注目される。知られるように「平和の礎」は一九九五年に沖縄県が摩文仁の丘に建設した慰霊・追悼の施設で、国籍の別や軍人・民間人に関わりなく、沖縄戦の犠牲者二三万九千余名（二〇〇五年七月現在）の氏名が刻まれた石碑が立ち並んでいる。政治的文脈の議論では、平和の礎と靖國神社とはしばしば対極的な性格の施設として語られるが（平和志向の沖縄／軍事志向の靖國）、一般信徒の感覚レベルでは緊密な連関が見いだせる点は興味深い。

筆者はこれまでに、遊就館に遺影を奉納した一〇組前後の遺族とコンタクトを結ぶことができ、聴き取りの機会をもった。印象的だったのは、ひとくちに「遺族」といっても、それぞれの立場、遺影奉納の動機や靖國信仰へのスタンスには、大きな多様性がみられるという点である。以下では、そのうち三人の証言の一部を、簡潔にまとめたかたちで紹介してみたい（インタビューはいずれも二〇〇五年に行なわれた）。四千近い奉納者のわずか三例であり、決して代表的な事例でも、何らかの典型を示す範例でもない。むしろ、一枚岩ではない「遺族」たちの多様な心情や境遇の一端を示すことが主目的である。

〈事例1　Aさん　女性〉

Aさんは一九三八年（昭和一三）生まれ。二〇〇二年の遊就館新装のさいに実父の遺影を奉納した。父は一九一二年（明治四五）に岐阜県に生まれた。婿養子としてAさんの母と結婚し、三人の子をもうけたが、Aさん以外の兄と弟はいずれも幼少期に死亡した。父は養蚕の指導員として働いていたが、一九四一年（昭和一六）の秋に召集令状が来て出征、一九四五年（昭和二〇）七月にビルマで戦死（行方不明推定）した。母は一九七六年（昭和五一）まで生き、膵臓癌により五九歳で亡くなった。Aさんは結婚し、すでに嫁いだ長女と独身の長男がいる。夫は二〇〇三年に病気で倒れ半身不随となり、現在は施設に入っている。

Aさんの話： 昭和一二年に兄が生まれたが七ヶ月で死んだ。昭和一四年に生まれた弟も、一六年一一月、父が出征する日の八日前に病気になり、三日前に三歳で亡くなった。父は「この子が身代わりになってくれたから、自分はきっと生きて帰る」と言い残して出かけたと母から聞いた。私（Aさん）も小さいころは病弱だった。重い病気になったとき、父は一日に一人だけを必ず助けるという神社が静岡の方にあると聞いて、そこへ深夜〇時を期してお参りして「この子を助けてくれたら、必ず帰ってからお礼をします」と誓ったという。その後、私は何回も死にそこなったが生きてしまった。大事な父や兄たちは早く死んで、自分のようなクズだけが残った。

父の戦死の知らせが入る少し前、私は父の姿を見ている。停電で囲炉裏の火だけが室内の明かりだったが、窓の外に人の気配がして、兵隊さんの帽子をかぶった影が、月明かりに照らされて映った。それから帽子を脱いで、ばさばさの髪の人が近づくのが、はっきり見えた。母と祖母が一緒にいたが、見たのは私だけだった。でもあれは父が最後の別れに来たのだと、今でも信じている。

母は戦争未亡人で、男の人が用事で訪ねて来ただけで、まわりからあれこれ噂されて、つらい思いをしたことも多かった。私は関東に住んだので、靖國神社には年に一度くらいは、ずっとお参りしてきた。子供たちの七五三もここでやった。母が上京して一緒に「ぼんぼり祭り（七月のみたま祭り）」に行ったこともあるが、「どういう人がこのぼんぼりを上げるのかねえ」などと話していた。当時は自分たちのような一般人でも奉納できることを知らず、母は知らないまま亡くなってしまった。それで母の死後になって、二人の連名で奉納した。永代神楽祭も平成三年（一九九一）まで知らなかった。申し込みをしてから、「ごめんなさい。もっと早く気づいてあげればよかったのに」と、父と母に詫びた。だから、遊就館が写真を募集したときには、さっそく奉納した。娘も息子も、会ったこともない祖父の写真や遺品などには何の興味も示さない。私が死んだら引き継ぐ人もなく捨てられてしまうだろう。だから遊就館に立派にお祀りできて良かった。

この歳になって、母の気持ちがわかるようになった。永代神楽祭には毎年来ていたが、去年（二〇〇四）はじめて八月一五日にもお参りした。武道館の追悼式典には呼ばれたことがない。どういう方が招かれるのかも知らない。小泉さん（当時の首相）が靖國を参拝されるのは嬉しいが、自分の気持ちだけで意地をはると、かえって靖國神社が嫌われて悲しい。村山さん（元首相）が中国の政治家に頭を下げたときはショックだった。今になって頭を下げるなら、戦争なんかしなければよかったのだ。日本人だってあちこちでひどい目にあっているし侮辱も受けている。それが戦争なんだから、一度頭を下げたら弱みにつけこまれる。政治家はやたら頭なんか下げないでほしい。

〈事例2　Bさん　女性〉

Bさんは一九三六年（昭和一一）生まれ。二〇〇四年春に実父の遺影を奉納した。父は一九〇六年（明治三九）の生まれ、職業軍人で最後は中佐の大隊長としてフィリピンで一九四五年（昭和二〇）四月に戦死した。母は一九〇八年（明治四一）の生まれ、四人の子をもうけた。Bさんは長女で、弟と二人の妹がいるが、彼女が婿養子をとって母と同居した。母は一九九一年（平成三）に八二歳で急死した。

Bさんの話：　幼少期は家族一緒に満州で暮らしていた。昭和一九年、戦況が悪くなって満州は危険だというので、母と私たちは日本に帰った。このときが父親との最後の別れになってしまった。「お父様、行ってらっしゃいませ」

と三つ指をついて、軍服姿の父を玄関で見送ったことを覚えている。

終戦後は母の実家である東京の叔父の家に身を寄せた。父の戦死の知らせもそこで受けた。白木の箱を白い布で包んであったが、骨壷の中は空で、何も書かれていない白木の位牌だけが入っていた。母はよく靖國神社にお参りに行っていた。永代供養祭（永代神楽祭のこと）は毎年必ず出かけて行った。遺族会を通して武道館の式典に招かれたこともある。

母の弟にあたる叔父は現在九〇歳で健在だが、事業家で町会長などもつとめるやり手だった。靖國神社などにも熱心に関わっていた。この叔父から、二〇〇一年ころ、「遊就館で遺影の展示をすることになったので、あんたのところからも出すように」と言われた。すでに母は亡くなっていたので、弟妹たち四人で集まって、どうしようかと相談した。「お母さんが生きていたら、出すと言うだろうか」ということが問題になって、ずいぶん議論した。ようやく「出してもよいのではないか」という意見でまとまったのは、二〇〇四年だった。写真は最初のころに申し込めば大きかったが、私たちが決断したときには、もう小型化されていた。「お父さん、小さくてご免なさい」という気持ちだった。父の軍服や子供たちに宛てた手紙なども、靖國神社に納めた。今年（二〇〇五）春の遊就館の特別展示では、その一部が展示された。

母が亡くなった平成三年、川越市の霊園に墓地を購入して、父母を一緒に埋葬した。父は遺骨がないので、それまで埋葬してくれていた寺の住職が、骨壷に墓の土などを入れて供養してくれた。また、父の汗が染みた軍服の一部も切り取って入れた。

母のあとを受けて遺族会にも入っている。靖國神社は父の魂がいるところだから、私も弟妹たちも、このあたりに来たときは立ち寄ることが多い。八月はとくによく来るが、一五日はたいてい千鳥が淵の墓苑に行く。この日には皆さんが靖國にお参りして下さるから、自分たちは無縁の方々の供養に行くことにしている。父は職業軍人として戦争に関わったので、申し訳ないという気持ちもある。戦争をどう考えるかも、人によってそれぞれだが、私たちは、ずっと父親が守ってくれたような気がしている。母は生前、仏壇に必ずコップを三つ置いていた。お父さんも部下の方々も喉が渇いて苦しかっただろうという、母の想いがあったようだ。今もこれは続けている。

〈事例3　Cさん　男性〉

Cさんは、父の兄にあたる伯父の遺影を奉納した。伯父は地方の農家に生まれ、出征して南方で戦死した。(18)一家を継いだのはCさんの父親で、独身で戦死した兄の遺品なども預かってきたが、二〇〇〇年に急死した。父には子供が三人いるが、長男のCさんが伯父の遺影などを引き継いだ。

Cさんの話：　伯父についてはよく知らない。祖母も戦争直後に病気で亡くなり、父が遺族会に入って、時々は靖國神社にも来ていたようだが、私はサラリーマンになって郷里を離れてしまったので、詳しいことはほとんどわからない。実家の菩提寺で伯父の法事があって、それに出た記憶はある。父の死後、母を引き取ることになり、伯父の遺影なども引き継いだが、正直のところ、どうしてよいかわからない状態だった。靖國神社には、二〇代のころ父に連れられて一度だけ行ったことがあるが、ほとんど覚えていない。たまたま数年前に知人と訪れる機会があり、遊就館に入って遺影の展示に感銘を受けた。こういうのがあるなら、ぜひ伯父の写真も納めたいと思い、母とも相談して奉納した。

息子が二人いるが、私の伯父の写真など家にあっても困ると思っていたので、こういうかたちで永久に供養（ママ）してもらえるのは嬉しい。肩の荷が下りたような気がする。靖國についてはテレビなどでいろいろ騒がれるのを聞いていたが、そういう方面の知識がないので、よくわからなかった。戦争で亡くなった兵士を国が責任をもってお祀りすることの、どこが悪いのかと思う。靖國神社はすがすがしい雰囲気で好きである。ここをお参りする人間は、もう一度戦争をやりたがっているように騒ぐ人もいるが、そんなことはない。

ただ、神社のまわりで街宣車に乗って怒鳴っている連中をみると腹が立つ。神社にとっても迷惑ではないか。若い人も多いようだが、実力もないくせに偉そうにしたがる連中が、ああいう団体に集まるのだろう。「お前たち、天下を論ずるまえに、額に汗して働け」と言いたくなる。

以上、三名の証言の一部を紹介してみた。民俗学の分野では、日本の常民の先祖・死者観を示すものとして、「弔い上げ」の風習が注目されてきた。多くの死者は仏教寺院が関与する葬儀や法事によって供養されるが、死後三三回忌ないしは五〇回忌をもって「弔い上げ」とする習俗が広く全国にみられた。その背後には、一定の年限を経た個別的死者は祖霊という集合的・匿名的な存在へ昇華するという考え方があるという。その当否はともかく、初期の民俗学では、こうした観念こそが、日本人固有の死者観を示すものとして注目されたのである。

先の証言からも窺えるように、遊就館の遺影奉納には、各家で供養されてきた個別の死者が、「英霊」という一体化した集合体のなかに祀り込まれるという意味で、「弔い上げ」に近い感覚がある。とはいえ、固有の祭神名をもった顔写真の展示という形態には、「無個性化」よりもむしろ「個性化」の方向が顕著である。すでに五十回忌さえ終えながら、具体的な顔をもった戦死者の写真が新たに陳列され、さらにそれが増加しつつあるという現実は、民俗学が定説としてきた「無個性化による先祖への弔い上げ」ではなく、いわば「個性化による弔い上げ」という習俗の拡大を暗示する一事例ともいえるかもしれない。

筆者は遊就館の協力を得て、二〇〇二年一月一日から二〇〇五年八月三一日の期間、ここに奉納された戦死者の遺影二七七四件について、これを奉納した遺族が戦死者とどのような続柄にあるかを調べてみた（表1参照）。それをパーセント別に示した図1にみるように、妻・子・孫などのいわゆる直系親族の奉納者の合計が二三・七％にとどまったのに対して、兄弟・姉妹・甥姪や従兄弟など傍系にあたる親族が、実に六四・八％と全体の三分の二近い割合を占めることが判明した。

「遊就館に遺族が戦死者の遺影を奉納する」というフレーズを聞いたとき、その「遺族」に配偶者、子供、孫を想像する人は多いのではないだろうか。しかし、じっさいには兄弟の子弟をはじめ、傍系親族の方がはるかに多いのだ。戦死者に未婚の独身者が多かったことを思えば、たしかに納得のいく数字ではある。つまり旧来のイエ制度の感覚でいえば、多くの戦死した軍人・軍属というのは、このまま放置すれば無縁化の危険さえ出てくる死者たちなのである。先の事例における証言からも推察されるように、戦後六〇年を経て「後継ぎ」がなく、積極的な継承を期待しにくい戦死者の「永代供養」が、遺品などを託された多くの傍系親族たちの切実な課題になっている。

遊就館で始められた遺影展示には、はからずもそうした需要に応えるタイムリーな企画として歓迎されているという一面がある。とりわけ未婚のまま亡くなった軍人・軍属の場合、その遺影や遺品はすでに兄弟姉妹の子孫をはじめ、予想もつかぬほど遠縁の親族に渡っている可能性がある。彼らにとって、こうした遺品は勝手に処分することができず、かといって当家の先祖として仏壇に祀るわけにもいかないといった、厄介な事態が生じてくる。遊就館に奉納することは、そうした「厄介な」重荷から解放されるとともに、これで戦死者も「無縁ボトケ」にならずに浮かばれるであろうという、一種の安堵感をもたらす効果をもっているのである。

表1　遺影奉納者の戦死者との続柄

（2002年1月～2005年8月に奉納された2,774件について）

父		0
母		5
妻		135
息子	長男173　次男31　その他45	249
娘	長女133　次女29　その他46	208
孫	実兄101　義兄5　実弟471　義弟21	58
兄弟	実姉50　義姉10　実妹296　義妹34	598
姉妹		390
甥		158
姪		67
その他の親族		582
戦友		230
不明・その他		94

図1　遺影奉納者の続柄別割合

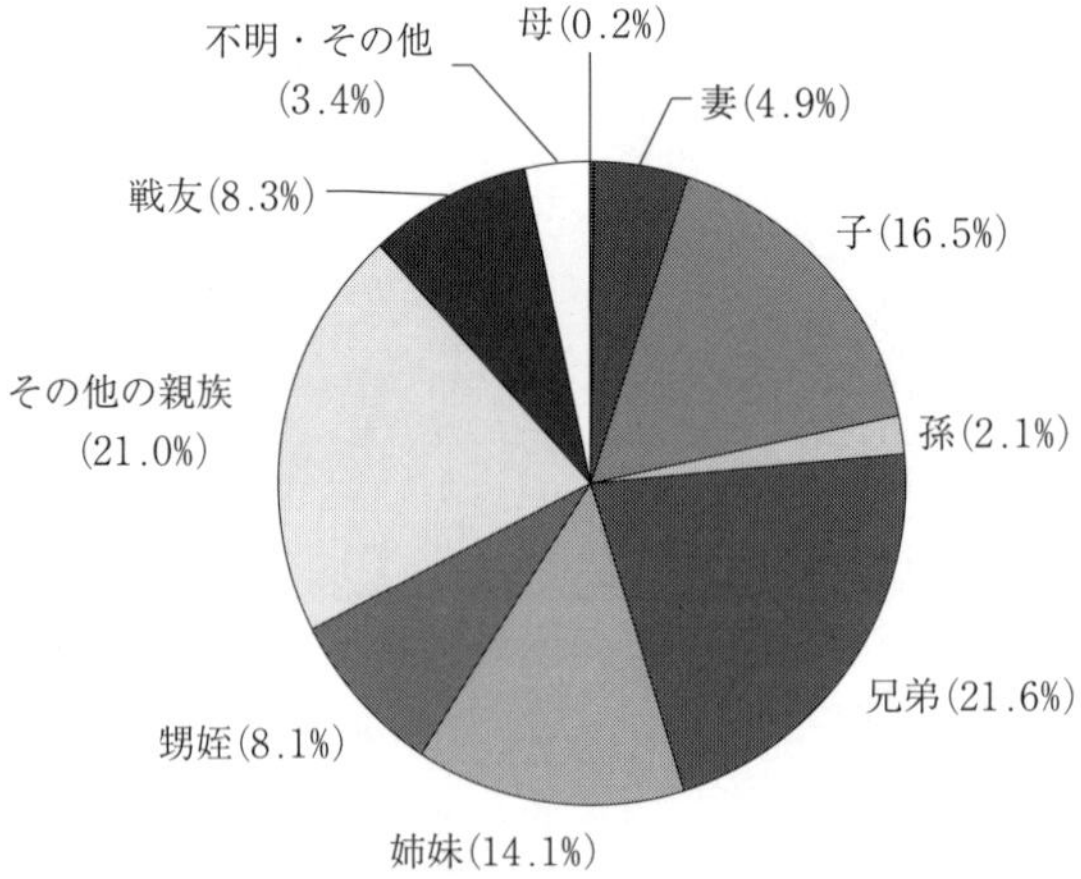

四　「まぎれ」を生む個人性

靖國信仰に批判的な人々のあいだでは、遊就館に展示されるようになった遺影にも否定的な意見が多い。たしかに「靖國の神々」の名で展示された遺影群を前にして、国家意識が鼓舞され、新たな軍国化に賛同していくような若者はいるだろうし、それを望む大きな勢力が存在することも事実である。その一方で、大量の死者の顔写真という装置には、多様な解釈の「まぎれ」を生み出す効果があることにも注目したい。思いつめた表情で前方を見すえた将兵たちの眼差しからは、思わず息を呑む強烈な力が発散されている。それらはまさに具体的で「顔の見える」死者の集積として、「二四六万六千余名の戦没者」とか「国家の英霊」といった抽象的な数字や言辞ではとらえきれない衝撃力をもって人々に迫ってくる。軍事博物館といわれる本館のなかで、この最後の遺影コーナーに、兵器や戦争資料を並べた他の展示室とは異質の空気を感じたと語る来館者は少なくない。

遊就館の出口近くには、来館者が自由に感想を書きこめるノートが数冊おかれている。このなかには、花嫁人形や遺影をみて衝撃・感銘を受けた、あるいは深く考えさせられた、といった感想も数多く見いだせる。(19) ある年配の男性は次のように綴っている。「年に数回、兄の写真を拝みに来ます。素晴らしい兄で、理数に優れた才能を持っていましたが、特攻機の整備の為、比島に派遣され、特攻機発進後、比島に残り山岳戦で戦死しました。海軍士官なのに無念だったと思います。生きていたら技術者として活躍していたと思うと惜しまれます。それにしても、靖國神社参拝を中国から責められ、たじろぐのは残念です。共産党政権には寿命があります。それまでしっかり日本の立場を守り通し、若い人達が迷わない様にして下さい。また、天皇陛下が参拝されるのは宗教上も問題が無い筈です。天皇に尽くした者を祀るのが原則の社の筈です。天皇陛下の参拝の障害になっているのは何なのでしょうか。国に尽くした我々の世代は待ち望んでいます」。

また、ある主婦は次のように記している。「辛くて悲しくて、最後まで英霊の皆様のお顔が見られませんでした。あんなに多くの若者が、国の為、家族の為に散っていかれたと思うと…。今の日本を見たら、皆様悲しむでしょうね。多くの方々が、ここを訪れ、今一度、彼らの犠牲の上にある、今の豊かさに感謝しなくてはいけませんね。そしてもっと国を大切に守っていかねばなりません。なぜ小学校から、愛国教育をしないのでしょうか。小泉首相が、周辺の国々の圧力に負けず、参拝ＮＯと言わない事、嬉しく思っています」。

この二つの例は、遺影との対面が国家意識の高揚や「愛国教育」の必要性といった自覚に結びついたもので、いわゆる反靖國派の立場からは警戒視される反応でもあろう。じっさい、この種の記述は少なくない。ノートに記された感想文の半数以上は、何らかのかたちで日本人であることの自覚や愛国心の大切さ、戦後教育の誤りなどに触れている。大東亜戦争肯定論や、中国や韓国への敵意を露骨に表明したものも多い。

とはいえ、来館者の感想にもまた、さまざまな多様性があることは指摘しておかねばならない。とくに遺影や花嫁人形に触れたものには、やや異なる雰囲気の感想が目立つ。次は二一歳になる青年の感想である。「靖國に来て、戦争で亡くなった方々の顔を一人一人見ていくうちに、涙が出てきました。私は二十一歳ですが、同じ世代の彼らが、今の私達と全く違う運命を生き、そのお陰で私達があるということに、胸打たれます。とても心苦しいです。生きるということの素晴らしさをもっと知り、戦争についてもっともっと若者は考えていかなくてはならないと思いました」。

初めて靖國を訪れたという夫婦は、連名で次のような感想を残している。「今日始めて靖國の中に入って戦ボツ者のもろもろを見せて頂き、今ここに日本という国が無事に残っている事を、あらためて深い想いの中に色々感謝させられる気持でいっぱいになりました。今の若い人達、全部にこれを見なおして欲しいと思いました。胸がいっぱいで涙がこみあげてきます。最後に戦死された貴方、皆様にはじょうぶつされ、どうぞむこうの世界で幸せになられますよう、お祈り致します」。ここでも日本という国について言及されているが、全体のトーンは国家主義的というより、むしろ戦没者への深い哀悼の念によって覆われている。「じょうぶつ（成仏）」という仏教用語が用いられ、「むこうの世界」での幸せが祈られている点も印象的である。

花嫁人形について、ある女性はこう書いている。「花嫁人形を見た時、亡くなった兵隊さん達に普通の幸せを与えてあげたかったと思い、涙が出そうになりました。これからの世界の平和を切に願います」。ある女子大生もまた、涙が出たという感想とともに、不戦の大切さを述べている。「展示会には、ふらっと立ち寄ったのがきっかけで来ました。どうであれ、二度と戦争は起こらないようにしなければならないと思いました。母から息子へ送った花嫁人形と手紙に涙が出ました。戦争体験をしていない私ですが、戦争について忘れない様に、学び、伝えていきたいです」。たまたま筆者が自由記述ノートのおかれた部屋にいたとき、社会見学で来館したと思しき中学生たちの一団が通り過ぎていった。そのうちのひとりが、先生から集合時間をせかされながらも、大急ぎで次のような一文を記して立ち去って行った。「いれいしてある人がとてもたくさんいて、せんそうがひどいものだとあらためておもった」。素朴な言葉のなかに、遺影の数に圧倒された驚きが正直に表現されている。

最後に、「七八歳」とだけ記した老人の感想文を紹介しておこう。「皆様のシャシンを拝見し、今日幸に生活出来るのも有難くて涙が止まりませんでした。両手合せて何度も々御礼を言いました。せんそうは二度としてはなりません」。遺影の部屋は、形式上は博物館の展示室のひとつにすぎない。しかし、ここで思わず手を合わせる人たちがいる。感想文の多彩な広がりは、花嫁人形や遺影に秘められた「個人性」が放つ「まぎれ」の幅でもあろう。先に紹介したCさんも批判していたように、この神社を訪れて熱心に参拝する人のすべてが国粋主義の賛同者であるかのように語る一部の論調には、明らかな誤解が含まれている。

言葉をかえていえば、価値を一元的に集約しやすい、あるいは集約せざるをえない「集団性」にくらべて、「個人性」はまさにそれが個人的であるがゆえに、個別の対処や応答の「多様性」が開かれやすい、ということである。先にも触れたように、遊就館の遺影展示が、新たな軍国主義教育の推進に荷担するといった懸念については、たしかにそうした方向は認められる。筆者がインタビューしたある男性は、靖國神社に近い武道館でのコンサートに集まる現代の若者たちの「覇気のない目」と、遺影に残された若い将兵たちの「純粋な目」を対比させて、徴兵制復活の必要性を熱く語っていた。数千枚におよぶ遺影を前にして、自分も国を護る気概をもった良き日本国民になろうと決意する少年たちも、出てくることだろう。しかしその一方では、個々の顔をもった夥しい戦死者たちの視線に囲まれて、あらためて戦争という行為の無謀さと馬鹿馬鹿しさを痛感する若者たちも増えるかもしれない。反対派の人たちが批判するように、もしこの遺影コーナーが本当に国家主義啓発の場となることを意図して企画されたのだとしたら（先にみたように、必ずしも事実はそう単純ではないのだが）、その意図は、顔の見える死者たちが作り出す「まぎれ」によって、すでに大きく崩されてしまっている、ということもいえるのではないか。

五　おわりに——動態的理解の大切さ

靖國信仰のなかに個人性の契機を探ろうという本稿の視点は、それを最終的にどのような結論や政治的主張に結びつけるかは別として、単純化しがちな議論のなかに多様な観点を導き入れるための、ひとつのきっかけになりうるであろう。たしかに靖國信仰の主要な柱は、その集団性にあった。多くの遺族たちにとっては、戦死者たちが「国によって称えられ」「天皇陛下がお祀りして下さる」ことこそが、大切な身内を失った悲しみを少しでも和らげる慰めとなり、その死が決して無駄な「犬死に」ではなかったことを納得し、自分たちの矜持や生きる意義をとりもどす力にもなっていた。そこには当然、心情面だけではなく、遺族年金の支給などに正当的根拠を与えるといった実益的な側面も含まれていただろう。多くの国民が注目するなかで厳粛に営まれる集団的「祭祀」や「顕彰」は、そのための不可欠な要素であったし、今もあり続けている。

とはいえ、靖國信仰には、「菩提を弔う」とか「懇ろに供養する」「安らかな成仏を願う」といった言葉ですくい取られるような、個人的な関わりの側面もあった。父母たちは「あの子」に、妻子たちは「あの人」に、戦友たちは「あいつ」に出会うために、誰からも命ぜられることなくこの神社に足を運んだのであり、その死が誇りと栄光に満ちたものであるか、悲痛と悔恨にまみれたものであるかは別として、ともかくも具体的な顔をもった故人の菩提を弔い、少しでも安らかな状態に導いてあげたい、といった動機づけが大きな役割を果たしていた。こうした集団性と個人性は、時に親和的・相乗的に同調し、時に引き割かれた対立のなかで葛藤し、時に苦渋の折り合いを計られつつ、靖國信仰の全体を支えてきたと思われる。いわば、靖國信仰はこの集団性と個人性が並立しつつせめぎ合う複合的な構造のなかで、歴史を生き延びてきたのである。

その意味で、近年の靖國信仰は大きな転機を迎えている。「九段の母」はほとんどが他界し、「靖國の妻」や「同期の桜」たちも鬼籍に入りつつある。「靖國の英霊」という言葉を聞いたとき、それを「あの子」「あの人」「あいつ」という実感をもって想起できる人は、年ごとに少なくなり、「英霊」はますます抽象化・理念化され、感情的で勇ましいだけの政治闘争の舞台に引きずり込まれる傾向が強まっている。本稿の文脈に即していえば、靖國信仰を底辺で支えていた個人性の基盤が薄くなり、あるいは個人性を具体化する契機が弱まるなかで、中核的な特性を成していた集団性のみが、いたずらに肥大化し画一化する方向が懸念される。本稿で取りあげたいくつかの事例の考察は、集団性が卓越する靖國信仰のなかに芽生えた個人性の要素に注目し、それを地道に掘り起こそうという試みであった。

もとより筆者は、個人性は善で集団性は悪だ、といった議論をしようとしているのではないし、それを逆転させて、個人性の膨張こそが近代の病弊だ、などと主張するつもりもない。そうした単純な二項対立の発想からは距離をおいて、多様な要素が錯綜し、集団性と個人性が絶え間なくせめぎ合う現実の姿を、動態的な視野のなかで理解する努力を続けることが大切だと考えている。本稿で明らかにしたように、第二次世界大戦後の靖國神社は、宗教法人化に伴う適応戦略という面からも、戦前期には許されなかった個人的な関わりに配慮した救済財の開発に、一定の努力をしてきた。しかし、死者の顔を知る直接的な遺族が消えゆくなかで、その個人性を支えてきた基盤にも翳りが生じつつある。ならば、切実な遺族が再び増えるように新たな戦死者を出せばよい、というのは、それこそ冗談にもならない本末転倒であろう。おそらく鍵になるのは、戦争を知らない世代のひとりひとりのなかに、直接的な遺族たちによって保たれてきた多様な「個人性」に対して、どこまで共感をもって向き合うだけの力があるのか、ということに尽きるのではないだろうか。

筆者のように、宗教学に携わる研究者の基本的態度としては、靖國信仰を考える場合にも、今の時代を生きている人間たちの利害や思惑だけを顧慮するのではなく、そこに祀られてきた死者たちの主体性を、視野のうちに確保する必要があると考えている。それは真の意味で、祭神への謹しみや敬意を忘れない姿勢でもあろう。誤解のないように言い添えておくが、祭神への謹しみや敬意とは、決してそれを一括して「殉国の英雄」として褒め称えることでも、「侵略戦争の被害者」として同情することでもない。祭神たちひとりひとりの生と死、誇りと迷い、願ったことや思い残したことには、文字通り「多様な」内実があったはずである。二四六万の英霊というとき、そこには二四六万通りの死があり、二四六万の生の軌跡があり、二四六万組の遺族がいたのだ。この当たり前の事実に冷静に立ち返ることが、今こそ重要になっていると思う。

靖國信仰の「個人性」を探るという本稿のささやかな試みが、こうした原点をとりもどす努力のなかで、建設的な思索や実践を開く一歩となりうることを願っている。

＊冒頭でも触れたように、本稿は駒澤大学文化学の紀要『文化』第二四号、二〇〇六年三月、に掲載した同名の拙論を再録したものです。再録にあたって、かなりの加筆・修正を行ないました。

本稿執筆の基礎となった実地調査では、靖國神社および遊就館のご協力をいただきました。とくに遊就館部展示課長（当時）の壹岐博嗣氏には、たいへんお世話になりました。また、インタビューに応じてくださった遺影奉納者の方々には、貴重な時間をさいて調査にご協力をいただきました。記して感謝申し上げます。

本稿の最初で、現在の日本は靖國問題について「自由」に発言できる環境にあると述べた。しかし、本稿の校正段階の時点で、映画『靖国』の上映自主規制が話題になっている。筆者自身はこの映画の「内容」にかならずしも全面的に賛同するものではない。だが、その表明の場を奪うような社会的圧力が強まっているとすれば、この国は確実に危険な道に向かっていると警告せざるをえない。

註

（1）洗建「意見書」『愛媛玉串料違憲訴訟記録集―最高裁大法廷判決―』愛媛玉串料違憲訴訟記録集発行委員会、一九九七年。

（2）洗建「小泉首相は靖国参拝すべきではない」『第三文明』二〇〇一年九月号。

（3）内閣官報局編『法令全書』第一巻、原書房、一九七四年、一五九―一六〇頁。

（4）小堀桂一郎『靖國神社と日本人』ＰＨＰ研究所、一九九八年、二一―二四頁。史料は明治元年七月六日の「行政官達」（『靖國神社百年史・資料篇・上』靖國神社、一九八三年、一一三―一一四頁)。
(5) 大濱徹也「「英霊」崇拝と天皇制」田丸徳善他編『日本人の宗教Ⅲ・近代との邂逅』佼成出版社、一九七三年、一一二頁。
(6) 原則として霊璽簿奉安殿に立ち入れるのは神職に限られている。年四回の清掃などで入る場合でも、神職は神社に一晩参籠して精進潔斎しなければならない。
(7) 大江志乃夫『靖国神社』岩波書店、一九八四年、一〇四―一〇六頁。
(8) 恒例特殊祭には、中国戦線に展開した第百十四師団関係者が戦没将兵の慰霊のために始めた「一一四会霊祭」や、神社周辺の富士見町・三番町・上六番町・一番町・四番町の町民によって始められた「関東大震災神恩奉謝祭」などがある。
(9)『靖國神社百年史・資料篇・上』(前掲)、四三八―四三九頁。
(10) 厚生省による靖國神社への資料提供の経緯については、赤澤史朗『靖国神社』岩波書店、二〇〇五年、一〇四―一〇七頁。
(11) エレン・シャッツナイダー/高橋原訳「複製技術時代における奉納品」『現代思想』二〇〇五年八月号、青土社、一九二頁。
(12) 遊就館を紹介したパンフレットでは、「英霊に嫁いだ花嫁人形」という表現も使われている。
(13) 高松敬吉「青森県の冥婚」松崎憲三編『東アジアの死霊結婚』岩田書院、一九九三年。
(14) 池上良正『死者の救済史』角川書店、二〇〇三年、一一八―一二二頁。
(15) 池上良正『民間巫者信仰の研究』未来社、一九九九年。
(16) エレン・シャッツナイダー「複製技術時代における奉納品」(前掲)、一九五頁。
(17) その一方で、東條英機のような将官クラスの写真も奉納されている。彼の場合は「陸軍大将　東條英機命　昭和二三年一二月二三日　東京都巣鴨拘置所にて法務死　東京都」と記されている。ただし、遺影の展示はあくまでも申し込み順で、その結果、著名な将官と無名の一兵卒とが対等に並列するという「民主的」な風景が生み出されている。
(18) Cさんについては、本人の要望により、遺影の特定に結びつくような地名や年号の記述は控えた。
(19) ここで紹介した自由記述ノートの感想文については、遊就館より提供いただいた資料と、筆者自身が調査したものとを併用した。

第二回慰霊と追悼研究会

【討議】「靖國信仰の個人性」をめぐって

ゲストスピーカー　**池上良正**（駒澤大学教授）
コメンテーター　**菅　浩二**（ハーバード大学ライシャワー日本研究所客員研究員）
　　　　　　　　藤本頼生（神社本庁教学研究所録事）
司　会　**藤田大誠**（國學院大學日本文化研究所兼任講師
　　　　　　　　同、二十一世紀研究教育計画ポスドク研究員）

＊肩書は当時

開催趣旨

藤田　國學院大學研究開発推進センターでやっております研究会、第二回目ということで、今回は駒澤大学教授の池上良正先生においで頂きまして、討議をする場を設けさせて頂きました。

（平成十八年九月に発足した）この研究会の第一回目では、私、藤田が最近の慰霊と追悼に関する、或いは靖國神社をめぐる諸研究を概観するということを致しまして、それで今回二回目、この研究会についてはまだ外に大々的に開いていくという考えはないのですけれども、今回は池上先生においで頂きまして、少し、色々な視点から見ていこうという試みであります。

池上先生は、靖國神社に関係するものといたしまして、「靖國信仰の個人性」と言う論文をお書きになられました。また、これに先立つ御本といたしまして、直接、靖國神社に関係するということではないのですけれども、『死者の救済史』という角川選書をお出しになっておられまして、この延長線上に靖國神社の問題をお書きになったという風にお聞きしております。また、少し余談ではありますけれども、私、神社界の新聞であります『神社新報』というところで少し手伝いをさせて頂いておりまして、そこで、この『死者の救済史』を神田神社

藤田大誠氏

の神職をしておられる岸川（雅範）さんに書評して頂きました。この供養と憑依、あるいは穢れとか祓いのシステムを明快に論じられているこの本の中で、最後に近代の所で靖國神社のことが言及されておりまして、岸川さんは、そこで少し、「集団性と個人性」という二分法に過ぎるといった観点で批判されました。わたしもそういった印象を持っていたのですが、池上先生はそれ以降、「靖国信仰の個人性」と言う論文を出されたので、この機会に色々なお話が頂ければなという風に思っております。

そういった場でございますので、まず始めにですね、池上先生に三十分程度お話を、先程の御本と論文を併せた御発表になるのかと思いますけれども、そういった話をお聞きしまして、今この前にいらっしゃいますお二人、まずアメリカのハーバード大学ライシャワー日本研究所で客員研究員をしておられる菅浩二さん、その後に神社本庁教学研究所の藤本頼生さんにコメントを頂きまして、一旦休憩はしますが、その後は自由に話し、それほど人数もおりませ

んので、忌憚のない御意見をいただければと思っております。それでは、前置きが長くなってしまいましたが、池上先生宜しくお願いいいたします。

基調報告

『死者の救済史』から「靖國信仰の個人性」へいたる問題関心

池上良正氏

池上　こういう席にお招きいただいて本当に光栄に思っております。多分このきっかけは、私自身が書いたものを、阪本先生、藤田先生をはじめとする國學院大學の方々が、多少とも面白がって下さったからではないかと思っております。私が普段考えているようなことが、どのくらい皆さんのお役に立てるかは、あまり自信がないのですけれども、むしろ私自身にとって、特に神道研究をしておられる方々と問題を共有できる機会が増えればいいな、と思って参りました。きょうの集まりは、私が最近書いたものに関して、皆様方から色々とご教示いただくという趣旨だと思っていたので、私の方からはもう何も言わなくても良いんじゃないかと申し上げたんですけれども、何でもいいから少し話をするようにということなので、どうして私がこういうテーマに取り組んでいるのかという、問題意識のさわりの部分だけをお話してみたいと思います。

著書『死者の救済史』と論文「靖国信仰の個人性」について

『死者と救済史』は、御紹介頂きましたように二〇〇三年の本で、もう三年ぐらい前のものであります。それから、今年の春に、駒澤大学の紀要に載せました「靖国信仰の個人性」という論文があります。これは洗建先生という宗教学の立場から宗教法を御専門とされ、愛媛の玉串料訴訟の参考人なども務められた先生が御定年になるということで、その退職記念号の紀要に書いたものです。もちろん関係ないテーマの論文を寄稿しても良かったんですけれども、せっかく洗先生の御退職記念号だから靖國の問題に触れてみようか、と思い立って書いてみました。

実はこの論文を書くきっかけは、今の藤田さんのお話にもありましたが、『神社新報』で取り上げられた『死者の救済史』の書評でした。ある人から「こういう書評が出ているよ」ということを聞いて初めて知り、最初は『神社新報』だから、たぶん厳しい批判だろうなと思ったのですが、読んでみると、意外にも結構評価していただいていることに驚きました。非常に面白いというんですね。面白いんだけど、最後の近代の戦死者慰霊の問題に触れたところだけ、それまで二項対立的な図式を批判してダイナミックに考えようと言ってきた著者（私）が、ずいぶんと堅い二分法に縛られているのではないか、というような御指摘を頂いたわけです。「集団」対「個人」ということでいえば、靖國神社というのは、決して集団的・政治的な面だけではなく、まさに死者の救済というようなものに関わる「個人性」の側面もあるのではないか、という御指摘だというふうに受けとめました。

これを読んでですね、そうかと思って、確かに自分はフィールドワークから出発した人間ですから、フィールドからものを考えるという立場を取ってきたのですが、その割には、靖國神社とか戦死者慰霊の問題に関しては、フィールドワークもせずに書いている。これはまずい、やっぱり自分なりに調べてみなければいけない、ということがあったわけです。それからもうひとつ、これは二年ぐらい前でしょうか、改装された遊就館に久しぶりに行きまして、その最後の遺影コーナーですね、「靖國の神々」という名前の展示室ですが、あそこに入って受けた衝撃がありました。ああ、ついに遊就館もこういうことを始めたんだと驚きまして、これは一体どういう経緯でできたのだろうという興味もあったわけです。

今回の論文はそれらを手がかりにして、靖國に関わる多様な「個人性」の側面というものに、あらためて目を向けてみようと思って書いたわけであります。ですから、私自身の場合は、何かイデオロギーとか政治的思想とかが先にあって入っていったわけではありません。まずはフィールドワークしてみようと思いまして、フィールドワークっていうのは、自分の先入観にとっては都合の良い面も悪い面も出てくるんですね。観念的な論説であれば、何か自分の言いたいことが先にあって、それを結論にして書けば書けるのですけれども、フィールドワークはそうはいかない。個人的には不都合だったり不愉快だと思うようなことも、現実の中には沢山あるわけです。そういう話にも一所懸命耳を傾けていったときに、全体として何が見えて来るのか、ということが大切だと感じております。

まあ、そういうわけで、この著書がきっかけになって、本日のように神道を専門に研究をされている方々との「ご縁」も生まれたわけです。ただですね、『死者の救済史』そのものは、御紹介にもあったように、直接に近代の問題を考えたものではなくて、むしろ中世を中心に、近世ぐらいまでの日本の一般庶民層が、死者とどういうふうに関わっていったのか、ということを自分なりに少し整理してみたいという問題意識で書いたものです。これまでフィールドワーク中心でやってきた私のような人間が、なぜこんな冒険的な本を書いたかといえば、その出発点には、やはり東北や沖縄の巫者に代表されるような、民間宗教者の信仰に関する私自身の調査研究がありました。

民間巫者研究から民衆キリスト教研究へ

私の研究歴など御存知ない方も多いと思いますけれども、私は東北大学の宗教学を出た後、仙台の宮城学院女子大学に就職しまして、そのあと弘前大学に九年間つとめました。その時に、地元ということもあって津軽地方を中心に、青森県の民俗宗教について、かなり生活に密着したフィールドワークをすることができた。それと同時に沖縄にも関

池上良正氏

心がありまして、研究留学みたいな形で、一九八六年頃ですが、一年間沖縄に滞在して調査を行ないました。そういうことがもとになって、カミサマ、イタコ、ユタなど、いわゆる民間巫者と呼ばれる人たちを中心にした研究をしたわけです。

そこで一番の焦点になったのが死者の問題ですね。この民間宗教者たちの世界はやはり死者を非常に身近に感じていて、必ず出てくるのが肉親や先祖の供養であり、あるいは迷っている死者の霊を供養するということです。近代という時代の中では、こういう「祟り」とか、霊の「障り」といったものは非常に危険で、金儲けや、霊感商法の元になるというようなことで、批判の多い世界ですね。ただ、津軽地方とか沖縄地方の巫者の人たちと日常的に接していく中で、近代の「霊能者」といわれるような人たちの一般的なイメージ、つまり「祟り」とかで人を脅して金儲けしているというような「霊感商法」的なイメージがあるわけですが、そういう視線だけでこの世界を捉えてはいけない、むしろやっぱり、生きている者の日常生活のなかで死者たちとの緊密な交流が行なわれていて、民俗・民衆宗教というものを考える上では、この死者との交流が根っこのようなものになっている、ということを自分自身の中で深く実感するようになったわけです。こうしたフィールドワークの体験が、問題の出発点になっています。

それからもうひとつ、私の研究テーマには聖霊主義的な民衆キリスト教の研究があります。これもまた最初は沖縄のフィールドワークがきっかけで始めたものです。現在の世界のキリスト教を見わたしますと、いわゆる第三世界などを含めて、世界全体の中で非常な勢いを持って伸びているキリスト教というのは、多くが「聖霊主義的」という用語で括れるんですね。教派としてはペンテコステ派、カリスマ派など、いろんな呼び方はありますけれども、そういうグループが私の視野に入ってきました。沖縄での調査をもとにした『悪霊と聖霊の舞台』という本も出しましたが、そこから始まって、フィリピン、インドネシア、韓国、そしてアメリカのいわゆるペンテコステ教会、聖霊派的な教会なども見聞し、これらが私のサブ研究になっていきました。この研究については実は今も細々と続けておりまして、特に日本の近代の中で、こういった聖霊主義的なキリスト教のルーツを探ってみたいと思いまして、中田重治という人を中心とする戦前期のホーリネス教会に関する論文を何本か書きました。それを今度、『近代日本の民衆キリスト教』という題で東北大学出版会から出します。ちょうどいま二校が終わったところです。

身近な死者の救済を通じた生者の救済

これらの問題意識の中で、一番私が興味を持ったのが、やはり「身近な死者の救済を通した生者の救済」というテーマでした。民間巫者の世界もそうですし、新宗教と言われるものもそうですし、それから死者の祟りとか恨みを抑える水子供養などもありますが、そういった現象に対して、特に仏教界のエリートの方々は非常に否定的なんですね。駒澤大学の先生などにも多いのですが、こういう世界は本来の仏教ではないということで、頭から切り捨ててしまう。まあ、確かに教理的にいえばその通りだというのは良くわかるのですが、ただ、民衆層の仏教の歴史を見ていくとですね、「死者を成仏させなければ、生きている者も救われない」というような言い方は、実はお坊さん自身が積極的に説いてきたことなんですよね。「お盆やお彼岸にお経を上げれば、あなたのご先祖は安らかになりますよ」というような言い方ですね。決してそこでは、「祟る」といった言葉は使わないんですけれども、死者を安らかにすることによって、生きている者が幸せになれるということですね。こういう表現の仕方というのは、仏教のエリートの方々が批判する民間巫者などの世界と、実はきわめて相補的な関係にあります。私は「共犯関係」という、かなりキツイ言葉も使っていますが、教学的な見方はともかく、現実の日本の仏教は、こういう世界を積極的に作り上げる原動力のひとつであった、と思っています。

それを言葉にすると、いろんな言い方があると思うんです。仏教用語を用いたり、神道的な用語を用いたり、あるいは民俗宗教的な言い方であったり、だと思うんですけど、いずれにしても身近な死者をどうしてあげるのか、これを安らかな状態に戻したり、あるいは苦しみから救ってあげることが重要だ、という感覚です。こうした「死者の救済」が単独で行なわれるのではなく、同時に生きている人間が救われることにもなる、というテーマが共通にあるわけです。「身近な死者を安らかにすれば、生きているあなたも悩みや苦しみから解放されるんですよ」というような。こういう感覚は日本人のなかに深く染み込んでいて、あえて言語化や対象化しないことが多いと思いますが、少なくともキリスト教徒などからは、違和感を持たれることが多い。『死者の救済史』を書いたあと、あるキリスト教の偉い先生から、ちょっとビックリしたと言われまして、というのは「救済史」というのは、あくまでも神やキリストを主体としたものであって、これを「死者」という言葉に続けたことに驚かされた、というのです。「死者の救済史という表題は非常にショッキングでした」と言われまして、これは半分批判でしょうが、半分は褒めていただいたものと、自分では勝手に思っています。要するに「死者の救済」なんていう言葉はキリスト教徒にとっては非常に冒瀆的な言葉、あるいは不思議な言葉になるようです。死者の運命などは絶対の神様にお任せしておけばよいのであって、人間たちがあれこれ思い惑って何かしたからといって、どうにかなるわけではない、ということです。

生者と死者のあいだの「互酬性の倫理」

『民間巫者信仰の研究』という私の学位論文をまとめた本では、「祟り」というものの積極面についても少し論じました。先程も言ったように「祟り」の世界などというのは、近代においてはネガティブに捉えられてきている。もちろんそれが一部の霊感商法のように、非常に脅迫的な、恐ろしい武器にもなるということは、私も承知しております。それを金儲けの道具に使うような輩が多いということもその通りですね。ただ、ここにはもうひとつの積極面というものがある。少なくとも、民衆層の中に溶け込んだ宗教世界を見ていくとそれが分かってきます。西洋の学者は「アニミズムの倫理」などという言い方をしますが、私は本の中で「互酬性の倫理」という言葉を使いました。一言でいえば、何らかの未練をもった死者の「うらみ」とか「ねたみ」というのは、ある種の平等性を実現する力にもなっている、ということです。

たとえば、親族の中にたまたま早く亡くなったり、運が悪く事故で死んだ人がいる。で、生き残った人たちは、やがて彼らのことを忘れて呑気に生き続ける。そうしたら突然なにか良くないことが起こる。そんなときに民間の宗教者の所へ行くとですね、「あんたのところに事故で死んだのや、若くして死んだ人いない?」と聞かれる。「彼らを忘れているだろう。それを供養しないからそういうことになるんだ」と言われたりします。これは確かに死者の祟りを利用した恐喝と受け取ることもできる。しかし、そこで表現されているものは何かというと、「この世界はお前たちのように運よく生き残った人間だけが支配する世界じゃないんだよ。運のなかった人たちも含んで、この世界全体があるんだよ」ということを、思い出させてくれるという一面もあるわけです。つまり、この世に未練を残した、あるいはこの世に何か深い恨みを残した人たちの、その想いに耳を傾けて、それを安らかな世界に送ってあげることが、結局は自分たちの幸せにも直結する、ということですね。こうした「浮かばれない死者」たちの積極的な働きを、私は「互酬性の倫理」というちょっと堅い言葉で表現してみたわけです。

それで、これは良く言われることですけれども、日本にキリスト教の宣教師が入ってきたときに、一番困惑した民衆の反応は、たとえば「私はイエス様に帰依して本望です。でも、私のお父さんお母さんやおじいさんはどうなるんですか」という疑問が信徒の中から出てきたことでした。未信者のまま死んでしまった者は地獄に行くということになると、それは困る。死んじゃった子供にしても、まだ洗礼を受けていないと地獄に行くんだ、ということに非常に困惑するわけです。キリスト教でも、中世のカトリックなどでは「煉獄」とか「リンボ」といった妥協策が説かれて、この疑問がある程度まで解決できたのですけれども、日本に来たイエズス会などは、カトリックでも非常に改革主義的な人たちですから、煉獄は教義として持っていても、積極的に利用することはなかった。これはやはり異教と妥協してはいけない、という警戒心が強かったからですね。ですから、確かに煉獄というものがあるけれども、死者の行き先はすべて神様が最後の審判のときにお決めになる、ということで、宣教師たちはこれを納得させることに苦労したようです。

日本における救済の構造と宗教学

このような「死者の救済」と「生者の救済」とが表裏一体の関係にある民衆の認識や実践の構造を、どういう言葉で押さえるかということが次に問題になるわけですが、一神教的な発想から立てられた西欧の宗教学の枠組みでは、自然崇拝の伝統だとか、アニミズムとか、シャーマニズムとか、そういう述語ですべてを括ってしまう傾向がありました。あるいは逆に、これこそが外国にはない日本の伝統だとして、たとえば固有信仰としての「先祖崇拝」こそ日本文化の個性であり民俗の核であるのだといった、非常に文化ナショナリズム的な捉え方も多かったわけです。しかし、そういう簡単な図式で片づけていいんだろうかというのが、私の問題意識の中で常にありました。この救済構造というものを、もう少し文化的な広がりをもった動態的な現象として説明してみたいというのが、『死者の救済史』を書く大きな動機のひとつでした。

この本では副題の方に「供養と憑依の宗教学」という言葉を使ったのですが、あえて「宗教学」ということにこだわれば、一つ目は歴史研究、二つ目は比較研究という、この二つの方向を視野に入れて考えてみたいということがありました。こういう欲張ったことをやると、厳しい批判も出てくるわけですが、全体としてはわりに面白がってくださった専門家の方は多かったという印象です。歴史研究としてお手本になるのは、堀一郎先生の『我が国民間信仰史の研究』などです。柳田国男の問題提起を引き継いでいるとはいえ、宗教史の分野でこれだけ丹念に遊行的な民間宗教者の系譜を歴史的に追ったものはないと思います。私の場合は、ずっとフィールドワークを優先してやってきたので、どうしても宗教史の方は蓋をしてしまう傾向がありました。実地調査の研究に宗教史の知見を下手に取り込むと、かえって議論が混乱すると思ってやらなかったところもありますが、やはりこの歳になると、宗教史をきちんと踏まえないといけない、と思うようになりました。特に近代の「慰霊」といった問題を考える場合、丹念な宗教史的研究は避けて通れない学問状況になってきていると思います。

私の着眼点は堀先生とはちょっと違う所があり、特にこだわったのが「個人」対「集団」という問題です。これは堀先生が仏教史から民俗学のほうに展開されたのに対して、私の場合には、もう少し社会学的な関心が強かったからだと思います。つまり、こういう救済構造の中に現れている「個人」と「集団」との葛藤と融和の問題ですね。これに焦点を合わせました。その場合、言い古されたことではあるのですが、仏教にはやはり集団よりも個人を救うという特性があって、宗教史の中で個人の自立を促進させるという役割があったと思います。ですから、いわゆる「祭祀」という神道的な実践が地縁・血縁的な集団に支えられているのに対して、仏教の強い影響のもとに形成された「供養」という死者への対処の仕方には、原理的に個人的な関わりを可能にしていく道が開かれたと思います。

靖國信仰と死者供養

しかし、この先のことは、この本ではあまりはっきり書かなかったんですけれど、というか、あまり自覚していなかったんですが、先の靖國論と取り組むなかで、靖國信仰といったものを取り上げる場合でも、単に集団的な「祭祀」だけではなく、いわば「死者供養」的な関わり、つまり個人性という側面にも目を配るべきだと考えるようになりました。先にもお話したように、この論文は意外にも、意外という言い方はちょっとおかしいかも知れないですけれども、どちらかというと神道界の方々から好意的な評価をいただきました。あえて「親靖國派」と申しますが、そういう立場の方からの評価はわりと好意的なんですね。それから、もちろん洗先生のような宗教学の研究者の方は、面白いと言って下さいました。洗先生ご自身は、首相は靖國に参拝すべきではないというお立場ですが、個人性の問題に着目した点はそれなりに評価して下さいました。そういう宗教学のことをなさっている方々の多くは理解していただけたのですが、社会科学系の視点から「反靖國」的な立場をとる方々の反応が、意外に厳しかったです。「あんたの言っていることは解るが、やっぱりこういうことを言っちゃあかんのだよ」といった反応が非常に多かった。これは何故なのだろうかと考えさせられました。

世の中に完全に中立の立場なんてものはないし、中立だから良いとも思わないんですが、靖國信仰には個人性の側面もあるのだという視点からの私の論文が、神社界の方々からは結構好意的に受けとめられたのに、「反靖國」的な方々からの評価が低い。低いと言うよりも、私の言いたいことがあまり通じないようなのです。この通じなさは一体何なのかということですね、そこが問題ではないかと思うわけです。それは多分ですね、「死者の救済」と「生者の救済」が表裏一体にあるというような救済構造を支えてきた背景には、どうしても個人性と集団性とを厳密に峻別できないような特性があったからではないか、と思います。しかし、近代西洋的な価値観からすると、個と集団はきっちりと分けなければいけない。というか、きっちり区別できるものであるべきだ、という前提があります。ひとりひとりの個人が自立して、公共性としての「公（おおやけ）」に対置する、という図式ですね。

ところがどうも日本的な文脈で考えていくと、いくら「個人性」と「集団性」というモデルを立てようとしても、それほどすっきりとは立てられない。ですから、確かに仏教は死者の救済史の中で「個」の救済を促してきた、そして集団的な祭祀から、「個」の自立性を高めてきたわけですが、その場合でも、キリスト教文化圏の場合とは随分違ったんですね。特に中世末以降に確立したイエ制度などは、「供養」のシステムと完全に癒着していく。さらに近代に入ると、これが国の政策に絡め取られたという言い方もありますが、ともかく、イエ制度のようなものをベースにしないと国家が成り立っていかなかった。それが、どうも「個」と「集団」とが対立軸として峻別・固定化できにくい。「個としての人間」と「集団の一員としての人間」が明確に切り離せず、曖昧なままに癒着している。この曖昧なままに癒着しているという性格が、近代主義では非常にネガティブに受けとめられます。「曖昧なままに癒着している。だからダメなんだ」ということなんですが、本当にそうだろうかなあ、という感じがしています。それは西欧主導の近代社会では、危険・弱点・欠陥としてネガティブな側面が強調されることが多いのですが、歴史的に形成されたひとつの「個性」とみることも可能かもしれない。

「死者の救済」「生者の救済」と日本仏教

こうした性格を形成する上で、いろんな要因があったと思いますが、やはり仏教文化が果たした役割は非常に大きいという印象があります。私は駒澤大学にいるけど坊さんではないので、別に仏教に肩入れするつもりはないんですが、やはり二項対立を嫌う仏教文化ということですね。あるいは「縁」という言葉ですね。「ご縁」という言葉。絶対的に自立した実体としての私が先にあるのではなく、「ご縁」のなかの私という捉え方です。面白い例として、水子供養という問題があります。たとえばアメリカの大学などでは、ゼミで水子供養を話題にしただけで、その是非をめぐって大喧嘩の論争になりやすいといいます。中絶論争なんかが絡んできますから。ところが日本の大学では、みんなニコニコ笑いながら、この話題を語っている。アメリカから来た留学生なんかは驚くようです。この違いはなぜか。

その答えが、たとえばラフルーアさんの『リキッド・ライフ（水子）』などですが、アメリカでは、つねに是か非か、個人の信仰の問題なのか公共の倫理の問題なのか、というような対立軸が問題になるのですが、これが日本では曖昧ないい加減さのなかで、解消されてしまうわけです。お地蔵様というのも、餓鬼道に堕ちた人を救ったり、一方で子育て安産を助けたりする菩薩ですね。つまり崇拝対象となる尊像です。ところが、子供が亡くなったり、水子を作ってしまった人は地蔵を奉納するという風習がある。ここでは、お地蔵さんの像それ自体が、亡くなった子供の姿に重ね合わされます。このお地蔵さんのいい加減さ、といいますか、曖昧さは、二項対立をあっさりと乗りこえてしまうような仏教的な性格と関係している。「煩悩即菩提」といったように。そういうある種の曖昧さは、もちろん一方では危険性もあるのですが、曖昧な現実を曖昧なままに受けとめるような暖かさもある。そこが、「個」と「集団」を峻別できないような文化の特性にもつながっています。「死者の救済」と「生者の救済」が峻別できず、曖昧なままに同居しているといった特性でもある。こういう特性というのが、あらためて私の中で問題になってきたかなあ、ということですね。

比較死者供養論の地平へ

そこで比較研究ということが大事になるわけですが、こうした死者との「供養」的な関わりというものの比較研究は、今後の日本人研究者が取り組んでいくべき重要な研究課題ではないのかということを考えています。その場合でも、比較宗教学というふうなこれまでの比較論は、どうも近代西欧的な枠組みの中で語られすぎてきたと思います。西欧の学界で作られた横文字の概念をそのまま輸入して、それを自分たちの問題として自覚する以前に、そのまま使ってしまう風潮が横行してきた。そういう西洋風の概念を使って論ずれば、自分は客観的な天の高みに立ったんだというふうに思いこんできた。ところが近年問題になっているのは、近代の人文・社会科学系の学問を構成してきたこの基本的な枠組み自体が、西欧近代というきわめてローカルな文化のもとで創られたものではないか、ということですね。そういう問題が出てきています。これからの比較論というのは、「天の高みから見下ろすような比較論」ではなく、「自らの立ち位置から水平にのびる比較論」を、それぞれの文化に属する研究者が相互につき合わせていくような作業が、大切になってくると考えています。

「死者の救済」が「生者の救済」になるとか、「個」と「集団」の境界が固定化

せずに曖昧だといった特性は、それが良いことか悪いことかは別として、本当に我々だけのものなのか。それが、たとえばアジアの諸地域や一神教の文化圏では現実にどうなっているのか。そういう比較の観点も重要になってきます。これを考えるさいには、自分自身を縛っている歴史的・地域的制約が、どこまで他の文化との連続性や差異性をもちうるかといった、いわば水平方向に視線を伸ばしていくような比較論が、ますます必要になってくるでしょう。私が『死者の救済史』で「比較死者供養論」と言ったのは、そういうことです。

こうした視点に立ちますと、ここで日本の特性かもしれないといったものが、必ずしも「日本固有」といった言い方もできなくなってきます。とくに「死者供養」とよばれるような死者の救済システムは、中国大陸でその原型が形成され、韓国や日本にも伝えられたわけで、これを東アジアの文明圏のなかで考えていく視点が重要になってきます。つまり、その原型は中国で仏教と儒教が融合し、さらに民間道教的な観念が融合して形成されたものとみることができます。ですから、日本はこう、中国はこうで、韓国はこうだ、というように、自分を絶対的な位置に置いて上から見下ろすような静態的な比較論ではなく、それぞれの歴史的展開や、あるいは、近現代における経済化、イデオロギー化など、そういうふうな要因が流動的に絡み合っている動態のなかで、相互の比較をしていく必要があると考えています。

実は私自身、四年くらい前から中国調査の科研（科学研究費）プロジェクトに入れてもらって、毎年夏は中国で調査をしています。今年も行ってきました。で、何をやっているかというと、いま中国本土は、特に沿岸部を中心にものすごい経済復興を遂げています。しかし経済復興というのは中国の紹介記事などでもよく取り上げられるのですが、それは同時に、大規模な宗教復興でもある。特に市場経済化が加速している沿岸部の仏教寺院の復興には、目覚ましいものがあります。これに関する調査は、人類学の方で少しあるんですけれども、宗教学では、まだ手がついてない。

何でまだ手がついていないかといいますと、自由に調査できるようになったのが本当にここ数年、二〇〇〇年を越えてから、といえるような状況があったからです。

私たちのグループは、この四年間に、お寺にどういうふうにお金が流れ込むか、寺院復興は大都市住民のどういう宗教的ニーズに支えられているか、といった点を中心に調査しているのですが、住民たちの中心的ニーズのひとつは何かといえば、大きいお寺ではほとんどが「死者供養」なんですね、つまり、ここでも死者を弔うことによって、生きている者が自分たちの幸せを祈る、という構造があるわけです。やっぱりそうか、ということを非常に強く感じます。そうすると、こういうふうなものは、ただ日本文化に固有な特性などと固定することはできず、もっと広い文明圏の問題として考えなければならなくなってきます。こうした観点からの大きな比較文化研究というのも大切になってくるのではないでしょうか。

ちょっと、いろいろと手を出しすぎましたけど、こういう問題も非常に大きなテーマとなっていることに触れて、終わらせていただきます。

藤田　ありがとうございました。初めは少し、ということでしたが、しっかりお話いただきまして、どうもありがとうございます。ここに至る問題・観点を克明にお話し頂きました。特に歴史学的研究と、宗教学的研究といいますか、比較研究の問題、歴史と比較の両研究を架橋するような、そういう御研究を進められているということで、特に「個」と「集団」という問題について、二項対立というよりは「仏教文化」という観点からお話し頂きました。ここで、神道史を中心に研究している研究者はどのように感じるのか。神道的とか仏教的とかは分ける必要はないのかも知れませんけれども、ここで、コメントを頂きたいと思います。菅さんお願いします。

コメント一　菅浩二氏

菅　皆様御無沙汰しております。十四時間の時差を克服できないままでありまして、頭の中は今はまだ真夜中でありますが、コメントをさせていただきます。

私は現在、ハーバード大学ライシャワー日本研究所に客員研究員として在籍させていただいております。ちょうど昨日午後、日本時間ですと昨夜ですが、このライシャワー研究所で開催されております Japan Forum で、そのまま“Yasukuni Issue”という題の講演会・研究討論会が持たれたはずであります。日本経済新聞ワシントン総局長の方が発題され、ヘレン・ハーデカー教授がコメンテータを務められたと思います。

アメリカにおける靖國問題への関心

私の見る限りですが、アメリカでも、いわゆる「靖國問題」には強い関心が寄せられています。特にここ数年、小泉首相の靖國神社参拝が、東アジアの問題として大きく取り上げられるようになってくればくるほど、強い関心が寄せられている。しかしそれは、恐らく昨日のフォーラムも同じだと思うのですが、「政治」の問題として、である。私はこのことに対して非常に、というかある意味で違和感を感じております。

ハーバード内部での、あるごくごく小さな研究会でしたが、私自身も「靖國神社の可能性？」という、疑問符付きのタイトルで研究発表を行ないました。そこでも私は、この問題を政治の問題として片付けて良いのだろうか。といいますか、政治の問題としてのみ語られ過ぎではないか、ということを申しました。私自身は研究者として、やはり「日本の宗教」という次元の問題として、この靖國神社、或いは「慰霊と追悼」という問題を考えていきたいと思っています。

日本に帰ってきまして、『Newsweek』日本語版十月四日号に「アメリカで高まる靖国批判」という表題を目にしましたので、読んでみました。アメリカ議会で靖國神社批判の声が出始めている、遊就館の展示内容などへの批判の声が挙がっている、というような記事でした。しかし、私の知る限りですが、米国あるいは英国、英語圏の文献・新聞・雑誌等を見ると、靖國神社が批判の対象になるのは何も今に始まったことではありません。

ここにお見せしているのはハーデカー教授が、Shintoという表題の授業で学生に読ませている資料のうち、新聞記事集成の一部です。たまたま、橋本龍太郎首相の時から始まっていますが、本当はさらに前からあると思います。「アメリカで高まる靖国批判」といったところで、それは何も今に始まったことでもない。しかし今回もそうですが、議会内部でそのように靖國神社が取り上げられ、それが日米関係という「政治的」関係性の次元に取り込まれることで初めて大きな問題関心を呼ぶ、そういうことが分かります。

ところでこの新聞記事を見て頂くとわかるんですが、さて、首相の参拝を英語で何と表現しているか。他の表現もあるかとは思いますが、基本的にはvisitつまりは「訪問」なんですね。ここに何かしら宗教的、「宗教」的という言葉がぴったりかどうかはともかくも、ともあれもう少し別の要素を含めた訳語があり得ないだろうか。ということで、何人かの米人研究者と話をしてみました。しかし結局「それは文脈の方で使い分けるしかないでしょう」ということのようで、私もそれ以上何も申し上げられませんでした。ただvisitという語で「参拝」の意味を表わし切れているのかどうか、そういうことも感じておりました。

visitと弔い

それからこれは日本語ですが、昨年、平成十七年（二〇〇五年）五月十八日号の「朝日新聞」社説に以下のような言葉を見つけまして、かなり考え込みました。読みますと「靖国神社は戦前、陸海軍省が所管した軍国主義のシンボルだった。今の日本の首相が、戦没者を弔う場所としてふさわしいとは思えない。」

私が首をひねったのは、靖國神社が軍国主義のシンボルだった、というこの社説の認識についてではありません。そうではなくてこの「戦没者を弔う場所として」の「弔う」という言葉についてなんですね。うーん、「弔う」か…と考え込みました。

菅浩二氏

死者の霊と生者が向き合う、ということは常に、池上先生も御本の中で詳しく論じて居られますように、かなりダイナミックなものです。それを表現する言葉のひとつとして確かに「弔う」という日本語もある。ただ靖國神社を考えますと、変な表現ですが、靖國神社を visit することは「弔う」ことなんだろうか? そのような疑問を持った訳です。朝日新聞の方はここに靖國神社で「弔う」という言葉を使った訳ですが、その一言の背後に、折り重なる歴史であるとか、沢山の色んなものが流れ込んでいるのではないか、そんなことを思いました。その沢山のものを、この池上先生の御本を読んで、頭の中でかなりきれいに整理することができました。更に、私が感じた言葉の違和感の背後に、どんなことが折り重なっているのか、そういう感覚が生まれるメカニズムも明確にして頂いた次第であります。

橋川文三の靖國論

ここで少し飛びますが、日本政治思想史研究者の橋川文三が、靖國神社の国家護持法案が国会に提出され、非常に政治的に問題となっていた時期に、今日メモを忘れまして何年かわかりませんが、「わだつみ会」日本戦没学徒記念会で講演された時の講演録があります。後に「靖国思想の成立と変容」という論文になっています（『橋川文三著作集』2　筑摩書房　所収）が、この中から少し読ませていただいて、直接は関係ないかも知れませんが、先ほど池上先生がお話しされた「個」と「集団」の対立軸、或いは私が「弔う」という言葉などに感じた違和感などについて考えてみたいと思います。

橋川さんはこのような問題について、先んじてかなり明確に問うておられます。

「たとえば特攻隊員として戦死した個人がいかにあの戦争を呪い（中略）批判をいだいたまま戦死したとしても、国家は涼しい顔をしてその若い魂をも靖国の神に祀りこんでしまうわけです。たんに彼が神道の神を信ぜず、たとえばキリスト教の信者であったというような場合だけではなく。あの戦争の不正にめざめていた魂までを含めるなら、靖国に祀られることを快く思わないはずの「英霊」の数はもっと多くなるはずです。

しかし、そのような個々人の思想や信条は靖国神社では全く問題になりません。なにはともあれ、それらの死者は国家の行動を原因として非業の死をとげたのだから、国家がこれを祀るのは当然であろうというわけです。しかもそれはたんにその時々の国家権力の恣意にもとづくものではなく、明治天皇の神聖な御意志にもとづいた行事であるというのが靖国の論理であり、また今の国家護持派の主張であるようです。この主張の中には、昔ながらに靖国神社は宗教ではなく、日本人の伝統的な心情にもとづく民族倫理の様式にすぎないという論理の外に、最近ではそれを日本人の社会心理学的事実と結びつけようとするニュー・モードの論理もあらわれているようですが、ここではその傾向に論及する余裕はありません。

ただ一点だけをのべるなら、靖国を国家で護持するのは国民総体の心理だという論法は、しばしば死に直面したときの個々の戦死者の心情、心理に対する思いやりを欠き、生者の御都合によって死者の魂の姿を勝手に描きあげ、規制してしまうという政治の傲慢さがみられるということです。歴史の中で死者のあらわしたあらゆる苦悶、懐疑は切りすてられ、封じこめられてしまいます。（中略）要するに日本の個人は、天皇の国家というより大きな個に従属する分身のようなものとしてとらえられ、その魂の個別性、独自性は解消されているわけです。これは一種のアニミズムの支配といってよいものと思われます。」

今から四・五年前ですか、大阪大学の川村邦光先生がやっておられる「戦死者のゆくえ」研究会で山折哲雄先生が講演された後に、講演への感想など含め、池上先生と色々お話しさせていただいたのを、私よく覚えております。今私が読みました橋川さんのこの部分、色々な個別の死があるものを、全部まとめて国家が扱ってしまうことへの批判、実際にこういう論理を立てて靖國神社批判を行なう論者はかなり多い訳ですが、その時の池上先生の御意見はこの立場に近かったのかな、と記憶しております。

さて橋川さんは、さらに続けています。読みますと、

「しかし靖国神社の問題を考える場合、すべてそれが死者の怨念を鎮めるという政治的目的のための虚構の施設であったとすることは、やはり歴史的にも片手落ちとなります。（中略）先に述べたことと矛盾するようですが、靖国神社もまた、日本人の伝統的霊魂観の延長線上にある、という側面を見落とすわけにはいかないと思います。」

この後橋川さんは、神島二郎さんの『近代日本の精神構造』の一節を引いて、

「ここで神島さんもいうように、靖国神社の成立は日本人の念願のあるものをみごとにとらえていたということは大事な一点であろうと思います。たとえ軍国神社としての性格を完全に拒否することはできないにせよ、それは明治国家が全くの恣意によって戦歿者を祭りあげ、祭りすてに利用しただけの施設ではなかったというところに、靖国問題のむずかしさがあるわけです。日本民衆の中の多くの個人がそのように祀られることを願望していたとするならば、靖国はまさに死者の希望にこたえてその霊を慰める最大の恒久施設であり、少なくともその願望そのものがなんらかの形で消滅しないかぎり、後代のもの、生き残ったものが自己の利害によって恣意的に処理することは、それがいかなる方向であれ、許されないだろうと私は思います。奇妙な表現になりますが、私たち生者は、死者の同意なくして、この問題を一方的に処理することはできないだろう、と考えるわけです。」

橋川さんはこの後、私の専門でもあります海外神社の問題にも視野を及ぼしておられまして、今から見れば色々な意味で、かなり予見的な論文だったのではないか、と思います。かなり長く橋川さんの文章を読ませていただきましたが、池上先生の御研究も、この橋川さんが示された問題提起の文脈で進んでこられているのではないか。ここでは「日本人古来の」とか「日本人の念願」というように「日本人」というものが集団表象として語られていますが、まさにこの靖國神社の問題の難しさがここにある。政治的問題だけではなく、祀られること、祀ることを望んだ者には、それだけの歴史的・文化的背景がある、さらにまた、それだけの問題でもないわけであります。

「個」をどのように理解するか？

個人的にですが「死者」とどう向き合うのか、という問題について、キリスト教徒、主に信仰上保守的な福音派プロテスタントの方々とですが、対話したことが何度かあります。やはり池上先生もこの御本の中で触れておられるように、

「総体として、この宗教（キリスト教）は絶対的な創造神の全能性や、そうした神の意志にもとづく摂理にすべてをゆだねることで、諸々の神霊・死霊・動物霊などに対する個別取引をいっさい否定する傾向が強い。神の絶対性を武器とした普遍主義化である。（中略）「煉獄」のような妥協策はあったが、一般論としていえば、キリスト教は〈祟り—祀り〉システムに相当する対処法を完膚なきまでに破壊する。それはまさに異教社会の「呪術」や「迷信」の典型として否定されたのである。」（八三頁）

私も、キリスト者たちとの対話の中で、こういったことを痛感させられております。「魂は創造神によって生み出されたものだから、創造神のもとへ帰るのだ」、そういった「普遍」としての創造主が想定されてこそ、個別・具体・個人への注目が初めて可能になる、そういった論理の構造であろうと思います。

先ほど先生が「靖國信仰の個人性」の論文について、キリスト教徒を含むであろう靖國神社に批判的な方々から批判を受けた、と仰しゃっていましたが、私はこれは、この文脈から納得がいきました。先生はこの論文で、私の見るところ、「天の高み」普遍、唯一創造神を介した視線ではなく、むしろ自らの立場から「水平に」、個別の死者の個別

の事例を通じて、個別の生と死を見直していこう、という立場をお示しになっておられるのではないか、と思います。それに対して、必ず「普遍」を通じて「個」を理解しようという信仰論理を頭の中に持っている人たちは、違和感を感じるのではないか。

分祀論と神道の神観念

一方で、個人性についてもうひとつだけお話しますと、政治的に非常に問題になっているいわゆる「A級戦犯分祀」論の「分祀」という問題。これは私も、考えあぐねている問題ではあるのですが、政治家のレベルですと例えば、特定のお名前を出してしまいますが民主党の小沢一郎さんなどは「靖国神社には霊璽簿というものがあるんだろう。そこから名前を削ればいいんだろう。」そんなことは簡単ではないか、というような感じで捉えておられるようです。アメリカなど英語圏での論調も、やはり「名前を削る」という感じで捉えている。よく言われることですが、ヒトラーが記念されているところにドイツの政治家が行けるのか、というような話。前提になっているのが、靖國の神は近代的個人そのものである、という考え方ですね。近代的な意味で人格を持った一個の個人が一柱の神である、という考え方が靖國神社に、「A級戦犯」分祀論にも及んでいるわけです。古代日本神話の神は御存じの通り、一柱の神に多くのお名前があったりするわけですけれども、靖國神社の神は、一個の個人は一柱の神、それは一つの名前の下に扱われる。近代的個人と一柱の神をイコールで結ぶような、そういった神道の神への理解が、それらの「分祀」の議論の中に読み取れるように、私は思います。

ところが、池上先生はそこまで視野を伸ばされていると思いますが、神道者にとっては、神という存在をそんなに簡単に扱えるわけがない。神である、ということには、近代的個人を突き抜けた、もっと深い次元が当然そこに含まれている。神であることを通じて、中世ひいては古代の信仰にも遡及し得る、「し得る」としておきますが、そういう存在としての靖國神社の祭神、そして近代的個人として、一個の名前でもって扱われる個人であったところの一柱の神、この二つの問題がここには入り混じっていると思います。

この辺の問題を、靖國神社の祭神について名前を削ればそれで済む、とする論議は、私はやはり、政治の側から出てくる論議でしかない、と思う訳であります。そういった意味でも、初めに帰りますけれども、靖國神社の問題が政治や司法判断の次元だけで語られてしまうことへの根本的違和感というものは、ぬぐい去れない。

池上先生の「靖國信仰の個人性」という論文ですが、この「個人」という言葉も、先ほど言いましたような、絶対者・創造主を媒介にして戻っていくような「個人」と、個別具体的な生と死として理解され、相対するものとして観じていく「個人」と、二つあるように思います。「個人」というものは、やはりそれら二つが重なって、一つの概念となっている。それがひいては、先ほど言いました靖國神社の神の近代的個人性と、それを突き抜けて古代の神にも遡及し得る性格、その二重性にも重なってくるのだろうか、そのように考えております。以上です。

コメント二　藤本頼生氏

藤田　菅さんからは、アメリカでの御経験も踏まえられまして、靖國問題の政治性というものから、日本宗教研究というか、研究の場でどういったことが話せるのか、そういったものを取り戻したいというお話であったと思います。池上先生の構図の先駆けとして橋川さんのような議論があったということ、あるいは個人、個人性といったときに近代的個人という、創造神を介するような、普遍的なものを介した個人、近代的な個人というものと、そうではなくて、日本的といっていいのかわからないけれど、一柱の神として祀るということ、そういった靖國神社の祭神の問題をどう考えたらよいのかという問題提起であったと思います。そういったことを踏まえまして、今度は藤本さんからコメントをお願いしたいと思います。

藤本　藤本でございます。私は現在、神社本庁教学研究所にいるわけですけれども、私の専門としては、これまで近代神道史全般、また、近代における神道と福祉との関わりというものを中心テーマとして研究してまいりました。その研究の一環として昨年、靖國神社に関する論文を『神道宗教』の百九十九・二百号のほうに「歴代首相の神宮・靖國神社参拝をめぐる一考察―問題視される慣習と変化する慣習―」という論文を書かせていただきました。この論文では、私は現在問題とされている「靖國神社への首相の公式参拝」が戦前と戦後を通じて一体、いかなるものなのか、いかなるものであったのかということを近代における首相の参拝、戦後における首相の参拝を比較検討することで国家における慰霊・追悼という問題を考えてみるものでしたが、今回、こうした機会を戴いたことで、さらにこの問題について深めてみたい面もあるものですから、宗教と社会との関わりという面から私なりのコメントをできないかと考えております。

今日、コメントのために資料を用意しております。急いで作成したものですから、荒々な物であまり整理もされていませんが、池上先生の御著書である『死者の救済史』と「靖国信仰の個人性」(『駒澤大学 文化』二十四)の論文を拝見させていただきまして、私なりに少し箇条書きのような形で、思うことをつらつらと書いてみました。

先程、菅さんもお話しされたように、実際に靖國神社を巡る問題というのは、非常に政治的な問題になっておりますし、それゆえにこの問題というのは、いわゆるA級戦犯の合祀の問題であるとか、現在の靖國神社の首相参拝をめぐる問題であるとか、また、その根底にあるのが昭和二十年代～四十年代の靖國神社国家護持運動で、やはりこの国家護持問題というのが戦後から一貫した問題としてあるわけです。この戦後からの歴史的な経緯自体も今の議論では全くないがしろにされております。つまり、なぜ国民的な運動として、靖國神社の国家護持の問題が出たのかという問題を考えなければならないと思います。それは当たり前のことではありますが、靖國神社というのが、「我が国における戦没者の慰霊・追悼の中心的施設である」という言葉に象徴されるように、やはり二百四十六万余という全国各地の戦没者、国事殉難者を御祭神としてお祀りしている神社であるということが、非常に大きな要素としてあるからだと思います。

行政制度からみた靖國神社の有り方

また、政治、行政制度の面からこの問題を考える場合には、戦前における神社の有り方と、戦後の神社の有り方に、変わらない部分と変わった部分というものがあるということを考えていかなくてはなりません。

お配りしております資料に「靖國神社の所轄部局変遷」ということで単純に整理してみたものですが、靖國神社のことでいえば、戦前に地方招魂社（のちに護國神社）のように、一貫して他の神社と同じような扱いを受けていたわけではなく、結論から先に言ってしまうと、内務省が関わっていた時期もありますし、そうでない時期もあるということです。戦前においては、陸海軍省の共同統括のお社であった時期が大半であったといえます。実際、内務省が靖國神社のことに所管官庁として制度上、正式に関わることができたのはわずか八年。あとは陸軍、海軍省が一貫して所轄していた社であったという事実です。とはいっても、明治十二年以後は社格だけでなく「靖國神社」として制度上は、いわゆる内務省に管轄されていた他の「神社」にほぼ準じた扱いを受けていたという部分もありますし、まし

<table>
<tr><th></th><th colspan="3">靖國神社</th><th>地方招魂社（護國神社）</th></tr>
<tr><td>明治2年6月</td><td colspan="2">軍務官</td><td rowspan="4"></td><td>神祇官</td></tr>
<tr><td>明治4年8月</td><td colspan="2">兵部省</td><td>神祇省</td></tr>
<tr><td>明治5年2月</td><td rowspan="2">陸軍省</td><td rowspan="2">海軍省</td><td>教部省</td></tr>
<tr><td>明治10年1月</td><td rowspan="3">内務省社寺局</td></tr>
<tr><td>明治12年</td><td>陸軍省</td><td>海軍省</td><td>内務省</td></tr>
<tr><td>明治20年</td><td>陸軍省</td><td>海軍省</td><td rowspan="4"></td></tr>
<tr><td>明治33年4月</td><td rowspan="2">陸軍省</td><td rowspan="2">海軍省</td><td>内務省神社局</td></tr>
<tr><td>昭和15年11月</td><td rowspan="2">神祇院</td></tr>
<tr><td>昭和20年12月1日</td><td>第一復員省</td><td>第二復員省</td></tr>
<tr><td>昭和21年2月3日</td><td colspan="3">文部省社会教育局宗務課</td><td>文部省社会教育局宗務課</td></tr>
<tr><td>昭和43年6月</td><td colspan="3">文化庁</td><td>文化庁</td></tr>
</table>

［参考資料①　靖國神社の所管部局変遷］

てや明治十二年に別格官幣社に列格される以前は、靖國神社はそもそも東京招魂社ではあっても、制度上として明治十二年までの間、「神社」という扱いを受けるものであったのか、実際に受けていたのかどうか、というものもやはり考えなければならないと思います。

例えば、明治十二年以前は特に祭式一つとってみても普通の神社とは全然、違っていたわけです。靖國神社は創建当初は大村益次郎の建言により六十余人の社司が報国隊などを中心に召集、任についていたわけですが、実際にはその後、相次いで離職し、明治五年には社司五人、社掌二名、明治十二年の別格官幣社列格当時でも宮司一名、禰宜一名、社司四名でありました。種々の祭儀などにあっても斎主は軍関係者でした。そして祭式は陸軍第一局、宮内省式部寮との連携により作成されたもので、一般の神社はもちろんのこと、地方の招魂社（いわゆる護国神社）とは祭式一つにおいても異なっていたわけです。さらには戦後は宗教法人であるという事実です。戦前、戦後の制度上だけでも大きく異なるこの違いと、さらには宮司や神職という祭祀を担う人や軍関係者、また神社としての活動なども変化するなかで、「靖國神社」としては制度が変りながらも続いてきた、この百三十七年間という組織体としての連続性をど戦前戦後で何が変化し、何が変わらないのか？
○個人性　①慰霊・追悼　永代神楽祭・花嫁人形の奉納
　②顕彰　個人遺影の展示
　③祭神…祭神合祀の特性からみる個人性
※遊就館とはどういう経緯で建設され、中断され、復活し、新館がオープンしたのか。
○集団性　①祭祀　慰霊と顕彰…例祭、諸祭
　②創建過程　官祭招魂社
　③公式参拝問題
　④顕彰
　⑤祭神…祭神の合祀にみる集団性

［参考資料②信仰の性質をめぐる問題］

う考えるのかということです。ましてや戦後の靖國神社は神社としての祭祀はもとより、個々の参拝者も単に慰霊や追悼のためだけではなく、平和を祈る、誓う神社ともなっている。パラダイムの転換ということもあるわけです。

だからこそ、やはり戦前の慰霊・追悼・顕彰といったものと、戦後の慰霊・追悼・顕彰とはいかに違うのか、または同じものなのかということもありますし、これは先ほどから何度も申していますように単なる神社の所轄、制度上の問題だけでも大きく異なるわけです。そういったものをもやはり議論の大前提の問題として捉える、考えなければいけないだろうということを、池上先生の論文や著作等を読ませていただいて、最初に思った感想でございました。だからこそ池上先生の視点から学ぶことも大事であり、慰霊の質を宗教学、民俗学の視点から捉えなおそうという点では非常に評価されるものであると考えております。

靖國神社信仰における「集団性」と「個人性」の関係

また、資料をもう一枚めくって戴きますと、やはり池上先生は、靖國問題そのものの中で、信仰の性質ということに着目して触れられて

いるのですけれども、その信仰上の性質を特に「集団性」と「個人性」といったものに着目してみますと、靖國神社の信仰上の「個人性」に関わるものが何かを抽出してみると、どういうものが挙げられるんだろうか、ということで少し資料に掲げてみたのですが、これを見ていきますと、やはり池上先生が指摘されているように、靖國神社の祭祀やその他の活動のなかで持ちうる個人性といった面においては、例えば永代神楽祭であるとか、花嫁人形の奉納であるとか、個人遺影の展示であるとか、御祭神に関しても祭神合祀の特性からみる個人性というものも考えられるでしょうし、また、遊就館に関しても、遊就館とはどういう経緯で建設され、中断され、復活し、新館がオープンしたのかという点で、信仰的な個人性に、何かしらやはり関係があるんじゃないかというようなことがいえるのではないか、と思ったわけです。

その一方で靖國神社の「集団性」と言ったものに関して見てみますと、慰霊と顕彰、やはり神社としての例祭や諸祭という「祭祀」がありますし、さらには官祭招魂社・墳墓の問題があるわけです。この点、先行業績としては小林健三、照沼好文先生の『招魂社成立史の研究』があるわけですが、創建の過程だけをとってみても、そもそもが明治天皇の御思召によって東京招魂社として創建されたということがありますし、また戦後では首相の公式参拝の問題もあります。これに関しても先程来からも申しておりますように戦前、戦後の首相参拝自体もよくみていけば、その日時をはじめとして、意味合い自体も大きく異なっているわけです。さらにはもともと首相の参拝に「公」と「私」を明確にわけあえるのかという問題も勿論ございます。さらにはお祀りされている御祭神という面から見ると、祭神の合祀という中に逆に「集団性」と「個人性」といったものも考えられるんだろうというふうに思います。とにかく簡単にはいえないわけですが、祭神合祀における「集団性」といったもの、「個人性」といったものについて考えてみると、靖國神社はむしろ非常に「個人的」な信仰といった部分に関して、「集団的」なものを持っている側面と、逆に言えば二百四十六万という個々の祭神に対して、それぞれの主義主張と言ったものもあるのでしょうけれども、逆に言うと非常に個々の御祭神が「個人性」を持っているわけですし、靖國神社はそれを非常に配慮してきたわけです。個人性ということであれば、昭和二十年代の合祀は別としても、それまでは個々の御祭神一柱、一柱に対して一つずつ丁重に合祀をし、遺族らに対しても招魂祭に招き、祭祀の終了後は宮司と一緒に記念写真まで撮っている。さらにはこれも阪本是丸先生がよく仰しゃられることですが、『靖國神社祭神祭日暦略』や陸海軍省の監修による昭和初期までの戦没者十数万の御祭神が全柱掲載された『靖國神社忠魂史』といった御祭神の詳細な事績も纏められている。こうしたことをどう考えるのかということです。また創建以来、戦後までの合祀基準の問題もございます。

なぜ神社なのか、なぜ神道なのか、という問い

この点、先程、池上先生が仰しゃっておりましたように所謂、靖國神社の個人性といった、そういった枠に対して光を当てると言うようなお話になるかも知れませんけれども、逆にそれぞれの戦没者個々人に対して光を当てる。個人を大事にしてきた部分でもあるかと思うのですけれども、その中での「集団性」といいますか、じゃあそれは一体何なのか。なんでそういう風に考えていくのかというと、ちょっと色々解釈はあると思うのですけれども、やはりちょっと思ったのは、だからこそ、「神社」というものが持つ公共性、それから我が国の固有の信仰でもある「神道」というものの根本に立ち返る話ではないか、と言う風にちょっと思ったわけです。けれども、やはり「慰霊と追悼」ということを考えるならば、何で靖國神社なのか、また慰霊のために「神道式」のお祭りをするのか、というように、やはり、我が国の戦没者の慰霊の中心的施設である靖國さんが、なぜ神社または神社神道に支えられてきているところなのか?というところに立ち返るのだろうという風に思います。どうしても信仰面に帰着していくんですけれども、

やはり、なぜ「神社」なのか、なぜ「神道」なのかという問題に、もう一回根本に立ち返って考えてみなければならないと思います。そこには、やはり我が国の歴史のなかで、古来から継続してきた神社または神道と言ったものが根源となるでしょうし、この中にはそういう意味では、我国の個々の地域共同体の共同性が基盤として成立してきた神社神道の特殊性というものに、大きな価値が置かれてきているからではないかと思うわけです。

また、池上先生が『死者の救済史』で指摘するような〈供養／調伏〉システムと〈祟り―祀り／穢れ―祓い〉システムという問題とも連関性があるものと考えるわけです。つまり「仏教インパクト」以前から機能してきた〈祟り―祀り／穢れ―祓い〉、死者をお祀り申し上げ、集団の権威が源泉であるというシステムは、近代国家の形成過程の上でも死者への対処法として採用されてきたものでもありまして、このことをどう考えるのかということです。

靖國神社研究のための視点

さらには何故慰霊碑や忠魂碑ができたのか、何故神社や小学校へ建てられたのか。神社だけではない場所に建てられている場所にはどんなところがあるのか?その辺にも注目しておく必要があるとも思います。先程、池上先生のお話しを伺っていて、古代祭祀における慰霊がどう考えられていたのかということに改めて帰着していくのだなと思ったわけですが、歴史学の視点と宗教学の視点からもう一度、考え直そうという試みは非常に大事だなと思ったわけです。さらに先般の國學院大學のCOEプログラムの総合学術企画シンポジウムの中で行なわれましたが、そのなかで岡田莊司教授が、やはり古代、中世の宮中祭祀の中で、「祟るから祀る、祀って、色々なまた不幸や事件が起きると、また祟られたということで、また祀る」ということで、ぐるっと一回りとなるサイクルがあるという視点を出されておりました。この点を考えてみると池上先生が『死者の救済史』の中で、やはり「供養」というものと、「祟る」「祀る」

と「穢れ」「祓う」というシステムを入れてみるということとも、関連があるわけですが、先般の國學院大學のシンポジウムに来られた方々は逆にこの池上先生の論にちょっと違和感をもったのではないかとも思います。けれどもやはり仏教文化というものの周辺から汲み取って死者の対処法というものを、やはりもう一度見直さないといけないのではないかということでもありますし、基本的には共同性とか集団の権威というものが、どういうものなのか、それが再びどういう風に関わっているかということを、もう一度考えていく必要があるのではないかと思います。

藤本頼生氏

また、靖國神社の問題を考えますと、やはりこの靖國神社の慰霊や追悼の構造、遺族の救済の構造といったものを考えます限り、池上先生の今日のお話の中にもあったように、やはり歴史からの研究・民俗学や宗教史からの研究というものと、所謂比較宗教学的な研究というもので救済構造を考えていく必要がありますが、そこで翻って靖國神社の問題で考えてみますと、非常に深く行政との関わりが深い社であったという面もありますので、そういう面の中から靖國神社または、戦没者の慰霊というものがどういう風にとらえられてきたのかというものを考える必要があります。それは既に阪本是丸先生や藤田大誠氏が研究されておりますが、やはりそういった近代の神社や宗教行政、種々の法令、またさまざまな戦没者慰霊に関わるなかでの言葉の解釈といったものが、どういう風に考えられてきたのかということを、歴史の上できちんと整理、定義していかなければならないと思います。例えば、阪本先生がよく指摘されているように「英霊」という言葉が例えばいつから使われ始めたのかということや、我々も靖國神社のことを語る際に頻繁に使う言葉である、「慰霊」、「英霊」、「追悼」、「顕彰」という語がいつ頃から一般的になって、その意味がどう変遷してきたのかという、言葉の語義や定義を今一度考える必要があると思うわけです。

今ではよくマスコミなどでも「英霊」という言葉が使われるわけですが、この言葉が創建当初から使われていた訳ではないですし、またその表現の変化といったものから着目して捉えていくということも必要だと思います。

私は、慰霊、追悼ということの問題をみる場合、靖國神社の問題は、①行政面から靖國神社、戦没者の慰霊ということをどう捉えてきたのかということと、②現象面、実際の慰霊、追悼のあり方、現象から捉えるという、この二点を押さえなければならないだろうと思います。前者の場合でいえば、まさに近代においていかに靖國神社が行政面から整備され、考えられてきたのかということ、それはまさに陸軍、海軍の神社としての機能面が重視されてきたことに尽きますし、また神社というものをどう考えてきたのかということにも関わるわけです。後者の場合はまさに戦前は行政上、いわゆる神道非宗教としての扱いの中で、現象面として実際の慰霊のあり方、それに関わる現象はどのようなもので、今とどのように異なるのか、同じなのかということを考えなければならないだろうと思います。

その一方で、やはり現象面、実際の慰霊追悼のあり方の現象、フィールドのなかから捉えてみるというその二点は、やはり押さえておかなければいけないのだという風に思いますし、そのことを明らかにすることによって、戦前・戦後というなかでの靖國信仰の個人性であり、集団性がさらに明らかになるのではないかと思います。

少し話は変りますが、近年、民俗学や社会学の立場からの研究で盛んになっているのが忠魂碑や慰霊碑の問題であります。これについては、大原康男先生の『忠魂碑の研究』に詳しく書かれており、詳細はここでは述べませんが、神社とよく結び付けられて論じられることが多いわけですが、法令上は神社への建碑や戦利品の備付というのは種々各地で問題となっていたわけで、逆に尊厳上の問題から、神社境内にはみだりに建てないようにという行政訓令もあったわけです。この問題は図にも東京と大阪の事例を挙げておりますが、実際の建碑時期やその場所の割合などもあっ

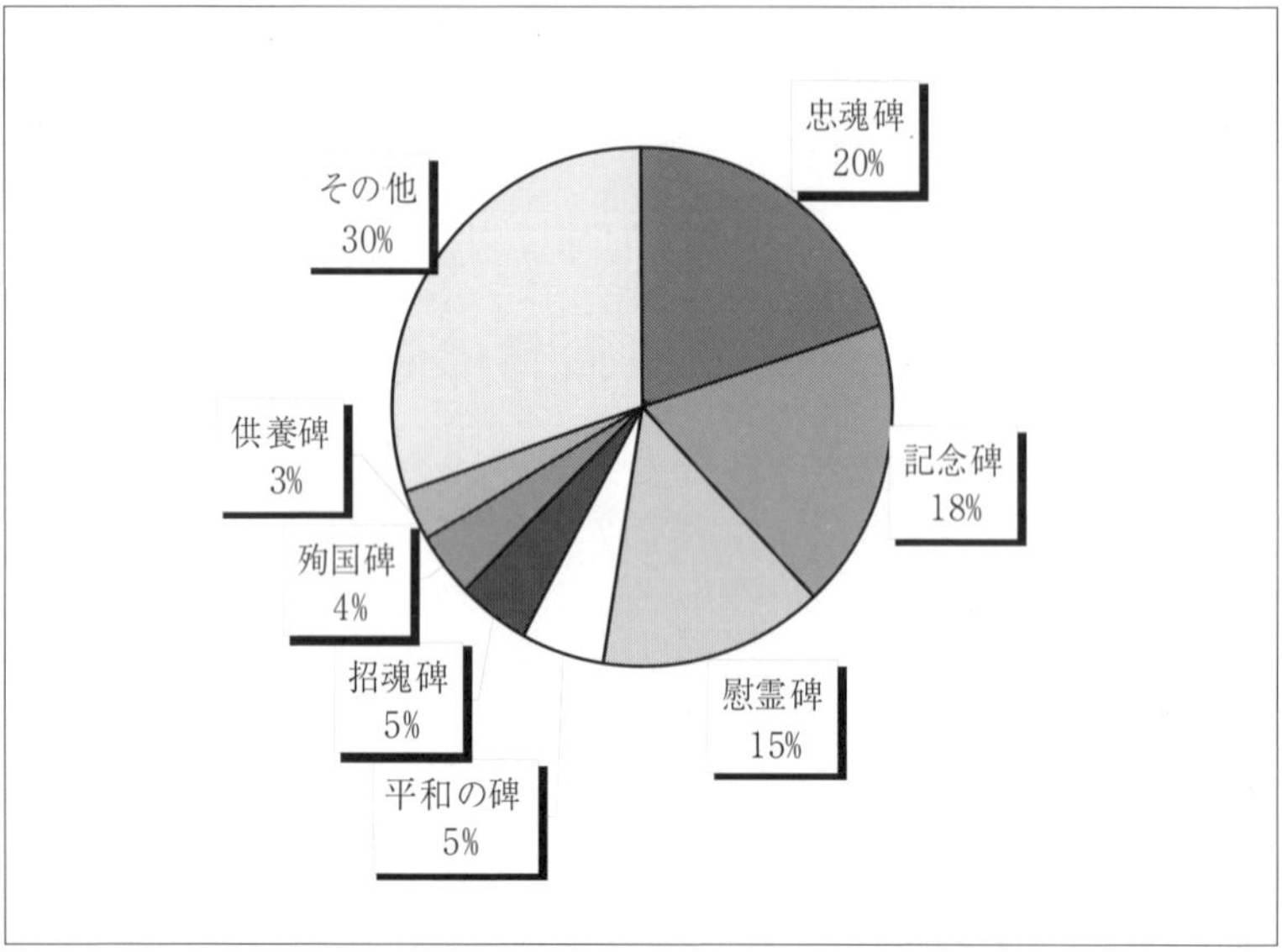

（図１） 東京都の忠魂碑等の碑銘別の建立数

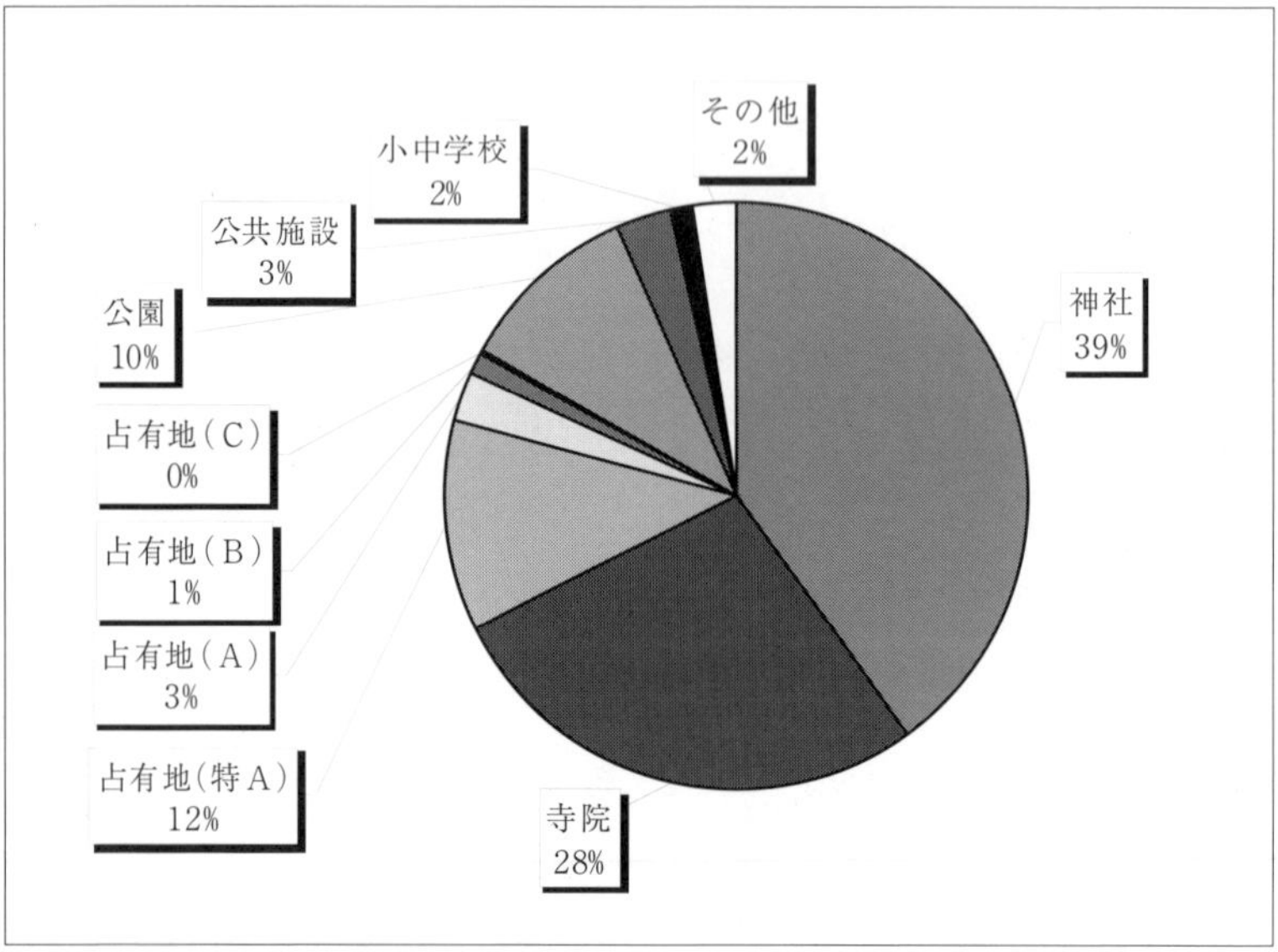

（図２） 東京都の忠魂碑等の建立場所割合
（出典） 図１、２ともに東京都忠魂碑等建立調査集　靖國神社編　平成７年８月

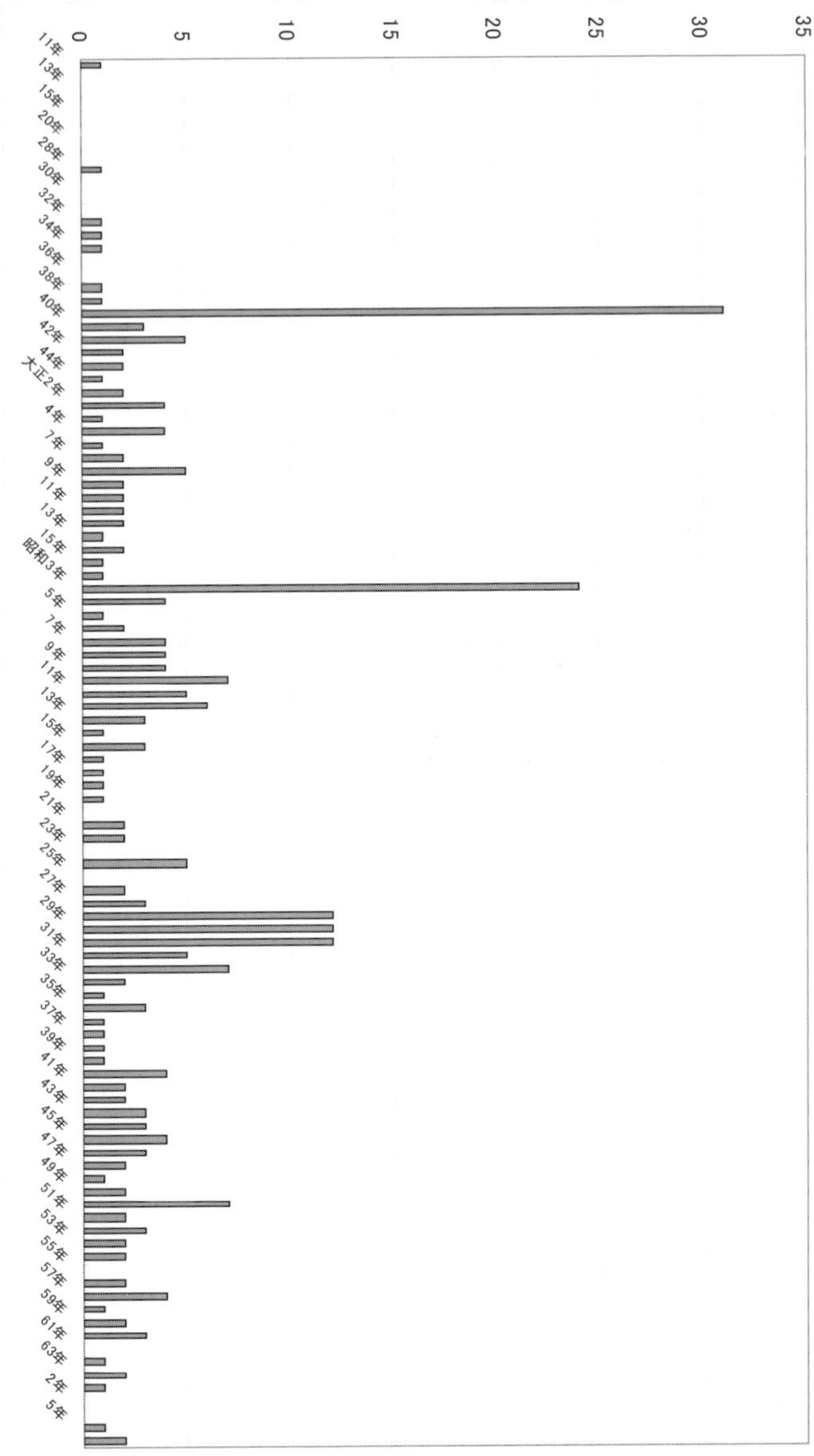

（図３）大阪府内の忠魂碑慰霊碑等の年次別建立数
（大阪府忠魂碑等建立調査集　大阪護國神社　平成７年10月）

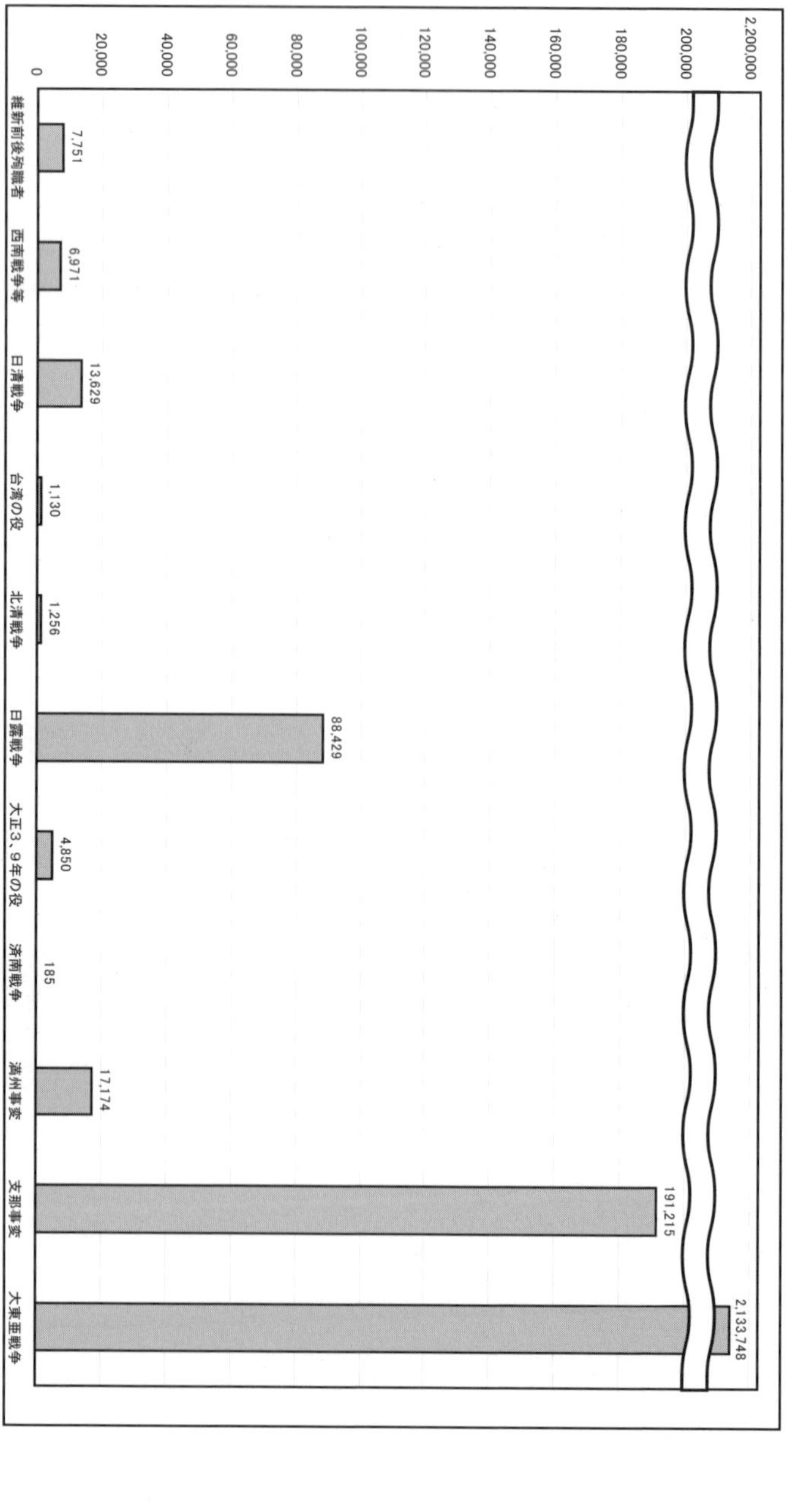

（図４）靖國神社合祀数の推移
（『やすくにの祈り』靖國神社社務所編　平成１１年による）

て、簡単には論じられないものであると思います。

実証的・丹念な研究の必要性

また本日は資料に靖國神社・護国神社に関する法令を挙げております。ちょっと挙げただけでも、かなりの行政訓令や法令が出されております。ここには陸軍省、海軍省の法令は全部、この資料の中に抽出していませんので、あくまでこれは「抄」ということで考えていただきたいんですが、端的に見てズラズラっと関係のありそうなものだけ、拾い出しただけでもかなり靖國神社、招魂社、護國神社に関わる種々の法令というものが出てきたということでありますし、これらが戦前の帝国議会をはじめとして、内務省、陸海軍省内で、一体どういう議論や、各地方自治体などとの書類上のやり取りの中で出来てきた法令なのかなど、やはり個々にいろいろ見ていかなければ、靖國神社に関わる慰霊や追悼の問題というのは安易に語ることができないのではないかと思います。

さきほど政治の問題ということが菅さんのほうからお話があったように、「こうも多様に複雑な問題は他にない」といってもいい位にですね、靖國神社を取り巻くいろんな状況というのは刻々と複雑化、混乱を極めているという風にいえるのですけれども、その中でやはり今を生きている人々に対して、我々の今があるのはまさにこの靖國神社に祀られた英霊のおかげでもあるわけで、そのためにも戦没者の慰霊や追悼というものを靖國神社を中心にしてどうわかりやすく説明をしていくのか、具体的に説明できるものをもつためにも、砂を嚙むような作業ではありますけれども、歴史上の経緯や現象面、法制度など、一つ一つ明らかにしていかねば何も語れないのではないかと思ったわけです。

藤田　ありがとうございました。藤本さんから近代の神道史の視点といいますか、歴史的或いは現在の問題として池上先生が受け取られている靖國神社、或いは慰霊・追悼の問題を考える中でですね、なぜ近代にそういった国家的な儀礼の場というなかに「神社」という形態があるのか、ということを、また、靖國神社そのものの歴史的な経緯というものがどこまで具体的に明らかになっているのかということを、今の話を聞くだけでもまだまだ研究の余地があるという風に思いますし、そういったことをご指摘になられたという風に思いました。こういった行政も含めました歴史的な法令とかですね、そういったものの集積である神社行政、そういった面と、実際に具体的に民衆も含めまして、どういう信仰形態があったのかということと、両面があるということで、それをどういう風にリンクさせていくのか、という問題であったと思います。

――休憩――

質疑応答

藤田　それでは再開させて頂きます。さきほどの話を踏まえまして、少しリプライ的に池上先生から御発言を頂きまして、その後、皆さんからも挙手を頂きまして御自由にですね、討論できればというふうに思っておりますので。それでは池上先生。

池上　先ほど三十分と言われていたのに長々と話し、また詳しくリプライしていると長くなってしまいます（笑）。

今日は本当にこれを機会にいろいろと教えて頂き、謙遜ではなく、深く感謝しております。さっそく菅さんのほうからは橋川文三さんの論文について教えて頂き、また藤本さんからは、忠魂碑の研究について詳しい御研究を紹介していただきました。いろいろこれから、こういう方面についても勉強していかなければいけない、というふうに思いました。本当に私の研究などはささやかな試みだったんですけれども、なんか意外に面白がっていただいたというふうに思います。

まあ考えてみれば、一昨年の終わりくらいから去年の一年間ですね、靖國神社には延べ三十回以上は行きましたね。そうそう、奉賛会にもちゃんと入ってですね。これだと遊就館が無料になりますから（笑）。それで遊就館のなかをうろうろして、いろんな方とお話したり、展示課長さんにお世話になって遺影奉納者を紹介していただいたり、あるいは別のルートから遺族の方にアプローチしたりもしました。

その時に感じたんですが、靖國の内部事情に通じて、現場の雰囲気をよく御存知の方の書くものは、わりと靖國護持的になるんですね。で、いわゆる反靖國的な人たちの書くものは、この人は本当に靖國神社に行って現場を見ているんだろうか、というような感じのものになりやすい。だから、内部から見てこれは大事だという主張と、それから外側からですね、こんなのはダメだという批判とが対立して、なにか観念的というか、空中戦というか、実りある議論が進めにくい感じになっている。

それで、私の場合は、先ほども言ったのですが、もともとはフィールドワークから始まって、そこである程度宗教学の学界などでも、お前の書くものは面白いと評価されたのは、やっぱり現場のフィールドから積み上げたものしかないですから、そこでとにかく刑事さんの現場張り込みではないですが、現場に足を運んでいろんな人に話を聞いたり、いろんな物を見たり、具体的に「何があった」「どんな事をやった」「一年間何が行なわれているか」、そういうことだけは調べてみようということで、始まっていったんですね。それで一年経ったとき、できたことは本当に僅かなんですけれども、たぶんその辺で、従来の研究とは多少違うものが見えてきたのかもしれません。

危険な領域に入る靖國論争

やはり今思っているのはですね、この論文では一番最後に書いたことですが、最近の靖國は非常に危険な領域に入ってきているように思います。危険というのは、軍国主義の危険とかそういうことよりも、議論が非常にこう抽象化・観念化していっているのですね。要するに私もそうだったわけで、地に足がつかない議論が非常に多い。つまり理想というものはある程度追っていかないといけないでしょうが、ただ、やはりいろんな側面を見てますとですね、何と言うんですかね、生身の人間が見えない議論というのがすごく多い、という感じがします。

それで、昨年私が論文でも取り上げたAさんBさんといった方々と面談したわけですが、実は今年になってAさんから電話があって、「先生、お元気ですか、お会いしたいですね」と仰しゃるんですね。向こうからですね、不意に。私としては嬉しいことですね。フィールドワーカーとしては嬉しく感じるものですが、何か話したいというより、顔がみたいというのです。「じゃあお会いしましょう」ということで、ちょうど永代神楽祭で靖國神社に来られるというので待ち合わせましてですね。まあ経済的にもそんなに裕福な方じゃないんですけれども、「今日は私に出させてください」と仰しゃるので天ぷらそばを御馳走になったりですね。そんなことがあって、その時はもう調査の面談ということではなくて、いろいろ身の上話などお聞きしたのですが、そういう会話の中から見えてくるものっていうのは、何というか、政治レヴェルの議論とは非常に違う世界なんですね。

それからまた、私がかつて学生時代に仙台で下宿をしていた時の大家さんが、いわゆる戦争未亡人で、息子さんを御自身で育てるために、御主人の没後に下宿業をやっていた方でした。この方なんかはですね、別に思想的に反靖國ってわけじゃないんですが、要するに「お上が祀る神なんて自分には関係ないし、生活するのが精一杯よ」という人たちで、靖國神社にも行かないわけです。だから、逆に自分から永代神楽祭に申し込む方たちというのは、どういう人種なんだろうという関心から、何人かに面談してみたんですね。すると、これもまあ、決して右翼でもガチガチのナショナリストでもない。本当にごく普通の方々がいろんな動機や事情でこう関わっている。まさに、それぞれの個人性なんですね。

そういったものを見ていったときに、一人一人を見るとですね、やはり亡くなった人を弔うことの中で自分自身が救われるというような方もいるし、これが靖國神社である人もいれば、そうじゃない別の人もいるということで、その個性は非常に多様だと思います。そういうものを、こう何というか、抜かしてしまう議論は危険だということですね。それは反靖國の立場の論者にもいえる話なんですね。で、だからやはり最後は、個人の一人一人に目を向けていったときに見えてくるものが大切になる。靖國の英霊と聞いたときに、それを「あの子」「あの人」「あいつ」というように受け取れる人たちですね。

ところが「あの子」と呼ぶようなお母さんというのは、もういなくなっちゃった。そして「あの人」というと奥さん、「あいつ」といえば戦友ですが、そういう人たちも少なくなって、そうなると、すべてが抽象的な政治的レヴェルの議論になっていく。そういうある意味では危険なというか、新しい段階に入っている。そこでかつてのように、個と集団との緊張関係を取り戻すにはどうしたらいいかということは、よくわからないのですけれども、やっぱりそういう人たちの想いや信仰に立ち返って、それを大事にしていくことが重要ではないか。靖國神社の中でやってきた営みというのは、そういう緊張関係の根っこにある独特の救済構造に支えられている。それを明らかにしたい。たぶんそれは単なる好奇心だけではなくて、自分自身の生き方の問題としてでもある。まあ、こんなことにですね、考えを巡らせてきたということです。

藤田　ありがとうございました。少し整理できるかどうかわかりませんが、菅さんの話等も含めますとですね、池上先生の「生者」と「死者」ともにその「救済」というものが考えられるというか、そういった「生者」と「死者」関係の中で靖國の信仰も含めて、それ以前の歴史的な仏教の儀礼のシステムであるとかそういったものも視野に入れてですね、議論できるのではないか。その一方で菅さんが言われたような、単純化して言えばキリスト教的なですね、「死者」が「死者」を含めてそういった「創造神」的なものを直に受けて、そこから「個人性」というものが出来てくるという議論もありましたけれども、その辺を池上先生のお言葉で言いますと「救済行動」、あまり神道で「救済」という言葉は使わないと思いますけれども、その面も含めましてですね、そういった「生者」と「死者」との関わり、民俗学的にいっても柳田國男が「先祖の話」を書いたという理由にしてもですね、「生者」から見たこの「死者」をどういう風にある意味「救済」したいのかということにも繋がっていくと思いますので、ご自由にコメンテーターの方も含めまして、御意見なり御質問でもかまいませんし、挙手をして頂きまして御所属とお名前を言っていただいて、御自由に御発言を頂きたいと思いますが、いかがでしょうか。

「個」と「集団」、あるいは「普遍」と「特殊」

菅　では一つだけ私の方から。また橋川さんの本からなんですけれども、さっき略した部分なんですが、「たとえば、「大東亜戦争」を批判することは「英霊」に対してあいすまないというようなろこつな政治の論理が横行し始めないという保証はほとんどなくなるということもおこるはずです。かつては御霊を鎮めるという意味を持っていた靖国は、ここでは、二百万にのぼる第二次大戦の死者の思いが、日本の国家批判の怨霊としてよみがえることを封じようとしていることになります」

今、現実にですね、なんと言いますか、靖國神社を護持すると声高におっしゃる方の側も、或いは批判する側の方もですね、共にこういった政治の論理をめぐって議論をしている。御霊とかですね、生きた人間と死者の「生々しい」関係というようなものが消え去っていくという危機は、まさに池上先生が仰しゃった通りではないかと思うわけであります。で、「第二次大戦の死者の思いが、日本の国家批判の怨霊としてよみがえることを封じようとしていることになります」というような議論が、靖國神社についての解釈として妥当かどうかは置きたいのですが、ここで池上先生の仰しゃった問題点、「個」と「集団」というのが、あるいは「普遍」と「特殊」というものに繋がる次元かもしれないのですけれども、これを橋川さんは、要するに日本の「個人」は天皇の国家というより大きな「個」に従属する分身のようなものとして捉えられ、その魂の個別性については解消されている、これはアニミズムであると言っているわけです。

日本近代の国家を考えたときに、これを「天皇の国家」という、より大きな「個」だと橋川さんは言ってるんですが、戦没者というかですね、靖國に祀られている方々、或いは祀る側は、「天皇の国家」を大きな「個」だというふうに思っていたのか。むしろそれは、ある意味では「個」なのかもしれないのですが、さっき言った、一神教的な「普遍神」の「普遍」というような価値に置き換えられるようなある種のものとして捉えられていたというメカニズムが、ある時代靖國神社の背景にはあったのではないか。そういう可能性も

考えて見たときに、さっき、先生にちょっと申し上げたんですけれども、やはりある時代までは、靖國神社に祀るということは、かならずしも「個」を封殺ということには繋がらなかったのではないか。むしろ、「個」を大事にするメカニズムとして「祀りの場」としての靖國神社があった、ある時代までそういうような局面もあり得たんではないかという視点があります。但し、戦没者二百四十万人にのぼる第二次世界大戦という、個人がですね、一つ一つの個別の「生」と「死」という問題から「数」の問題になっていくときに、これはある別のものに変化したのではないか。そういうことを、さっきの休憩のときに先生と藤本さんと三人でちょっとお話したんですけれども、そういった変化ということ、変化といって悪ければ、靖國信仰の歴史ですね、近代の中でも変遷があることを少し考えてもいいのではないか、という風に思っております。また、長くなるといけないのでこれくらいで。

藤田　近代の変遷ということを当然踏まえてあるんだと思いますけれども、実際の所ですね、近代の神道史でもそういった靖國神社そのものに対する近代史、御創建といいますか、創建に関してはある程度研究されている。それでもわからない所というのは、単に招魂して靖國神社に祀るということだけではなくして、実際に京都のほうでは神葬祭との関わりから志士達の招魂祭という流れのですね、この幕末維新期という局面において、ある程度靖國神社の前史というものがあって、それ以前の幕末維新期の状況と近代への展開ということが殆どトータルに論じられていないというか。論じているとしましたら、村上重良先生の『慰霊と招魂』というのが纏まっているものと思いますけれども、これに対抗してトータル的にさらに詳しくやった研究というものは今まで無い状況で、その中で最近池上先生の御研究も、戦後の、特に御論文の方に関しまして、戦後の問題、戦後というよりも今の問題でありますし、最近のいろいろな歴史的な研究にしましても、赤澤史朗先生の『靖国神社』という本も、戦後の靖國神社を巡るといった展開でありますし。

あと、それこそ池上先生のお話ではありませんが、そういった「親靖國」と「反靖國」ではありませんけれども、二極に特化するとすれば、その対立軸というものが自明のものとされているものの中で、その間には、池上先生がフィールドワークされていろんな方に会われたように、実は複雑な内容を持っている。それぞれの二極の気持ちをどうするんだという所で、変わった研究としては経済学者の三土修平さんなんかの本というのは、御自身の立場はもっとハッキリと持っておられますけれども、具体的にその辺の所で一旦そういった「靖國派」「反靖國」という面を相対化した上でどういう研究をしたらいいのかという研究も出ておりますし。池上先生はその「靖國派」あるいは「反靖國派」といったものをちょっと構造化しているようなイメージ、確かにそれもありますけれども、個人的には「親靖國」ということじゃなくても、靖國神社の「遊就館」あるいは靖國神社の「偕行文庫」という文庫があるんですが、そういった所にかなり通われて勉強されている方を見かけておりますし、そういった方というのはかなり増えている。それこそ、「反靖國」という形で公には、私から見てステロタイプにみえるような発言をしておられても、実際にそういった場に通っている人はかなり増えております。このような点に注目すると、そういった方が増えているという研究状況、というか、研究の場というものが出来つつあるような気が致しますし、その中で池上先生のような、こういった形で論文を出されたときにまだ少しアレルギー的な反応もあるという。そういったこともあるんですが、この場ではそういった研究情勢というよりも、内容の中身に関しましてですね、先ほど菅さんの御発言もありましたけれども、「個」と「集団」という問題に関して歴史的な所でどういう風に「集団」と「個」というか「公」と「私」と言い換えられるのかどうかも含めまして、色々な議論があって然るべきという風に思うんですが。藤本さん何かありますでしょうか？

藤本　レジュメにですね、種々書かせていただきましたが、個人的な例で申し上げますと、私の母方の祖父は一昨年亡くなったんですけれども、その祖父は海軍で兵役についておりまして昭和二十年四月には、実際に戦艦大和の艦隊に乗っておりまして、その生き残りでございます。本来そういうことをいろいろ聞く機会もあった訳なんですが、祖父の世代はそういうこと自体を全く語らないという世代なんです。で、実際、大和が沈没した際、奇跡的に助かって、その後、私の祖父は指宿で療養のため、実際一年鹿児島にいたわけですけれども、実際に郷里に帰ってきて、先程池上先生も仰しゃったように「あいつ」「あの人」っていう感覚ですね。やはり女性の方は戦争について語られる傾向が多いんですけれども、実際に戦争に行かれた方っていうのは非常に同じその永代神楽祭などに参列されている方々に聞いてみても黙して語らない方々が多いのかなと。私の祖父なんかを見ておりまして非常に個人的な感覚も強いのですけれども、祖父はあの戦没者追悼式には必ずテレビを見て黙禱しておりましたし、靖國神社ということについては、知っているのは勿論だけれども決して語らない、全く語らないんですね。池上先生がフィールドワークをやっておられる中で、そういうことをですね、実際に戦争に行かれた方々からどこまで語って頂いたのかというのがちょっと関心があったのですが、その所をお聞かせ願えればと。

池上　私も本当にもう二十年以上も前になりますか、東北や沖縄などを中心にフィールドワークと称することをやったわけですが、現在では研究者の立場への自覚的な内省をふまえたフィールドワーク論やライフ・ヒストリー論などが、若い方々から出されており、そういう方法的な議論に照らすと、私がフィールドワークと呼んできたものなどは、ずいぶんいい加減なものだと感じています。ただ、できるだけ当事者といいますか、その方の立場に気を配りながら、相手がどう思っておられるのか、どうしてそのような実践に踏み出されたのか、といった点に共感を寄せせつつ理解しようという姿勢だけは大事にしてきたつもりです。

戦死者慰霊という問題に限定すれば、それこそ戦争を直接に経験された世代の方々の苦労話や、戦争の悲惨な体験を語り継ぐようなお話は、十分とはいえないとしても、すでにいろんな研究や記録があるわけです。しかし、現在の状況ですね、つまり、すでに戦争体験もないような人たちが、どういう意識で慰霊という実践に取り組んでいるのかといった現状については、「いまどき靖國神社を熱心に拝む奴など、きっとこんな人種なのだろう」といった憶測が先行して、きちんとしたフィールドワークが欠けていたという印象もあります。

それから、これはちょっと教えていただきたいのですが、戦前の段階ではかならずしも「個」を封圧するようなことはなかったのが、太平洋戦争で大量の死者が祀られるようになったのを契機に、非常に集団性が圧倒するようなシステムになってしまった、というような御指摘があったのですが、本当にそういうふうに言えるんでしょうか。私の印象では、戦前期はやはり遺族の個人的な関わりは、圧倒的な集団性のなかで抑えられていた。それが戦後になって緩んできたというふうに感じるのですが。ですから、永代神楽祭などができたとき、神社側に抵抗感や戸惑いはなかったのか。あるいは、花嫁人形の奉納などにしても、これは自分の息子のためだけに花嫁と結婚させるということですよね。そうなると、「そうか靖國神社というのは、そういう個人的な関わりもできるのか」といった驚きや、それを歓迎するようなムードが遺族側にもあったのではないか、といったことが気になるのです。

英霊の写真と「個人性」

それから、遊就館の遺影展示の写真がそうですね。英霊という言葉で捉えてしまうと、ものすごく抽象的なものになる。しかし、花嫁人形とか顔写真とかですね、そういう媒体を通したときに、確かにひとりの「個人」というものが浮かび上がってくる。それは「英霊は一体」という立場からは不遜かもしれないけれど、一人一人の死者がここにいたんだということを思い返させる手がかりですよね。だから、それはある種の政治的な意図をもった人たちには、プラスの効果をもつか、マイナスの効果をもつかは、保証の限りではない。個人というのは、それぞれにいろんな想いがあるわけですから。いわゆる反靖國派の人たちは、こういう遺影展示にも、頭から嫌悪感を持つわけです。戦死者の写真を飾って「神々」などと称しているのだから、これこそ軍国主義だというわけです。確かにこの写真を見て、ぼくも戦争に行きたいと思う少年もいるかもしれませんが、別のいろんな想いも出てくる。むしろそれこそが写真がもっている具象的な迫力ですね。武道館の前でうんこ座りしている現代の若者とくらべて、遺影の少年たちの輝く目に感動したとしても、それがつねに軍国主義教育に結びつくとは限らない。

学生たちにこの遺影展示を見せて感想を書かせると、「いまの僕たちとまったく同じ若者が、戦争でこんなに多く死んだことに衝撃を受けた」といった感想もけっこう多い。国家主義的な意図をもった「英霊論」からはむしろ逆効果かもしれないわけで、軍人とか軍属というのは決して特殊な人たち、特別の英雄などではなくて、今の自分たちと同じ、どこにでもいる若者だったんだということに、改めて大量の遺影写真から気づいてしまう、ということもあるわけです。この遺影展示は、そういう具体的な顔が見えるようになったということでも、良かったのではないかと思います。

菅　あの、簡単に。中山（郁）さんもいますけど、私、栃木県護国神社のほうで中山さんと一緒に資料担当をやって、何百枚もないのですが、御奉納された何十枚かの御写真を一面に張り出す作業をしていたときのことです。中山さんがどこかに行っているときに、そこにぽつんと座っていた。非常に夜遅かったというのもあるのですが、写真を見ていて、今の若者からするとみな体の小さい方々、軍服姿でも子供のようにすら見える方々、その方々が亡くなってお られて誰も生きていない。その写真と向き合う、それがみなこちらを向いている。それはある意味で恐ろしいというか、恐ろしいということに向き合わなければならない何か強烈なものを感じました。そういう意味で祭神の御写真はもちろん、顔という、近代的個人の作り出した顔という力を持つものです。写真だけではなくて近代的個人というもののいろんなものが、それぞれの個人性というのを主張しているという意味はあると思います。

ただそれで、「天皇の国家」というより大きな「個」に従属する分身という形で個別性が解消されているという論に対して、さっき私がどうでしょうかという言い方をしたのはですね、「靖國神社の個人性」という言葉をこれから私たちが共有して使っていくにあたって、「個人」という言葉に両義的な意味があるのではないかということを含ませてみたかったわけですね、つまり、初めから観じられた個人と同時に、普遍というものを想定してはじめて返ってくる個別としての個人、これも同じ個人という言葉でもし捉えられるならば、個ということで捉えるのであればある意味重なってしまう。そして、先ほど言ったのは、橋川さんのいう「天皇の国家」というより大きな個、これは世界に対して、世界の国に対して戦争をしていくという意味で、日本という個別の個なんですけど、それが近代日本社会のなかで、仮に、仮にですけれども、「普遍」に通じるものという印象をもってしまった場合に、普遍からまた個別性に返ってくるという、もうひとつさっき先生がおっしゃったような唯一神を通じて出てくるところのもうひとつ別の個という問題と類似の構造も現れてくる。この辺を定義する必要があるのではないかという話を言おうとして、一寸先生を混乱させてしまいました。

「個人性」をどう捉えるか？

池上　「個人性」という言葉は、私自身もすっきりしないところがあります。先ほどの話でも言いましたように、とくに日本的文脈では「個人性」と「集団性」というモデルが、明確な対概念としては立ちにくいところがあります。今までのフィールドワークでもそれは痛感してきたことです。今回の論文でも「個人性」と言ってしまったんだけれども、御遺族の方と面談してお話してみたりすると、やはりそれは西欧近代的な「個」ではないんですね。だから、それを基準にして、「個人性が集団性に抑圧されている。だからだめなんだ。あくまでも個人の救済が大事なのに」というふうに言うと、ちょっと違ってきてしまう。靖國の御遺族にしても、常に個を語りながら、それを集団性との調和や葛藤といった緊張関係のなかで語っている。死者と生者というのも、常に個と個が対決するのではなく、未分化に融合する局面もあり、両者が共有する世界がまずあって、そこに初めて現れてくるような「個」なんですね。先ほど、仏教的な「縁」という言葉で説明したような関係です。

だから遺族の方々が、「陛下のために死んだ」ということを多少の誇りをもって語ることと、「かけがえのない肉親が戦争で奪われてしまった」といった個人的な悔恨の思いが、ふつうは矛盾しているだろうと思いますよね、「集団」対「個人」という対立図式でいけば。ところが、遺族の方々の語りに即していくと、どうも両者が共存できている。だからそこのところで批判しようとしても、うまくいかないんですね。つまりそういう近代モデルの「個」をもってきてしまうと、どうもうまくいかない。

ただですね、ならば西欧近代的な「個人」が西欧社会で常に成り立ってきたのかというのも、かなり疑問なんですね。あるべき「個」というのは、つねに近代思想のなかの理念であって、西欧だって民衆心理のなかでは「個人性」と「集団性」は曖昧なままに癒着していることが多い。そこをきちんと正面から見ないと、あるべき近代の「個人」といったような非常にイデオロギー的な議論になってしまう。それを基準に現実を切ろうとすると、「個人」をとるのか「国家」をとるのか、「家族」をとるのか「天皇」をとるのか、といった議論になる。だから、そういう見方をしたがる人から私の論文が受け入れられなかったのも、「あんた、いくらそういうことを言ったって、靖國神社というのは集団性なんだ」「だから、いくら個人性の契機を探るなんて言ったって、それは無理なんだ」というような言い方になるんですね。

私としては、むしろそういう理念論争をするまえに、もっと具体的な現実の事象に即して、個人性と集団性がどのように巧みにひっついているのか、といった点を見ていきたいわけです。抽象的な理念のぶつけ合いよりも、もっと多方面からの具体的現実の観察や分析がないと、議論が進んでいかないんじゃないか、と考えています。その辺りが「個人性」というモデルを立てながら、かならずしも十分に理解してもらえない論文になった原因じゃないでしょうか。そんなところです。

藤本　数年前ですが私がオーストラリアに行きました際に、キャンベラの国立の戦争記念館という追悼施設を訪れました。その施設の中央には献花台があり、軍の関係で亡くなった方々を追悼している光景を見たときに、施設の両脇の壁に戦没者の名前が戦争ごとに全部ありました。で、そこに赤い芥子の花が挿してあったのが、非常に印象的で、全部戦没者の名前が彫られていて、それを遺族が見に来ている。ある意味、写真ではないけれども名前だけでもこう刻まれたものが自分の目の前にある。それはやはり、祀られるものといったら語弊があるかもしれませんが、とにかく凄い数の名前が自分たちの見ている前にある、遺族の方々がこう身近にこう見て自分が捧げて見てそこにこう花を生けたりなんかしてということがある。ゆえにわが国に翻って考えてみると単なる宗教性としての「モノ」だけではなくて、靖國も何か戦没者の御霊を祀る「神道」というものがあるからこそじゃないかなとそのように感じた次第であります。靖國神社では特に最近多いものに、陸軍の第何師団の生き残りのような人たちが、当時、軍馬や軍犬などが亡くなっていますが、自分たちの関係したものを銅像にして靖國神社で顕彰するという事例があります。これは参考までに。

藤田　中山さんどうですか？

中山　さきほど言おうと思っていたところを菅さんにそっくり語られてしまいましたので、もう言うことがなくなってしまいました（会場笑い）。

ただ、私も栃木県護国神社で少しお手伝いしている関係もあるものですから、現場の者の感覚で少し言いますと、池上先生の「靖國信仰の個人性」の論文を読ませて頂いたうえで、靖國神社を大事にする方々からなかなか高く評価されるところがあるという先生のお話しから感じたのは、基本的には、靖國の神職さんにしても護国の神職さんにしても、ある意味で祭神の集団性というものは一方で非常にあるけれども、祭祀の基本として、神社に祀られている神々の、個人性と言ったら言葉が悪いのかもしれないけれども、個別性、または個としての性格というのは、ある意味で奉仕者としては前提というか、そもそも感覚としてあった問題だと思います。但し、それがいわゆる靖國問題等では、捨象された形で議論されることが多いものですから、そういう意味で現場感覚からすれば、やっとこちらが大事にしているものを探り当てた研究者が出たのだな、と。神社関係者の方から色々な評価を聞かれたというのは、そういうようなところがあるのではないかなと思った次第です。まず、この論文を読んだ印象としては。

靖國信仰の個人性と集団・国家の関係

あともうひとつ、これまでの議論の中でも出てきたことですが、個別性というものが、それが集団とどう関わっていくのかと言う問題が出てくると思います。というのも、戦死者認定と合祀というものも、一寸言葉が悪いかもしれませんが、救いの問題とも直結する問題だと思われまして。なぜ、靖國にお祀りされるから御遺族の方々が安心するのかというと、やはり合祀になんらかのかたちで集団性、日本というものとのつながりを考えているような方々もいらっしゃるからというわけですから、その意味で、まず「個」の問題と言うものを考えなければならないし、さらにそこから「個」と、例えば国家だとか共同体だとかそういうような集団の部分との関係はどうなるのか、というようなところが出てくるのではないかという風にも考えられる。また、靖國の問題も含めて戦没者に対して生者がどう救済されているのか、救われるのか、ないしは生者が救われる過程で死者がどう救済されると考えていくのかという問題は、靖國の問題を考えるだけでなく、これと同じように、例えば海外戦没者などの慰霊の問題についても関わってくると思います。ちなみに海外戦没者慰霊の場合ですと、私が経験した限りですと、やはりあくまで「個」というようなもののために、個別の戦死者の慰霊を希望する参加者が集まってツアーが成立しているのではないかという印象が強くありますし、今は大分なくなってしまったのですが、師団とか連隊などの部隊単位での戦友会の慰霊巡拝というのも、参加者のインタビューとか書いたものとかを見ている限りでは、例えば連隊の戦友会など、集団というようなものが元になって慰霊巡拝に出るのですが、そこには、同じ部隊にいた戦友と

中山郁氏

ないかなという印象を持ちました。どうも、まとまらないもので。

藤田　なんかまとめていただいたような（会場笑）。

池上　後半に言われたことに対してですが、私の予想では、こういうコメントが今日の中心になるのかなというふうに思っていたものですから、むしろ私の論文を、神社界の方があまりにも評価してくれるというのは、ちょっと危ないんじゃないかなあ、なんて思っていました（会場笑）。まあ、普通は靖國信仰を考えるなら、ここの部分が重要なわけで、国家や民族の象徴という側面ですね。やはりそこを見ていかないといけないし、そこが中心にあるべきだという考え方は当然だろうと思います。ですから今回、神社界の方々から面白がられたのは、予想とは逆だったのです。「そんなこと言ったって、やっぱり靖國は国家の祭祀が本質なんだ。そこをきちっと言ってくれないと困る」というような批判が出てくると思った。ところが、そういう批判の仕方はむしろ左翼の方々が多くて（会場笑）、「個人性」なんて言ったってだめだ、という反応ですね。というより、靖國信仰に「個人性」があるなんていう視点は考えたこともなかったらしいのです。

まあ、研究者にはいろんな視点がありうるし、あった方が良いんですね。私も論文では、まず靖國信仰の大きな特性は集団性にあることを認めておりますし、その上で、何かそこに風穴をあけるような、こんな視点もありうるんじゃないかということを、ちょっと言ってみただけの話でして。集団性の議論は、どうも妥協の余地がなくて意見の対立が固着してしまう。そこを固まらせずに、対話を進めていけるような視点の転回が必要ではないかと考えたわけです。

フィールドワークと神社、教会

そこで裏話を少ししますと、この個人性の論文を書いたときに、皆さんびっくりされたんです。「よくこんな調査ができましたね」「よく靖國神社がこんな資料を出してくれましたね」って。私も考えてみればそうだな、と思いました。この難しい時期に、私が有名な親靖國派の論客で、それが調査協力を依頼したなら、「どうぞ何でも見てください」ということになりましょうが、まだようわからんやつが行ったわけですから。もちろん、私も言葉を尽くしてこういうことを調べたいと言ったんですけれども、案外あっさりと協力していただけた。写真撮影もいちおう許可願いの書類を出して撮らせてもらい、論文を書いたときも、一応「これを発表しますが」ということで草稿は見せましたが、全くクレームや注文はつきませんでした。神社としては、頭から御祭神を侮辱するようなものは困るけれど、それ以外では、いろんな人がいろんな視点で書かれることは全く構わないので、こういう研究は非常に大事ですのでどうぞ発表してくださいさい、ということでした。

これは私のフィールドワークの体験からいうと、かなりリベラルと言えますね。さっきの曖昧さではないですが、神社界というのは、そのへんはわりとおおらかなのかもしれない、と思いました。福音派のキリスト教会なんかのフィールドワークはもっときつい。やはり教会に来るということは、信仰をもっているか、それを求めている人でないと困るということで、「あなたはキリスト者としての信仰をもっていますか」ということを必ず聞かれ、「もっていない」というと、「ただの調査というような立場から来られても困る」という反応が多いです。やはり個人の信仰というもので必ず計る。そういう、何というか、ものすごい堅さにくらべると、これだけ政治問題化して深刻な時期に、靖國神社でフィールドワークするというと、少し恐いというイメージもあったのですが、こういう学術活動や言論に対してのリベラルさというのは、随分あるなと感じました。

藤田　靖國神社の現在のそういった、どういったらいいのでしょうか、「開かれた」面というのが感じられる、全てがそうではないのではありますが。ただ、それが全て公や集団性とは何かという議論に直結できるかどうかはともかくとして、歴史的な経緯の中に、「公共」という言葉をどう使うかということ自体が大変議論があるわけですけれども、そういった中で、歴史的に、人を神として祀る場であって、そこにおける遊就館の中の遺影であったり遺品であったり、単に個人的な遺品についてもありますし、個人の死者をめぐるものでしたら弔辞をめぐる研究とか色々あるとおもいますけれども、そういったものではなくして、靖國神社という場において、歴史的な文脈という、中山さんの話だと空間的にといいますか、外国にも飛んで、当然そういった戦争がありましたけれども、そういったものを含めて歴史的なところをやっていく必要がある。今日はなかなかそこまで行くと膨大になりますし、お時間もありませんので閉じたいと思いますが、最後に、阪本先生。

阪本　池上先生本当にありがとうございました。私、昨日あの嵐の中、高坂の自宅に籠もってかなり詰めて川村さんのとか、それから国立民俗博物館から出ている戦争の聞き取り調査の膨大な報告書もちょっと読んでたんですが、あのこれは池上先生に非常に申し訳無い事なんですけれども、私の今、靖國を中心とする慰霊・追悼の研究で一番欠けている部分が、神道的なお祭りのあり方、神社というものと、それから、祭神の歴史性といいますかね、或いは戦争の積み重ねといいますか、そこがどうもこの、やはり「先の大戦」という風に限定されて、でしかも、それがやはり政治化している。つい最近もある人からこういう言い方がありまして、要するに遺族会といったものを集票マシーンにして、「犬死にではない」ということを証明するために「靖國にいるのは英霊である」「国家護持が必要だ」という意味で、まあ何十年間とやってきたんではないか、と。

で、私自身も神職の家に生まれたもんですから、池上先生と私はまあほぼ同世代といいますか、学問も同じで。私らの昭和三十年代、まだ遺族の家はたくさんあったんです。いっぱいいました、子供の頃。僕は京都だったんです。京都でも遺族の方は結構いた。で、そのときには三十年も四十年もこれが続くのが当然だなという気があったんですけれども、ちょっと勉強するようになってから考えたのが、さっきの「個人性」と「集団性」です。一等最初の祭りは三千五百八十八柱。これは確かに「集団」として構成付けますけどね。私、明治の初めの招魂社創立についてかなり詳しい論文を書いたんですが(「靖国神社の創建と招魂社の整備」〈『国家神道形成過程の研究』所収〉)、そのときに地方でも招魂場・墳墓、それから招魂社にそれこそ「個別」のものとして、各地方で一生懸命、顕彰或いは慰霊をした。それを中央集権国家が出来るときに、東京招魂社に統合しようといったときに、時の大隈重信が、大蔵省の事務総裁だったんですが、財政的な面で全部消そうとした。しかしそれを必死に、守って、招魂社、今の護国神社等へとつながっている。そういうもの凄い次元での「個別性」としては、一人一人の遺骨が何処にあるのか、遺髪はどうなのかということもある。で、それがまさに御祭神の数という問題。

靖國信仰の「個人性」の変遷

この中にどれだけご存じの方がいらっしゃるか、昭和の初めまで賀茂百樹先生が宮司をやっておられるときに、『靖國神社祭神祭日暦略』というものを書いた。これは昭和の初めのことなんです。毎日一月一日(いっぴ)から十二月三十一日まで、どなたがお亡くなりになって、どなたの命日なのか。そういうのを出している。それはもちろん抄な

阪本是丸センター長

んです。それでも当時の十何万、かなりのものである。その後所謂「支那事変」、日中戦争がはじまってから合祀者数が段々段々増えたことは勿論ですけれども、私はちょっとした類の資料はある程度読んで、色々たくさん持っているつもりですが、靖國神社の臨時大祭の記念写真帳というのもあるんです。これ（資料現物を提示しながら）、十七年の時に東条英機がこうやって写っているのもありますけど。そのときまで、春秋の臨時大祭の合祀者数が大体五千から六千規模なんですよ。それは、全部何処其処で誰がどういう風に亡くなったか調べている。で、その遺族一人一人を班に分けたんです。一班から百何十班迄、ぜんぶ集めて記念写真を撮って。その最初が明治の時に、小川一真という、帝室技藝員となった有名な写真家、かれが最初に撮った。つまりなんといいますかね、対応できる数、それから「個別性」といったもの、それから遺族、それをキチッキチッとこう記録していたんです。

このことの意味を考えますと、大戦末期に大量の戦死者が出ます。ご存じの通り終戦直後の慰霊、あの招魂祭というのは名前も何もわからないけど、これだけ（英霊に）なってましたという。そこの場面に限って言えば「量」の問題、「質」の問題、というのがどうも曖昧なままになって、明治維新の時の三千五百八十八柱以来、天皇の為、国家の為という意味で、ずっと変遷がないかのように来て、で、しかも遺族の問題として、簡単には戦後の保守政治とか、或いは「反靖國」とかに、代わりに掠め取られていく。絡まれたらもう取り込まれていく。

死者の重みを支えるに足る研究を

そういった意味で私は、どんな神社にだって歴史性、或いはある程度の質的な転換、どうしようもない状況というものがあり、そういったものをトータルに見た時にはじめて、「集団性」といってもそれはいかなる「集団性」なのかということ、分解出来ない「集団性」なのか、それとも時代的にも地域的にも解消出来る「集団」なのか、という議論になるのだと思います。それから「個別性」といっても、じゃあ三千五百八十八柱の個別性が全部わかっているのか。それと今の子孫、或いは遺族はどうなっているのか。それは様々なんですよ。私にとっての靖國神社は、まさにそういった、単に「中央の招魂社」としての靖國神社というだけじゃなくて、地方の個別の性格を持った護国神社、或いは招魂場、それから場合によっては忠霊塔とか忠魂碑とかとどう関わるのか、という問題なんです。これは、靖國神社や地方の護国神社も、或いは研究者も含めて、歴博の調査も含めてですね、単にデータとしてではなくてそこから何を読み取るのかという、こういう作業が政治とは関係ない、全く関係抜きには出来ませんけども、そういったものとして行なわれなければならないだろう。私はやはり國學院大學の研究開発推進センターで、中山君と藤田君を中心にして、今日先生をお迎えして、ようやく本来的な意味でのキチッとした、我々の感情とか心の底のものを押さえるんじゃなくて吐き出しつつ、どういった着実な研究が出来るのかということを、そのためにはまだだしなきゃならないことがたくさんあると思います。

我々が見なきゃならないこと、フィールドも含めて、或いは戦前の文献も含めてたくさんあるんだということを、今日の会議でも知りましたし、これからこういった地道な研究を重ねていくことによって、なにがしかのむしろ政治的な提言ができれば、それは良いんですよ。人間は政治的な動物ですから、政治と私は関係ないなんてことは言えない。しかし、余りにもこう、ステロタイプ化した政治論争、或いは為にするような新聞報道とかそういうのがあるんです。そういうものは私はやっぱりもういい加減にして、やっぱりこういった研究会を続けていきたい。私にとっては、毎日毎日「靖國」であるという気持ちで研究して行きたい。

恐らく皆様方も、気持ちとしては単にブームであるとか、問題になっているからじゃなくて、まさに「生者」、生きている者が死んだものをどう見るか。或いは向こう側、生きている者をどう死んだ方が考えているか、これをやっぱり問いかけていく会議、研究会にしたいと思っております。本当に今日は、ちょっと時間も五時すぎましたけれども私にとっては非常に有意義なお話の内容だったと思っています。また、懇親会もございますので、是非この続きは懇親会で――。

池上　先生、司会者になってるじゃないですか（会場笑）。

阪本　主催者ですから。センター長としての発言です（会場笑）。

池上　あの、さっき菅さんの言われたのは、戦前にもむしろ戦没者祭祀の流れとして、ある種の個人性みたいなものがあった。だけど戦争の中で非常にまた低調になっていったという、その話ですよね？

菅　はい、そうです。

池上　そういう特徴を、具体的に教えていただくのは有難いです。その辺の所をあんまり我々は勉強してないんですよね。

藤本　実はその、先程も阪本先生がよく仰しゃるということで御紹介申し上げました『靖國神社忠魂史』という本もありますけれども、靖國神社の祭神の一つ一つの略歴というものが書いてあります。この場で読むのは憚られるんですが、それよりこの本がなんで出来ていったのかという問題もあるんですけれども。

池上　そうですね、そのあたりのことを明らかにしていただけると大変勉強になるのですが。

藤田　藤本さんのコメントに池上先生何かありましたら。

池上　そうですね、具体的な事実をいろいろと明らかにしていただいて、とても研究に役立ちました。

藤田　是非池上先生にいろいろアドヴァイスを頂きまして、より良いものにしていきたい。我々の狭い中だけではなくですね。特にフィールドのことも多々あると思いますので、是非色々と御教授頂ければと思いますので。本日はこれで終わらせて頂きます。長時間有難うございました（満場拍手）。

近現代日本の慰霊・追悼・顕彰に関する主要研究文献目録

〔凡　例〕

①この研究文献目録は、現在、國學院大學研究開発推進機構研究開発推進センター「慰霊と追悼研究会」の事業の一環として、ウエブサイト上に掲載することを目指して作成されている総合的な「慰霊・追悼・顕彰研究文献目録」の中間報告として公表するものである。ここでは、近現代日本の慰霊・追悼・顕彰に関わる主要な研究文献（邦語のみ）を抄出して掲載した。

②各研究書に組み込まれている研究論文の初出時の論文名と掲載媒体名（号数、発行年）、或は研究雑誌の特集や論文集の中の各論文名は、紙面の都合上、これを省いた。

③「靖國神社問題」に関わるものについては、膨大な数に亙るため、基本的な文献のみ掲げた。

④配列は著者の五十音順とした。

赤澤史朗『近代日本の思想動員と宗教統制』（校倉書房、昭和六十年）

――「戦後日本における戦没者の「慰霊」と追悼」（『立命館大学人文科学研究所紀要』八二、平成十五年）

――『靖国神社―せめぎあう〈戦没者追悼〉のゆくえ―』（岩波書店、平成十七年）

朝山皓「府県社以下神社の神職が神葬祭を執行し得る法制上の根拠」（『神社協会雑誌』三一―一一、一二、三二―二、四、昭和七年）

――「明治十五年内務省達乙第七号に就いて」（『神社協会雑誌』三三―九、昭和七年）

朝日新聞取材班『戦争責任と追悼』（朝日選書、平成十八年）

葦津珍彦「靖国神社祭儀々礼考」（『新勢力』二一―三、昭和五十一年）

――『神道的日本民族論』（神社新報社、昭和四十一年）

葦津珍彦著・阪本是丸註『新版　国家神道とは何だったのか』（神社新報社、平成十八年）

阿月健治『桜山顕光録』（桜山神社、昭和四十三年）

阿部安成・小関隆・見市雅俊・光永雅明・森村敏己編『記憶のかたち―コメモレイションの文化史―』（柏書房、平成十一年）

阿部美哉『政教分離―日本とアメリカにみる宗教の政治性―』（サイマル出版会、平成元年）

アライダ・アスマン（安川晴基訳）『想起の空間―文化的記憶の形態と変遷―』（水声社、平成十九年）

荒川章二『軍隊と地域』（青木書店、平成十三年）

――「軍用墓地研究の課題―国立歴史民俗博物館研究報告『歴史と墓』をてがかりに―」（『歴史科学』一七九・一八〇合併号、平成十七年）

粟津賢太「ナショナリズムとモニュメンタリズム―英国の戦没記念碑における伝統と記憶―」（大谷栄一・川又俊則・菊池裕生編『構築される信念―宗教社会学のアクチュアリティを求めて―』ハーベスト社、平成十二年）

――「近代日本ナショナリズムにおける表象の変容―埼玉県における戦没者碑建設過程をとおして―」（『Sociologica』二六―一、二・平成十三年）

――「近代日本における戦没記念施設と文化ナショナリズム―大日本忠霊顕彰会を中心に―」（『Sociologica』二七―一、二・平成十五年）

――「戦没者慰霊と集合的記憶―忠魂・忠霊をめぐる言説と忠霊公葬問題を中心に―」（『日本史研究』五〇一、平成十六年）

――「集合的記憶のポリティクス―沖縄におけるアジア太平洋戦争後の戦没者記念施設を中心に―」（『国立歴史民俗学博物館研究報告』一二六「〈共同研究〉近代日本の兵士に関する諸問題の研究」、平成十八年）

――「追悼の多文化主義とナショナリズム―イギリスの事例を中心に―」（『宗教法』二六、平成十九年）

――「市民宗教論再考―米国における戦没者記念祭祀の

形態―」（『Sociologica』三二―一・二、平成十九年）
井門富二夫編『占領と日本宗教』（未来社・平成五年）
五十嵐太郎『近代の神々と建築―靖国神社からソルトレイク・シティまで―』（廣済堂出版、平成十四年）
池上良正『死者の救済史―供養と憑依の宗教学―』（角川選書、平成十五年）
――「靖国信仰の個人性」（『駒澤大学　文化』二四、平成十八年）
――「死者の「祭祀」と「供養」をめぐって」（『死生学年報』二、平成十八年）
井竿富雄「忠魂碑と「正史」―シベリア出兵体験における「忠誠の記憶」の恒久化に関する一考察―」（『九大法学』七六、平成十年）
石原昌家・新垣尚子「戦没者刻銘碑「平和の礎」の機能と役割」（『南島文化』一八、平成八年）
板垣正『靖国公式参拝の総括』（展転社、平成十二年）
市川秀和「足羽山公園の成立と場所の政治学―福井市における近代公共空間の形成に関する一考察―」（『日本海地域の自然と環境』六、平成十一年）
――「軍都の解体から公園の再生へ―鯖江市における近代公共空間の形成に関する一考察―」（『日本海地域の自然と環境』七、平成十二年）
一倉喜好「厩橋招魂社の創立について」（『双文』五、昭和六十三年）
一坂太郎『幕末・英傑たちのヒーロー―靖国前史―』（朝日新書、平成二十年）
一ノ瀬俊也『近代日本の徴兵制と社会』（吉川弘文館、平成十六年）
――「日露戦後～太平洋戦争期における戦死者顕彰と地域―〝郷土の軍神〟大越兼吉陸軍歩兵中佐の事例から―」（『日本史研究』五〇一、平成十六年）
――『銃後の社会史―戦死者と遺族―』（吉川弘文館、平成十七年）
稲垣久和『靖国神社「解放」論』（光文社、平成十八年）
――『市民的自由の危機と宗教』（現代書館、平成十九年）
――『国家・個人・宗教―近現代日本の精神―』（講談社現代新書、平成十九年）
井上勝生「志士と民衆―長州藩諸隊と招魂場―」（『岩波講座日本通史』第十六巻・近代一、平成六年）
井上章一『夢と魅惑の全体主義』（文春新書、平成十八年）
今井昭彦『近代日本と戦死者祭祀』（東洋書林、平成十七年）
――「近代日本における戦死者祭祀―忠霊塔建設運動をめぐって―」（『近代仏教』一〇、平成十五年）
――「近代日本における戦死者祭祀―彰義隊の埋葬をめぐって―」（『近代仏教』一二、平成十八年）
今井信雄「死と近代と記念行為―阪神・淡路大震災の「モニュメント」にみるリアリティ―」（『社会学評論』五一―四、平成十三年）
今村あゆみ「神葬祭から「招魂」へ―京都東山霊明社におけ

る招魂の変遷―」（『史泉』一〇三、平成十八年）
岩田重則『戦死者霊魂のゆくえ―戦争と民俗―』（吉川弘文館、平成十五年）
――『「お墓」の誕生―死者祭祀の民俗誌―』（岩波新書、平成十八年）
ウィリアム・P・ウッダード（阿部美哉訳）『天皇と神道』（サイマル出版会、昭和六十三年）
梅田欽治「栃木県護国神社の設置と地域社会」（地方史研究協議会編『宗教・民衆・伝統―社会の歴史的構造と変容―』雄山閣、平成七年）
江藤淳・小堀桂一郎編『新版　靖国論集』（近代出版社、平成十六年）
海老根功『忠魂碑』第一巻、第二巻（東宣出版、昭和五十九、六十年）
――『戦争のいしぶみ』（埼玉新聞社、昭和六十年）
――『東燃（株）和歌山工場大空襲のかげに』（埼玉新聞社、平成二年）
エリック・ホブズボウム、テレンス・レンジャー編（前川啓治他訳）『創られた伝統』（紀伊国屋書店、平成四年）
大石義雄『靖国神社と憲法との関係』（大石憲法研究所、昭和四十年）
大江志乃夫『靖国神社』（岩波新書、昭和五十九年）
大阪護国神社『大阪護国神社五十年史』（大阪護国神社社務所、平成四年）
大阪大学文学部日本学研究室『大阪大学日本学報』二一「特集　戦死者のゆくえ」（大阪大学文学部日本学研究室、平成十四年）
太田昌秀『死者たちは、いまだ眠れず―「慰霊」の意味を問う―』（新泉社、平成十八年）
大谷正「日露戦争で死亡したロシア軍人の墓地・墓標・記念碑（1）（2）」（『専修大学人文科学研究所月報』二〇九・二一三、平成十六年）
――「日露戦争で死亡したロシア軍人墓を調べる旅―札幌・熊本・高野山―」（『東アジア近代史』八、平成十七年）
――「戦死者の記憶のされ方―日露戦争で死亡したロシア軍人の墓と記念碑：過去と現在―（1）」（『専修人文論集』七六、平成十七年）
――「日露戦争で死亡したロシア軍人の墓と記念碑―二〇〇五年の調査報告―」（『専修大学人文科学研究所月報』二二六、平成十八年）
――『兵士と軍夫の日清戦争―戦場からの手紙を読む―』（有志舎、平成十八年）
大濱徹也「「英霊」崇拝と天皇制」（田丸徳善・村岡空・宮田登編集『日本人の宗教Ⅲ　近代との邂逅』佼成出版社、昭和四十八年）
――「コメント　戦争と死をめぐる位相」（『日本史研究』五〇一、平成十六年）
大原康男『忠魂碑の研究』（暁書房、昭和五十九年）
――「夫の霊は妻のものか―山口県殉職自衛官合祀訴訟

判決とマスコミ―」(大原康男『象徴天皇考』展転社、平成元年)
――「招魂社について」(二橋正彦編『静岡県護国神社史』静岡県護国神社、平成三年)
――『神道指令の研究』(原書房、平成五年)
――『帝国陸海軍の光と影―一つの日本文化論として―』(新装版・展転社、平成十七年)
――『現代日本の国家と宗教―戦後政教問題資料集成―』(展転社、平成二十年)
大原康男編著『「靖国神社への呪縛」を解く』(小学館文庫、二〇〇三年)
大原康男・百地章・阪本是丸『国家と宗教の間―政教分離の思想と現実―』(日本教文社、平成元年)
小川原正道「靖国神社問題の過去と現在」(寺崎修編著『シリーズ日本の政治第二巻　近代日本の政治』(法律文化社、平成十八年)
奥野光昭「白石正一郎の人と思想(一)―英霊を祭る―」(『神道学』六九、昭和四十六年)
小田康徳「旧真田山陸軍墓地と日本の近代」(『歴史科学』一七三、平成十五年)
小田康徳・横山篤夫・堀田暁生・西川寿勝編著『陸軍墓地がかたる日本の戦争』(ミネルヴァ書房、平成十八年)
影山正治『日本民族派の運動―民族派文學の系譜―』(光風社書店、昭和四十四年)
籠谷次郎「戦後の忠魂碑・慰霊碑等について」(『歴史評論』三二九、昭和五十二年)
――「戦争碑についての考察―海老根功氏『忠魂碑』・『戦争のいしぶみ』を素材に―」(『歴史評論』四四四、昭和六十二年)
――「死者たちの日清戦争」(大谷正・原田敬一編『日清戦争の社会史―「文明戦争」と民衆―』フォーラム・A、平成四年)
――『近代日本における教育と国家の思想』(阿吽社、平成六年)
――「日清戦争の「戦利品」と学校・社寺―その配付についての考察―」(『社会科学』五六、平成八年)
――「二宮金次郎像と楠木正成・正行像―大阪府小学校における設置状況の考察―」(『社会科学』五八、平成九年)
――「戦死者の葬儀と町村―町村葬の推移についての考察―」(『歴史評論』六二八、平成十四年)
――「戦死者葬儀の時代変化―京都府久世郡宇治町の事例―」(『社会科学』七六、平成十八年)
加治順人「戦前の沖縄における戦没者慰霊祭祀の受容とその社会的影響に関する一考察―県内新聞記事に観る招魂祭祀の概要から―」(『沖縄民俗研究』二二、平成十六年)
加藤玄智『本邦生祠の研究―生祠の史實と其心理分析―』(財団法人明治聖徳記念学会、昭和六年)
加藤玄智編『神社対宗教』(明治聖徳記念学会、昭和五年)

加藤隆久『神道津和野教学の研究』（国書刊行会、昭和六十年）
加藤典洋『敗戦後論』（ちくま文庫、平成十五年）
神奈川大学日本常民文化研究所編『歴史と民俗　神奈川大学日本常民文化研究所論集』二〇「小特集　戦争の記憶と記録」（神奈川大学日本常民文化研究所、平成十六年）
神島二郎『近代日本の精神構造』（岩波書店、昭和三十六年）
亀井茲明『日清戦争従軍写真帖—伯爵亀井茲明の日記—』（柏書房、平成四年）
賀茂百樹編『靖國神社事歴大要』（国晃館、明治四十四年）
川村邦光『民族空間の近代—若者・戦争・災厄・他界のフォークロア—』（情況出版、平成八年）
——『幻視する近代空間—迷信・病気・座敷牢、あるいは歴史の記憶—』（青弓社、平成九年）
——「靖国神社と神社の近代」（川村邦光編著『戦死者のゆくえ』青弓社、平成十五年）
——「神社の近代—祭祀と宗教の間をめぐって—」（竹沢尚一郎編『宗教とモダニティ』世界思想社、平成十八年）
——「戦死者と亡霊—〝非靖国〟の視座とは—」（『情況』三—六—七、平成十七年）
——「戦死者の亡霊と帝国主義—折口信夫の弔いの作法から—」（鎌田東二編著『思想の身体　霊の巻』春秋社、平成十九年）
——『聖戦のエコノグラフィ—天皇と兵士・戦死者の図像・表象—』（青弓社、平成十九年）
川村邦光編著『戦死者のゆくえ—語りと表象から—』（青弓社、平成十五年）
木口亮「戦没者祭祀についての一考察—茨城県牛久市城中町の事例を手がかりに—」（『ＲＵＧＡＳ』一六、平成十年）
岸本覚「戊辰戦争と招魂祭—鳥取招魂社起源—」（『鳥取地域史研究』四、平成十四年）
——「大名家祖先の神格化をめぐる一考察—熊本藩を事例として—」（佐々木克編『明治維新期の政治文化』思文閣出版、平成十七年）
岸本昌也「戦前期戦没者遺族援護制度の沿革—恩給法の変遷を中心に—」（『昭和のくらし研究』一、昭和館、平成十四年）
北村毅「沖縄の「摩文仁の丘」にみる戦死者表象のポリティクス—刻銘碑「平和の礎」を巡る言説と実践の分析—」（『地域研究』三、平成十九年）
喜多村理子『徴兵・戦争と民衆』（吉川弘文館、平成十一年）
木下直之『世の途中から隠されていること—近代日本の記憶—』（晶文社、平成十四年）
木村幸比古「霊山祭祀の研究」（『霊山歴史館紀要』一、昭和六十三年）
——「坂本龍馬と中岡慎太郎の埋葬と年祭」（『霊山歴史館紀要』二、平成元年）

木村茂「アジア太平洋戦争海外戦没者の遺骨収集事業—その経緯と問題点—」(『追手門学院大学文学部紀要』三六、平成十二年)
草間孝廣「箱館戦争の招魂祭儀と社人—江差招魂場の事例から—」(『神道宗教』一九九・二〇〇、平成十七年)
暮沢剛巳「ミュージアムX(9)ナショナリズムとミュージアム—靖國神社遊就館が伝える近代史」(『美術手帖』八六二、平成十七年)
黒田俊雄『村と戦争—兵事係の証言—』(桂書房、昭和六十三年)
——「鎮魂の系譜—国家と宗教をめぐる点描—」(『黒田俊雄著作集』第三巻、法蔵館、平成七年)
桑貞彦「東京招魂社に就いて(一)(二)」(『神社協会雑誌』三四—四、六、昭和八年)
郡司淳『軍事援護の世界—軍隊と地域社会—』(同成社、平成十六年)
ケネス・E・フット著(和田光弘他訳)『記念碑の語るアメリカ—暴力と追悼の風景—』(名古屋大学出版会、平成十四年)
厚生省援護局『引揚げと援護三十年の歩み』(ぎょうせい、昭和五十三年)
厚生省労働社会・援護局企画課外事室「戦没者の遺骨収集等慰霊事業について」(『恩給』二五五、平成十五年)
厚生省社会・援護50年史編集委員会監修『援護50年史』(ぎょうせい、平成九年)
孝本貢「現代日本における戦死者慰霊祭祀—特攻隊戦死者の事例—」(圭室文雄編『日本人の宗教と庶民信仰』吉川弘文館、平成十八年)
国際宗教研究所編『新しい追悼施設は必要か』(ぺりかん社、平成十六年)
——『現代宗教二〇〇六』「〔特集〕慰霊と追悼」(東京堂出版、平成十八年)
国立国会図書館調査及び立法考査局編集『新編 靖国神社問題資料集』(国立国会図書館、平成十九年)
国立国会図書館調査立法考査局編『靖国神社問題資料集』(国立国会図書館、昭和五十一年)
国立歴史民俗博物館『「非文献資料の基礎的研究」報告書 近現代の戦争に関する記念碑』(国立歴史民俗博物館、平成十五年)
国立歴史民俗博物館『国立歴史民俗博物館研究報告』一〇二「慰霊と墓〔共同研究〕近代兵士の実像Ⅱ」(国立歴史民俗博物館、平成十五年)
——『戦争体験の記録と語りに関する資料調査』一〜四(国立歴史民俗博物館、平成十六年)
小島毅『靖国史観—幕末維新という深淵—』(ちくま新書、平成十九年)
小林健三「招魂と招魂社の成立—古神道の近代的表現としての—」(『東洋文化研究所創設三十周年記念 論集 東洋文化と明日』財団法人無窮会、昭和四十五年)
小林健三・照沼好文『招魂社成立史の研究』(錦正社、昭和四

十四年）

小堀桂一郎『靖国神社と日本人』（PHP新書、平成十年）

小堀桂一郎・渡部昇一編『新世紀の靖國神社―決定版全論点―』（近代出版社、平成十七年）

小松和彦『神なき時代の民俗学』（せりか書房、平成十四年）

――『神になった人びと』（淡交社、平成十三年）

小屋敷琢己「〈靖国〉と〈平和の礎〉のあいだ―忘却のための追悼―」（『琉球大学教育学部紀要』六八、平成十八年）

子安宣邦『国家と祭祀―国家神道の現在―』（青土社、平成十六年）

金光教教学研究所「資料紹介　戦没者慰霊に関する資料」（『金光教学』四六、平成十八年）

崔吉城「戦没者儀礼とナショナリズム」（『規範から見た社会比較法史研究―思想・制度・社会―』一四、平成十八年）

蔡錦堂「台湾の忠烈祠と日本の護国神社・靖国神社との比較」（台湾史研究部会編『台湾の近代と日本』中京大学社会科学研究所、平成十五年）

財団法人会津弔霊義会『戊辰殉難追悼録』（財団法人会津弔霊義会、昭和五十三年）

坂井久能「神奈川県護国神社の創建と戦没者慰霊堂（上）（下）」（『神道宗教』一七四・一七五、平成十一年）

嵯峨井建『満州の神社興亡史』（芙蓉書房出版、平成十年）

――「建国神廟と建国忠霊廟の創建―満州国皇帝と神道―」（『神道宗教』一五六、平成六年）

坂部晶子「慰霊というコメモレイションと当事者の語りのあいだ―開拓団の逃避行の記憶をめぐって―」（『北東アジア研究』一三、平成十九年）

阪本是丸「靖国神社の創建と招魂社の整備」（『国家神道形成過程の研究』岩波書店、平成六年）

――『近代の神社神道』（弘文堂、平成十七年）

――「近代の神葬祭の歴史と墓地の問題」（『神葬祭総合大事典』雄山閣出版、平成十二年）

――「「国家神道体制」と靖國神社―慰霊と招魂の思想的系譜・序説―」（『神社本庁教学研究所紀要』一二、平成十九年）

――「国家神道研究をめぐる断想」（阪本是丸『近世・近代神道論考』弘文堂、平成十九年）

坂本定夫「靖国神社と外国の戦歿者施設について」（『神道史研究』一九―五・六、昭和四十六年）

櫻井圀郎「神への礼拝と死者の慰霊」（『東京基督教大学紀要キリストと世界』一四、平成十六年）

桜井徳太郎『霊魂観の系譜』（講談社学術文庫、平成元年）

佐藤卓己『八月十五日の神話―終戦記念日のメディア学―』（ちくま新書、平成十五年）

佐藤壮広「戦死者の記憶と表象をめぐる試論」（方法論懇話会編『日本史の脱領域―多様性へのアプローチ―』森話社、平成十五年）

佐藤俊樹「社の庭―招魂社・靖国神社をめぐる眼差しの政治

―」（『社会科学研究』五七―三・四、平成十八年）
佐藤弘夫『死者のゆくえ』（岩田書院、平成二十年）
佐野和史「水無瀬神宮三帝神霊還遷の経緯」（『神道宗教』一〇〇、昭和五十五年）
史学研究会『史林』九一―一「特集　モニュメント」（史学研究会、平成二十年）
静岡県神社庁編集『明治維新静岡県勤皇義団事歴』（静岡県神社庁、昭和四十八年）
芝健介「ナチズムにおける政治的儀礼と「統合」―《英霊化》の諸局面―」（『歴史学研究』六二一、平成三年）
柴田實編『御霊信仰』（雄山閣、昭和五十九年）
澁川謙一「国家神道序説―湊川神社の創祀とその歴史を中心に―」（澁川謙一『小論集―一神道人の足跡―』神社新報社、平成二十年）
島川雅史「慰霊と国家への献身―アメリカの「英霊」と「靖国」―」（『立教女学院短期大学紀要』三五、平成十五年）
島薗進「比較宗教研究の現在と東アジアの視座―戦死者追悼問題と国家神道の概念を手がかりとして」（『神話・象徴・文化』楽浪書院、平成十七年）
下山忍「戦没者墓石について」（『地方史研究』二五八、平成七年）
――「戦争碑の変遷」（『季刊考古学』七二、平成十二年）
ジュリスト編集室『ジュリスト臨時増刊』八四八「緊急特集靖国神社公式参拝」（有斐閣、昭和六十年）
庄司潤一郎「ドイツの戦没者追悼施設をめぐる「顚末」」（『正論』平成十八年二月号）
ジョージ・L・モッセ（宮武実知子訳）『英霊―創られた世界大戦の記憶―』（柏書房、平成十四年）
ジョン・ボドナー（野村達朗他訳）『鎮魂と祝祭のアメリカ―歴史の記憶と愛国主義―』（青木書店、平成九年）
白川哲夫「招魂社の役割と構造―「戦没者慰霊」の再検討―」（『日本史研究』五〇三、平成十六年）
――「地域における近代日本の「戦没者慰霊」行事―招魂祭と戦死者葬儀の比較考察―」（『史林』八七―六、平成十六年）
――「軍用墓地（あるいは「戦没者慰霊」）研究の現状と課題」（『歴史科学』一七九・一八〇合併号、平成十七年）
――「日清・日露戦争期の戦死者追弔行事と仏教界―浄土宗を中心に―」（『洛北史学』八、平成十八年）
――「大正・昭和期における戦死者追弔行事―「戦死者慰霊」と仏教界―」（『ヒストリア』二〇九、平成二十年）
白山芳太郎「旧別格官幣社」（『神道史研究』三〇―三、昭和五十七年）
――「旧別格官幣社考」（『皇學館大學紀要』二一、昭和五十八年）
新宮譲治「戦没者個人碑について」（『歴史と地理』四四二、平成四年）

――「明治期戦没者碑の変遷―個人墓から集合碑へ―」(『歴史と地理』四五七、平成五年)

――「日露戦争碑の観察」(『歴史地理教育』五九六、平成十一年)

――『戦争碑を読む』(光陽出版社、平成十三年)

――「戦争碑を読む」(『自由民権』一四、平成十三年)

神社新報社『郷土を救った人々―義人を祀る神社―』(神社新報社、昭和五十六年)

神社新報社政教研究会編『神道指令と戦後の神道』(神社新報社、昭和四十六年)

――『増補改訂　近代神社神道史』(神社新報社、平成三年)

神社新報政教研究室『靖国神社国家護持のために』(神社新報社、昭和四十二年)

神社本庁教学研究所「神社本庁教学研究大会　英霊祭祀の今日的課題」(『神社本庁教学研究所紀要』四、平成十一年)

――「戦歿者慰霊に関する意識調査」(『神社本庁教学研究所紀要』五、平成十二年)

真宗大谷派教学研究所『教化研究』一三三「特集　非戦―国家の祭祀を問う―」(真宗大谷派教学研究所、平成十六年)

新谷尚紀『日本人の葬儀』(紀伊国屋書店、平成四年)

――「慰霊と軍神」(藤井忠俊・新井勝紘編『人類にとって戦いとは3　戦いと民衆』(東洋書林、平成十二年)

――「追悼と慰霊―memorialを慰霊と翻訳してはならない―」(『本郷』六〇、平成十七年)

――「慰霊と軍神　再考」(『国立歴史民俗博物館研究報告』一三三、平成十八年)

新谷尚紀・関沢まゆみ編『民俗小事典　死と葬送』(吉川弘文館、平成十七年)

神道史学会『神道史研究』一五―五、六「特集　靖国神社」(神道史学会、昭和四十二年)

新仏教徒会編『靖国神社問題―法案をめぐる欺瞞と危険―』(永田文昌堂、昭和四十四年)

末木文美士「近代日本の仏教と国家」(『宗教研究』七九―二、平成十七年)

――『仏教vs.倫理』(ちくま新書、平成十八年)

――「ヤスクニ―いかに議論の地平を作れるか―」(『福神』一一、平成十八年)

菅浩二『日本統治下の海外神社―朝鮮神宮・台湾神社と祭神―』(弘文堂、成十六年)

菅原伸郎編著『戦争と追悼』(八朔社、平成十五年)

辻子実『侵略神社』(新幹社、平成十五年)

――『靖国の闇にようこそ―靖国神社・遊就館非公式ガイドブック』(社会評論社、平成十九年)

鈴木満男「国軍墓地と忠烈祠」(鈴木満男『華麗島見聞記―東アジア政治人類学ノート―』思索社、昭和五十二年)

政教関係を正す会編『実例に学ぶ政教分離』(展転社、平成五

年）
――『続・実例に学ぶ政教分離』（展転社、平成十四年）
青土社『現代思想』三三―九「特集　靖国問題」（青土社、平成十七年）
全國護國神社會五十年史編集委員会『全國護國神社會五十年史』（全國護國神社會、平成九年）
副田義也『死者に語る―弔辞の社会学―』（ちくま新書、平成十五年）
高岡隆真「密教史上における靖国神社の位置づけと解釈に関する一考察」（『密教学研究』三八、平成十八年）
高木博志「郷土愛」と「愛国心」をつなぐもの―近代における「旧藩」の顕彰―」（『歴史評論』六五九、平成十七年）
――「紀年祭の時代―旧藩と古都の顕彰―」（佐々木克編『明治維新期の政治文化』思文閣出版、平成十七年）
高野信治「武士神格化一覧・稿（上・東日本編）」（『九州文化史研究所紀要』四七、平成十五年）
――「武士神格化一覧・稿（下・西日本編）」（『九州文化史研究所紀要』四八、平成十七年）
――「武士の民俗神化と伝承の共有化―「武士神格化一覧・稿」の作成を通して―」（『九州文化史研究所紀要』四八、平成十七年）
――「地域の中で神になる武士たち―「武士神格化一覧・稿」の作成を通して―」（『比較社会文化』一一、平成十七年）
――「「士族反乱」の語り―近代国家と郷土の中の「武士」像―」（『九州史学』一四九、平成二十年）
高橋三郎・溝部明男・高橋由典・伊藤公雄・新田光子・橋本満『新装版　共同研究・戦友会』（インパクト出版会、平成十七年）
高橋哲哉「戦争主体としての国家・国民―靖国問題覚書―」（『岩波講座　近代日本の文化史一〇　問われる歴史と主体』（岩波書店、平成十五年）
――『靖国問題』（ちくま新書、平成十七年）
――『国家と犠牲』（NHKブックス、平成十七年）
高原正作『靖國神社の歴史　附招魂社沿革大要』（靖國神社社務所、昭和十九年）
拓殖大学創立百年史編纂室『拓殖招魂社等資料集』（学校法人拓殖大学、平成十六年）
武田秀章「靖国神社・護国神社と玉串料」（『神社本庁教学研究所紀要』一、平成八年）
田中悟「戦死者と共同体（一）（二）―阿蘇の佐川官兵衛をめぐって―」（『政治経済史学』四七一・四七二、平成十七年）
――「負け犬の犬死に―近代における死の問題に関する一試論―」（『六甲台論集　国際協力研究編』七、平成十八年）
――「近代会津アイデンティティの系譜」（『国際協力論集』一四―二、平成十八年）
――「近代的「死の分析」の限界点とナショナリズム―

続・近代における死の問題に関する試論―」（『六甲台論集　国際協力研究編』八、平成十九年）
――――「死者の記憶と「非業さ」―白虎隊・佐川官兵衛をめぐって―」（『政治経済史学』四九〇、平成十九年）
田中伸尚『靖国の戦後史』（岩波新書、平成十四年）
田中伸尚編『国立追悼施設を考える』（樹花舎、平成十五年）
田中伸尚・田中宏・波田永実『遺族と戦後』（岩波新書、平成七年）
田中丸勝彦『さまよえる英霊たち』（柏書房、平成十四年）
谷省吾「さくら山の歌集」（『神道史研究』二九―三、昭和五十六年）
谷口貢「戦没者の慰霊と民俗信仰―福島県会津高田町の事例を中心に―」（松崎憲三編『近代庶民生活の展開―くにの政策と民俗―』三一書房、平成十年）
玉川裕子「昭和館所蔵　慰霊巡拝・遺骨収集関連図書目録」（『昭和のくらし研究』六、平成二十年）
圭室諦成『葬式仏教』（大法輪閣、昭和三十八年）
張石「日中戦争における旧日本軍と中国軍隊の「敵の慰霊」について―日中の死生観をめぐって」（法政大学国際日本学研究所編『東アジア共生モデルの構築と異文化研究―文化交流とナショナリズムの交錯―』法政大学国際日本学研究センター、平成十八年）
塚本学「「戦没者追悼平和祈念館」と地方史」（『地方史研究』二四八、平成六年）
辻善之助『日本人の博愛』（金港堂書籍、昭和七年）
津田勉「山口県護国神社の創建」（『山口県神道史研究』八、平成八年）
――――「高杉晋作の神葬祭―長州藩に於ける水戸の自葬―」（『山口県神道史研究』一三、平成十三年）
――――「幕末長州藩に於ける招魂社の発生」（『神社本庁教学研究所紀要』七、平成十四年）
――――「白石正一郎の神道信仰―桜山招魂社創建を巡って―」（『山口県神道史研究』一四、平成十四年）
都通憲三朗「靖国信仰を考える」（『仏教経済研究』三五、平成十八年）
角田三郎『靖国と鎮魂』（三一書房、昭和五十二年）
坪内祐三『靖国』（新潮文庫、平成十三年）
D・C・ホルトム『日本と天皇と神道』（逍遥書院、昭和二十五年）
手島仁・西村幹夫「軍事都市高崎の陸軍墓地」（『群馬県立歴史博物館紀要』二四、平成十五年）
寺尾寿芳「〈実存協同〉から慰霊への解釈学的展望―田辺元と木村久夫―」（『人間学紀要』三七、平成十九年）
寺門雄一「近代石造遺物からみた地域・戦争・信仰―茨城県取手市域の戦歿者慰霊碑を例にして―」（『地方史研究』二五〇、平成六年）
照沼好文「碑表、形像等に関する研究―特に招魂碑、忠魂碑を中心に―」（『神道宗教』一一〇、昭和五十八年）
伝統と現代社『伝統と現代』七九「特集　靖国」（伝統と現代社、昭和五十九年）

土居浩「〈霊園〉から〈靖国〉へ―〈タマ〉のトポグラフィティ―」第1回・第2回（『正言@アリエス』、講談社モウラ、平成十九年）
東京外国語大学海外事情研究所『Quadrante』九「特集 国際シンポジウム 死者を悼むことと想起の文化―「靖国」問題を検証するなかで―」（東京外国語大学海外事情研究所、平成十九年）
東京基督教大学共立基督教研究所『Emergence: 創発』一〇―二、「特集 記憶と追悼Ⅱ」（東京基督教大学共立基督教研究所、平成十七年）
東北芸術工科大学東北文化研究センター『季刊東北学』二〇〇五年第四号「小特集 靖国・魂の行方と戦争の記憶」（東北芸術工科大学東北文化研究センター、平成十七年）
時枝務「近・現代の宗教遺跡」（『季刊考古学』七二、平成十二年）
所功『靖國の祈り遥かに』（神社新報社、平成十四年）
――『戦没者の慰霊と遺骨収集―ソロモン・沖縄を再び訪れて―』（國民會館叢書六一、平成十七年）
――「〝靖国祭神〟の用件と合祀の来歴」（『藝林』五五―二、平成十八年）
冨山一郎『増補 戦場の記憶』（日本経済評論社、平成十八年）
戸村政博編『靖国闘争』（新教出版社、昭和四十五年）
――『日本のファシズムと靖国問題―新・靖国闘争―』（新教出版社、昭和四十九年）
――『神社問題とキリスト教』（新教出版社、昭和五十一年）
鳥巣通明「靖国神社の創建と志士の合祀」（千家尊宣先生古稀祝賀論文集・神道学会編『出雲神道の研究』神道学会、昭和四十三年）
中澤勝義「戦没者の遺骨収集等慰霊事業について」（『恩給』二三五、平成十二年）
中島三千男「「新国家神道」的論理の排除―「愛媛玉串料訴訟」最高裁判決の意味―」（『歴史評論』五七〇、平成九年）
――「「靖国」問題に見る戦争の「記憶」」（『歴史学研究』七六八、平成十四年）
長友安隆「戦時下神道界の一様相―従軍神職と英霊公葬運動を中心として―」（『明治聖徳記念学会紀要』復刊三四、平成十三年）
中西直樹「戦時体制下の「神仏対立」―「英霊」の公葬をめぐって―」（福嶋寛隆監修『戦時教学と真宗』第一巻、永田文昌堂、昭和六十三年）
中濃教篤編『講座 日本近代と仏教6 戦時下の仏教』（国書刊行会、昭和五十二年）
中野晃一＋上智大学21世紀COEプログラム編『ヤスクニとむきあう』（めこん、平成十八年）
長野栄俊「福井県における宗教関係公文書の史料学的考察（その二）―境外遥拝所明細帳、官祭招魂社・官修墳墓

明細帳、護国神社明細帳、境外祖霊社明細帳、官国幣社明細帳―」（『若越郷土研究』五一―一、平成十八年）
中村直文・NHK取材班『靖国―知られざる占領下の攻防―』（NHK出版、平成十九年）
中山郁「戦没者慰霊巡拝覚書き―千葉県・栃木県護国神社主催、「戦没者慰霊巡拝」の事例から―」（『國學院大學研究開発推進センター研究紀要』二、平成二十年）
波平恵美子『日本人の死のかたち―伝統儀礼から靖国まで―』（朝日選書、平成十六年）
日本思想史懇話会編集『季刊日本思想史』七一「特集―「靖国」の問い方：戦後史再考」（ぺりかん社、平成十九年）
日本平和学会編『平和研究』三二「スピリチュアリティと平和」（早稲田大学出版部、平成十九年）
西川重則『靖国法案の五年（撤回をめざす戦いの記録）』（すぐ書房、昭和四十九年）
日仏社会学会『日仏社会学会年報』一五「戦争の記憶―その多様性・変容・継承―」（日仏社会学会、平成十七年）
西村明『戦後日本と戦争死者慰霊―シズメとフルイのダイナミズム―』（有志舎、平成十八年）
――「遺骨収集・戦地訪問と戦死者遺族―死者と生者の時‐空間的隔たりに注目して―」（『昭和のくらし研究』六、平成二十年）
新田均『「現人神」「国家神道」という幻想』（PHP研究所、平成十五年）
――「子安宣邦氏における〝自己否定〟と〝隠蔽〟の語りについて―「国家神道」論との関連で―」（『神道史研究』五四―一、平成十八年）
日本赤十字社京都支部編輯『忠愛』（日本赤十字社京都支部、明治四十三年）
日本の戦争責任資料センター『季刊戦争責任研究』三六「【特集】靖国問題と戦没者追悼」（日本の戦争責任資料センター、平成十四年）
日本の戦争責任資料センター『季刊戦争責任研究』三七「【特集】戦没者追悼をめぐって」（日本の戦争責任資料センター、平成十四年）
沼崎麻矢「「御巣鷹」を守る遺族たち―慰霊をめぐる民俗学的研究―」（『國學院大學大学院紀要―文学研究科―』三六、平成十七年）
野上元『戦争体験の社会学―「兵士」という文体―』（弘文堂、平成十八年）
羽賀祥二『明治維新と宗教』（筑摩書房、平成六年）
――『史蹟論―一九世紀日本の地域社会と歴史意識―』（名古屋大学出版会、平成十年）
――「日清戦争記念碑考―愛知県を例として―」（『名古屋大学文学部論集』一三三（史学四四）、平成十年）
――「一八九一年濃尾震災と死者追悼―供養塔・記念碑・紀念堂の建立をめぐって―」（『名古屋大学文学部論

集』一三四（史学四五）、平成十一年）
――「軍都の戦争記念碑―豊橋第十八聯隊と神武天皇銅像記念碑―」（田中彰編『近代日本の内と外』吉川弘文館、平成十一年）
――「戦病死者の葬送と招魂―日清戦争を例として―」（『名古屋大学文学部論集』一三七（史学四六）、平成十二年）
――「日本近代の宗教と歴史―〈招魂〉・〈供養〉・〈顕彰〉をめぐって―」（『歴史科学』一八二、平成十七年）
橋川正「怨親平等の思想」（『仏教文化』五―三、昭和二十四年）
橋川文三「靖国思想の成立と変容」（『橋川文三著作集2　増補版』筑摩書房、平成十二年）
秦郁彦「第二次世界大戦の日本人戦歿者像―餓死・海没死をめぐって―」（『軍事史学』一六六、平成十八年）
秦修一「戦争と霊―戦没者慰霊から問われる信仰の意味―」（『金光教学』四六、平成十八年）
波田永実「慰霊と顕彰の間―靖国をめぐるいくつかの断章―」（『歴史評論』六七八、平成十八年）
塙三郎『英霊の怒り』（浪曼、昭和四十九年）
濱田陽「戦争と日本宗教の軋轢の彼方へ」（佐藤俊樹・孫安石編『東アジアの終戦記念日―敗北と勝利のあいだ―』ちくま新書、平成十九年）
原田敬一「万骨枯る空間の形成―陸軍墓地の制度と実態を中心に―」（『佛教大学文学部論集』八二、平成十年）
――「陸海軍埋葬地制度考」（大阪大学文学部日本史研究室編『近世近代の地域と権力』清文堂、平成十年）
――「軍隊と戦争の記憶―日本における軍用墓地を素材として―」（『佛教大学総合研究所紀要』七、平成十二年）
――「軍用墓地と日本の近代」（『ヒストリア』一七一、平成十二年）
――「大英帝国の戦争―博物館・墓地・追悼碑―」（『佛教大学総合研究所紀要』八、平成十三年）
――『国民軍の神話―兵士になるということ―』（吉川弘文館、平成十三年）
――「軍用墓地の戦後と追悼問題」（『本郷』三六、平成十三年）
――「軍用墓地の戦後史―変容と維持をめぐって―」（『佛教大学文学部論集』八六、平成十四年）
――「戦後アジアの軍用墓地と追悼―台湾の場合―」（『佛教大学文学部論集』八七、平成十五年）
――「第一次世界大戦と大英帝国の戦争墓地―王家・国家・国民―」（『佛教大学文学部論集』八八、平成十六年）
――「慰霊の政治学」（成田龍一編『日露戦争スタディーズ』紀伊国屋書店、平成十六年）
――「「戦争遺跡」研究の位置―戦争と平和の歴史―」（『歴史評論』六六七、平成十七年）
――「慰霊と追悼―戦争記念日から終戦記念日へ―」（岩

波講座アジア・太平洋戦争2『戦争の政治学』岩波書店、平成十七年）
――「アーリントン「国立墓地」の位置―国家的顕彰と国民的和解―」（『佛教大学文学部論集』九〇、平成十八年）
――「戦争の終わらせ方と戦争墓地―フランクフルト条約からサンフランシスコ平和条約まで―」（『佛教大学文学部論集』九一、平成十九年）
春山明哲「靖国神社とはなにか―資料研究の視座からの序論―」（『レファレンス』六六六、平成十八年）
PHP研究所編『検証・靖国問題とは何か』（PHP研究所、平成十四年）
ピエール・ノラ編（谷川稔監訳）『記憶の場―フランス国民意識の文化＝社会史―』全三巻（岩波書店、平成十四、十五年）
久野修義「中世日本の寺院と戦争」（歴史学研究会編『戦争と平和の中近世史』青木書店、平成十三年）
土方久元『天皇及偉人を祀れる神社』（帝国書院、大正元年）
菱刈隆『忠霊塔物語』（童話春秋社、昭和十七年）
菱木政晴「近代国民国家と戦死者儀礼の変遷―白玉山「表忠塔」をどうみるか―」（木場明志・程舒偉『日中両国の視点から語る植民地期満洲の宗教』柏書房、平成十九年）
檜山幸夫『日清戦争―秘蔵写真が明かす真実―』（講談社、平成九年）
――「近代日本における戦争紀念碑と軍人墓（上）（下）」（『九州史学』一三六、一三九、平成十五、十六年）
――「近代日本における戦歿者慰霊と宗教性について―長崎南松浦郡新上五島町を事例に―」（『中京大学社会科学研究』二六―二、平成十八年）
檜山幸夫編著『近代日本の形成と日清戦争―戦争の社会史―』（雄山閣出版、平成十四年）
片茂永「日本人のアイデンティティー―招魂祭・豊橋まつり・商工会議所―」（『愛知大学綜合郷土研究所紀要』五〇、平成十七年）
平野武『政教分離裁判と国家神道』（法律文化社、平成七年）
――『明治憲法制定とその周辺』（晃洋書房、平成十六年）
広池真一「「新たな国立墓苑」構想―「無名戦士の墓」と「怨親平等」をめぐって―」（『国際宗教研究所ニュースレター』三六、平成十四年）
福島栄寿「神道非宗教論をめぐって―せめぎあう神と仏―」（『教化研究』一三三、平成十六年）
福嶋寛隆編『神社問題と真宗』（永田文昌堂、昭和五十二年）
福間良明『殉国と反逆―「特攻」の語りの戦後史―』（青弓社、平成十九年）
藤井貞文『近世に於ける神祇思想』（春秋社松柏館、昭和十九年）
――『神とたましひ―国学思想の深化―』（錦正社、平成二年）

――「豊国神社再興始末」(『国史学』九、昭和七年)
――「湊川神社創建の考(一)(二)」(『国史学』四一、四二、昭和十五、十六年)
藤井忠俊『兵たちの戦争―手紙・日記・体験記を読み解く―』(朝日選書、平成十二年)
藤澤房俊『大理石の祖国―近代イタリアの国民形成―』(筑摩書房、平成九年)
藤田勝重『靖國十年』(学苑社、昭和五十七年)
藤田尚則「靖国神社と戦没者慰霊問題」(『創価法学』三三―三、平成十六年)
藤田大誠「国家神道体制成立以降の祭政一致論―神祇特別官衙設置運動をめぐって―」(阪本是丸編『国家神道再考―祭政一致国家の形成と展開―』弘文堂・平成十八年)
――「日本における慰霊・追悼・顕彰研究の現状と課題」(『神社本庁教学研究所紀要』一二、平成十九年)
――「国家神道と靖國神社に関する一考察―神社行政統一の挫折と賀茂百樹の言説をめぐって―」(『國學院大學研究開発推進センター研究紀要』一、平成十九年)
――「近代日本における「怨親平等」観の系譜」(『明治聖徳記念学会紀要』復刊四四、平成十九)
藤谷俊雄『神道信仰と民衆・天皇制』(法律文化社、昭和五十五年)
藤本頼生「歴代首相の神宮・靖國神社参拝をめぐる一考察―問題視される慣習と変化する慣習―」(『神道宗教』一九九・二〇〇、平成十七年)
――「神宮・靖國神社関係　近現代史年表(抄)」(『神社本庁教学研究所紀要』一一、平成十八年)
藤原彰『餓死した英霊たち』(青木書店、二〇〇一年)
別冊宝島編集部編『ニッポン人なら読んでおきたい靖国神社の本』(宝島社文庫、平成十八年)
別冊『歴史研究』神社シリーズ『靖國神社―創立百二十年記念特集―』(新人物往来社、平成元年)
ベネディクト・アンダーソン(白石さや・白石隆訳)『増補想像の共同体―ナショナリズムの起源と流行―』(NTT出版、平成九年)
――(中島成久訳)『言葉と権力―インドネシアの政治文化探求―』(日本エディタースクール出版部、平成七年)
保阪正康『『靖国』という悩み』(毎日新聞社、平成十八年)
毎日新聞「靖国」取材班『靖国戦後秘史―A級戦犯を合祀した男―』(毎日新聞社、平成十九年)
真下信一・高橋磌一編『政治と宗教』(時事通信社、昭和四十九年)
松崎憲三「英霊及び軍馬・軍犬・軍鳩祭祀―靖国神社を事例として―」(『民俗学研究所紀要』二二、平成十年)
松平永芳「誰が御霊を汚したのか「靖国」奉仕十四年の無念」(『諸君!』平成四年十二月号、平成四年)
松本彰「一九世紀ドイツの国民的記念碑とナショナリズム」

（遅塚忠躬・松本彰・立石博高編著『フランス革命とヨーロッパ近代』同文舘出版、平成八年）

松本郁子「日露戦争と仏教思想―乃木将軍と太田覚眠の邂逅をめぐって―」（『軍事史学』四一―一・二、平成十七年）

マリタ・スターケン（岩崎稔他訳）『アメリカという記憶―ベトナム戦争・エイズ・記念碑的表象―』（未来社、平成十五年）

丸山泰明「八甲田山雪中行軍遭難事件と靖国神社合祀のフォークロア」（川村邦光編著『戦死者のゆくえ』青弓社、平成十五年）

――「八甲田山雪中行軍遭難事件と「勇士」の表象―写真と銃をめぐって―」（『日本学報』二三、平成十六年）

――「モニュメントと記憶―八甲田山雪中行軍遭難事件をめぐる記憶の編成―」（『日本民俗学』二三八、平成十六年）

――「モニュメントと眼ざしの近代―遊就館をめぐって―」（新谷尚紀・岩本通弥編著『都市の暮らしの民俗学②都市の光と影』吉川弘文館、平成十八年）

――「兵士の死をめぐる展示―遊就館における死者の展示の誕生と展開―」（『日本学報』二六、平成十九年）

三上治・富岡幸一郎・大窪一志『靖国問題の核心』（講談社、平成十八年）

三土修平「戦没者公的慰霊問題における複数の座標軸」（『東京理科大学紀要（教養篇）』三四、平成十四年）

――「靖国神社の「公共性」と「宗教性」をめぐる対立の構図」（『東京理科大学紀要（教養篇）』三五、平成十五年）

――「靖国神社戦後改革とその周辺事項の年表的整理」（『東京理科大学紀要（教養篇）』三六、平成十六年）

――『靖国問題の原点』（日本評論社、平成十七年）

――『頭を冷やすための靖国論』（ちくま新書、平成十九年）

――「戦後改革の矛盾の顕在化としての靖国問題」（『宗教法』二六、平成十九年）

三橋健「東京招魂社から別格官幣社靖国神社へ」（『神道宗教』一二二、昭和六十一年）

南守男「ドイツ戦没者追悼史と靖国国立墓苑問題（上）（中）（下）―一九世紀から第二次世界大戦まで―」（『季刊戦争責任研究』三六・三七・三八、平成十四年）

宮崎幸麻呂「招魂社の濫觴」（『如蘭社話』二二、明治二十四年）

宮薗衛「「平和の礎」にみる国境を超える「戦争の記憶」の仕方（一）―「人間としてのアイデンティティ」形成の可能性―」（『新潟大学教育人間科学部紀要　人文・社会科学編』四―二、平成十四年）

宮田忠郎「畏友　森林太郎と乃木希典が遺した「日露戦役忠魂碑」」（『鷗外』七四、平成十六年）

宮田登『生き神信仰―人を神に祀る習俗―』（塙書房、昭和四

十五年）
宮武実知子「慰霊・追悼の場と世論の力学—沖縄の「平和の礎」を事例として—」（『ソシオロジ』五〇—三、平成十八年）
村上重良『国家神道』（岩波新書、昭和四十五年）
——『慰霊と招魂—靖国の思想—』（岩波新書、昭和四十九年）
——『靖国神社』（岩波ブックレット、昭和六十一年）
村山修一『天神御霊信仰』（塙書房、平成八年）
明治聖徳記念学会『明治聖徳記念学会紀要』復刊四四、「特集 日本人の霊魂観と慰霊」（明治聖徳記念学会、平成十九年）
本康宏史『軍都の慰霊空間—国民統合と戦死者たち—』（吉川弘文館、平成十四年）
——「慰霊のモニュメントと「銃後」社会—石川県における忠霊塔建設運動—」（『国立歴史民俗博物館研究報告』一〇二、平成十五年）
——「台湾神社の創建と統治政策—祭神をめぐる問題を中心に—」（台湾史研究部会編『台湾の近代と日本』中京大学社会科学研究所、平成十五年）
——「講演録 戦争のフォークロア—祈願と慰霊を中心に—」（『自由民権』一六、平成十五年）
——「作文にみる明治三十年代の招魂祭—金沢市内の小学生の記録—」（『石川県立歴史博物館紀要』一七、平成十七年）
——「慰霊碑研究の現状と課題」（『東アジア近代史』九、平成十八年）
百地章『憲法と政教分離』（成文堂、平成三年）
——『政教分離とは何か—争点の解明—』（成文堂、平成九年）
——『靖国と憲法』（成文堂、平成十五年）
森幸雄「護国神社を事例とする、都市シンボル的施設に対するイメージの変遷（『Sociologica』二七—一、二、平成十五年）
森岡清美『決死の世代と遺書—太平洋戦争末期の若者の生と死—・補訂版』（吉川弘文館、平成七年）
——「旧藩主家における先祖祭祀の持続と変容—米沢上杉家の場合—」（『成城大学民俗学研究所紀要』二七、平成十五年）
——「明治維新期における藩祖を祀る神社の創建—旧藩主家の霊屋から神社へ、地域の鎮守へ—」（『淑徳大学社会学部研究紀要』三七、平成十五年）
——「明治維新期における藩祖を祀る神社の創建（続）—神社設立事情を手がかりとして—」（『淑徳大学総合福祉学部研究紀要』四一、平成十九年）
森岡清美・今井昭彦「国事殉難戦没者、とくに反政府軍戦死者の慰霊実態（調査報告）」（『成城文芸』一〇二、昭和五十七年）
モリス・アルヴァックス（小関藤一郎訳）『集合的記憶』（行路社、平成元年）

森田敏彦「戦没軍馬・軍犬・軍鳩と民衆―軍用動物碑にみる慰霊と顕彰―」(『鷹陵史学』三三、平成十九年)
森田康之助『湊川神社史』上巻・中巻・下巻(湊川神社社務所、昭和五十三、五十九、六十二年)
森安仁「招魂社」(『神道史研究』三〇―三、昭和五十七年)
靖國神社編『靖國神社誌』(靖國神社、明治四十四年)
――『靖國神社百年史』資料篇上、中、下、事歴年表(靖國神社、昭和五八~六十二年)
――『靖國神社をより良く知るために』(靖國神社社務所、平成四年)
――『「故郷の護國神社展」の記録　故郷の護國神社と靖國神社』(展転社、平成十九年)
安丸良夫・宮地正人校註『日本近代思想大系5　宗教と国家』(岩波書店、昭和六十三年)
柳田国男『先祖の話』(筑摩書房、昭和二十一年)
矢野敬一『慰霊・追悼・顕彰の近代』(吉川弘文館、平成十八年)
矢野敬一・木下直之・野上元・福田珠己・阿部安成『浮遊する「記憶」』(青弓社、平成十七年)
山内岩雄編『靖國神社誌』(図書編輯社、明治三十八年)
山内小夜子「真宗大谷派における戦死者儀礼の変遷」(『現代宗教研究』四〇、平成十八年)
山田隆夫「現代の沖縄の心、日本の心、「平和の礎」(一)~(四)」(『中京大学教養論叢』三八―一・二、平成九年)
山田雄司「崇徳天皇神霊の還遷」(大濱徹也『近代日本の歴史的位相―国家・民族・文化―』刀水書房、平成十一年)
――『崇徳院怨霊の研究』(思文閣出版、平成十三年)
――『跋扈する怨霊―祟りと鎮魂の日本史―』(吉川弘文館、平成十八年)
山室建徳「軍神論」(『近代日本文化論10　戦争と軍隊』岩波書店、平成十一年)
――『軍神―近代日本が生んだ「英雄」たちの軌跡―』(中公新書、平成十九年)
山本唯人「東京都慰霊堂」の現在」(『歴史評論』六一六、平成十三年)
湯川紅美・椎名則明「弔霊鐘―関東大震災における「鎮魂のメモリアル」―」(『日本大学文理学部情報科学研究所年次研究報告書』六、平成十八年)
横山篤夫『戦時下の社会―大阪の一隅から―』(岩田書院、平成十三年)
――「真田山陸軍墓地納骨堂建設について」(『ヒストリア』一八六、平成十五年)
――「「満州」に建てられた忠霊塔」(『東アジア研究』四八、平成十九年)
――「大阪の忠霊塔建設」(『大阪国際平和研究所紀要』一六「戦争と平和,07」、平成十九年)
――「地域の陸軍墓地を通して靖国を考える―赤澤史朗『靖国神社』をめぐって―」(『歴史科学』一八七、平

成十九年）
吉田凱彦「「慰霊碑」建立の回想」（『建築業界』二〇〇〇年一月号、平成十二年）
吉浜忍「沖縄の忠魂碑調査・研究」（『沖縄国際大学南島文化研究所紀要　南島文化』二六、平成十六年）
米山リサ（小沢弘明他訳）『広島―記憶のポリティクス―』（岩波書店、平成十七年）
陸軍大臣官房・海軍大臣官房監修『靖國神社忠魂史』全五巻（靖國神社社務所、昭和八年～十年）
李分一「「追悼」と「慰霊」をめぐる日韓比較―靖国神社と国立五・一八墓地―」（『アジア・アフリカ研究』四三―四、平成十五年）
――「記憶の政治と空間的再現―近代日本の戦争と靖国神社―」（『吉備国際大学大学院社会学研究科論叢』五、平成十五年）
ルートヴィヒ・シック「キリスト教における死者の追悼と慰霊―キリスト教人間学の表現―」（『比較思想研究』一九、平成五年）
霊明神社『霊明誌一～三』（村上壽延、平成元年）
歴史科学協議会編集『歴史評論』六二八「特集　戦死者をどう弔ってきたか」（校倉書房、平成十四年）
歴史教育者協議会編『Q&Aもっと知りたい靖国神社』（大月書店、平成十四年）
ロベール・エルツ（吉田禎吾訳）『右手の優越―宗教的両極性の研究―』（ちくま学芸文庫、平成十三年）
若尾祐司・羽賀祥二編『記録と記憶の比較文化史―史誌・記念碑・郷土―』（名古屋大学出版会、平成十七年）
渡辺勝義「日本精神文化の根底にあるもの（五）―怨親平等の鎮魂について―」（『長崎ウエスレヤン大学現代社会学部紀要』四―一、平成十八年）
渡辺雅子「新宗教における戦没者慰霊―ひとのみち系教団の自然社にみる招霊・慰霊―」（『明治学院大学社会学部付属研究所年報』二七、平成九年）
渡辺雅子・石渡佳美・阿部達人「宗教にみる原爆死没者慰霊と平和活動―敗戦五〇年目の広島市での宗教教団の調査から―」（『明治学院大学社会学部付属研究所年報』二六、平成八年）

【作成・藤田大誠】

慰霊と追悼研究会　開催記録

※発表者等の肩書は当時

第一回研究会（平成十八年九月十二日）
「日本における慰霊・追悼研究の現状と課題」
藤田大誠（國學院大學二十一世紀研究教育計画ポスドク研究員・日本文化研究所兼任講師）

第二回研究会【本書所収】（平成十八年十月七日）
ゲストスピーカー　池上良正（駒澤大学教授）
コメンテーター　藤本頼生（神社本庁教学研究所録事・日本文化研究所共同研究員）
菅　浩二（日本文化研究所共同研究員・ハーバード大学ライシャワー日本研究所客員研究員）
司会　藤田大誠（國學院大學二十一世紀研究教育計画ポスドク研究員・日本文化研究所兼任講師）

第三回研究会（平成十八年十月二十八日）
公開シンポジウム「日本人の霊魂観と慰霊」（明治聖徳記念学会との共催）
講演
「戦歿者の慰霊と公共性」新田　均（皇學館大学教授）
「神道の歴史と靖國神社」武田秀章（國學院大學教授）
コメンテーター　中山　郁（國學院大學研究開発推進センター講師）
司会　阪本是丸（國學院大學研究開発推進センター長）

第四回研究会〜第六回研究会、第八回研究会〜第十回研究会（平成十八年十一月十七日、十二月七日、十九年一月十一日、二月二十二日、五月九日、七月三十一日）
村上重良『慰霊と招魂』検討会

第七回研究会【本書所収】（平成十九年二月十日）
シンポジウム「慰霊と顕彰の間―近現代日本の戦死者観をめぐって―」
パネリストおよびタイトル
「国家神道と靖國神社に関する一考察―近代神道における慰霊・顕彰の意味―」
藤田大誠（國學院大學二十一世紀研究教育計画ポスドク研究員、日本文化研究所兼任講師）
「戦地巡礼と記憶の再構築：都市に組み込まれた死者の記憶―大連、奉天―」
粟津賢太（創価大学非常勤講師、国立歴史民俗博物館共同研究員）
「慰霊再考―「シズメ」と「フルイ」の視点から―」
西村　明（鹿児島大学助教授）
コメンテーター　大谷栄一（南山宗教文化研究所研究員）
司会　中山　郁（國學院大學研究開発推進センター講師）

第十一回研究会（平成十九年十一月二十一日）
「近代日本の戦歿者慰霊における敵と味方―「英霊」観と「怨親平等」観をめぐつて―」
藤田大誠（國學院大學研究開発推進機構校史・学術資産研究センター助教）

第十二回研究会（平成二十年二月十六日）
シンポジウム「日本における霊魂観の変遷」
パネリストおよびタイトル
「怨霊と怨親平等との間」山田雄司（三重大学准教授）
「神道史における崇祖・慰霊・顕彰」武田秀章（國學院大學教授）
「近代における賊軍戦死者の祭祀―会津戊辰戦争を事例として―」今井昭彦（埼玉県立川本高等学校教諭）
コメンテーター　三土修平（東京理科大学教授）
中山　郁（國學院大學研究開発推進機構研究開発推進センター講師）
司会　藤田大誠（國學院大學研究開発推進機構校史・学術資産研究センター助教）

第十三回研究会・第十四回研究会（平成十九年三月十四日・二十一日）
黒田俊雄「鎮魂の系譜―国家と宗教をめぐる点描―」検討会

第十五回研究会（平成二十年四月十八日）
「公の救済と慰霊を考える―皇室の社会事業をめぐって―」
藤本頼生（神社本庁教学研究所録事、國學院大學研究開発推進機構伝統文化リサーチセンター共同研究員）

第十六回研究会（平成二十年五月十六日）
「中外日報・神社新報・キリスト新聞にみる終戦認識～慰霊と追悼の周縁」
濱田陽（帝京大学准教授）

第十七回研究会（平成二十年六月二十七日）
「慰霊か、顕彰か―「靖國」の思想とは何か―」
阪本是丸（國學院大學研究開発推進機構研究開発推進センター長）

＊　各研究会における発表や議論については、國學院大學研究開発推進センターウェブサイト「慰霊と追悼研究会」http://www2.kokugakuin.ac.jp/kaihatsu/active_b.html で概要が報告されている。

あとがき

平成十八年九月、國學院大學研究開発推進センター（センター長＝阪本是丸神道文化学部教授）の事業として「慰霊と追悼研究会」が発足してから、早くも二年が過ぎようとしている。この間、十七回に亙って研究会を開催し、本センターをはじめ、本学研究開発推進機構を構成する諸機関に関係している中堅・若手研究者や大学院生の間はもとより、学外の研究者とも積極的に交流していくなかで、研究分野の垣根を越えて議論を積み重ねてきた。今回、本書を刊行することにより、そうした研究成果の一端を広く世に問えることを、本研究会の参加者一同、心から喜びとするところである。

平成十八年三月に設立された國學院大學研究開発推進センターは、國學院大學の建学の精神である「神道精神」を具現化し、それを将来に亙って強固なものとするため、國學院大學二十一世紀研究教育計画委員会によって策定される研究教育事業の推進を図り、広く社会に貢献することを目的としている。具体的には、官公庁等による競争的資金等の獲得による研究プロジェクトの企画・立案及びその実施をはじめ、神社界等からの外部資金導入による研究プロジェクトの企画・立案及びその実施、各種外部資金に関する情報収集と提供及び申請作業への協力、本学の研究開発推進機構の予算・決算その他の運営に係わる事項等の企画・立案、国内外の研究機関との交流及び連携に係わる実務の遂行、そしてこれらの業務に精通した若手研究者の育成など、多岐に亙る事業を行なっている。

本センター発足当時、所属専任教員たちは、様々な研究事務等に追われながらも、本センター設立の目的を果たすために、神社界からの外部資金による本センター独自の研究課題を模索していた。その際、私は、現在の日本社会や神社界が直面している問題に対して、主に神道研究の立場から、聊かなりとも貢献できるテーマを取り上げ、また、本センターが、一種のサロンのような、そのテーマに関心を持つ学内外の多種多様な研究者たちに自由かつ忌憚のない議論の場を提供し、そして、こうした場を通じて、学内外の日本宗教や神道に興味を持つ若手研究者の成長を図ることができるテーマとして、日本における戦歿者慰霊に関する研究を提案した。

このような提案を行なった背景には、近年における戦歿者（戦死者）に対する慰霊・追悼・顕彰に関する研究の活性化という学問的動向と、当時の小泉純一郎首相の靖國神社参拝から惹起された一連の騒動という社会的・国際的な問題があった。

まず、戦歿者（戦死者）の慰霊・追悼・顕彰に関する研究は近年とみに活性化し、歴史学、宗教学、民俗学、社会学などの様々なジャンルから、優れた研究成果が次々と発表されている。従前とは異なり、これらの研究の多くに共通する特徴としては、各々の研究者が、自身の政治的・思想的・信条的な立場を直接的に表白するのではなく、自らの思想信条を語る前に、着実な史資料の掘り起こしとその緻密な検討・分析に基づいた、冷静かつ実証的な議論を積み重ねようとしている点が挙げられる。周知のように、近代日本における国家的な戦歿者（戦死者）の慰霊について考察を試みようとする場合、靖國神社を中心とした神道的な戦歿者祭祀の問題を外すことは出来ない。しかし、戦後の政治的・思想的対立の渦中に靖國神社を巻き込んだ、この「靖國神社問題」こそが、長らく戦歿者慰霊に関する冷静かつ実証的な議論を困難にさせる要因であったのである。もとより、人間は政治的な動物である。そのため、研究者各自が多様な政治的・思想的・信条的背景を持っているのは当然のことであり、神道的な戦歿者祭祀に対して明確に批判的な立場をとる研究者は、現在も多く見られる。しかし、確実に言えることは、近年の戦歿者（戦死者）の慰霊・追悼・顕彰研究のフィールドにおいては、不毛なイデオロギーの衝突の場ではなく、実証的な学問の課題として、近代日本における戦歿者（戦死者）の慰霊・追悼・顕彰、ことに神道的な戦歿者祭祀や靖國神社の問題について、冷静に議論を行なうことが可能な空気が醸成されつつあるということである。

一方で、そうした学問的状況をよそに、小泉首相による靖國神社参拝をめぐる内外マス・メディアの報道や、一部の研究者による議論には、冷静さに欠ける表現がまま見られた上、その論旨も村上重良氏や大江志乃夫氏などの古典的な議論の再生産に終始し、靖國神社の存在を批判するにしても、神道的な慰霊に関する基本的な知識を踏まえない議論や報道が多数見られたことも確かである。また、そうした議論に何よりも欠けているのは、戦歿者慰霊の在り方を問いながらも、慰霊の対象となる戦歿者の「霊魂」とは何か、慰霊をするとはどういうことなのか？という根源的な問いかけなのではないかと強く感じさせられたのである。翻って、こうしたメディアの状況は、神道研究の立場からの戦歿者慰霊研究の蓄積が少なく、社会的論議に確かな対応ができる研究者も極めて限られているという現実をも浮かび上がらせるものでもあった。

以上のような学問的、社会的状況に鑑み、本センターでは、國學院大學の建学の精神である「神道」を研究する立場を中核に据えつつ、改めて近代に靖國神社を生み出した、近代以前からの「人を神として祀る」という日本における一種の宗教文化の流れの考察を中軸として、具体的な史資料に基づいて再検討し、その成果を学界や一般社会に発信していくことによって、冷静かつ堅実な議論の基盤を広く提供するとともに、こうした研究を担う若手研究者を育成することを目的として、本センター内に「慰霊と追悼研究会」を立ち上げた次第である。研究会というスタイルをとったのは、こうした難しいテーマこそ、学内外の若手研究者が気軽に参加して、自由闊達な議論ができる場を設定する必要があると考えたからである。

当研究会では、まず平成十八年度および十九年度前半にかけて、村上重良氏の著書『慰霊と招魂—靖国の思想—』（岩波新書、昭和四十九年）を、さらに十九年度後半に黒田俊雄氏の論文「鎮魂の系譜—国家と宗教をめぐる点描—」（『黒田俊雄著作集』第三巻、法蔵館、平成七年）を研究会参加者が分担した上で詳細に読み込み、具体的な史料に基づきながらその論旨を吟味する作業を行なった。これらの作業によって、先行研究の問題点と当研究会が担うべき課題を模索した結果、まずは広い意味における「神道研究」の立場から、招魂社や靖國神社をも含めた人神や死者に対する神道的な信仰の流れを、主に「祭祀」と「霊魂観」に着目して通史的に提示する必要があることを確認した。

さらに、こうした議論の過程において発生した問題意識をもとに、本書に掲載された研究会「「靖国信仰の個人性」をめぐって」（平成十八年十月七日）やシンポジウム「慰霊と顕彰の間—近現代日本の戦死者観をめぐって—」（十九年二月十日）をはじめ、公開シンポジウム「日本人の霊魂観と慰霊」（十八年十月二十八日、明治聖徳記念学会との共催。『明治聖徳記念学会紀要』復刊第四十四号に記録を掲載）、シンポジウム「日本における霊魂観の変遷—「怨霊」と「英霊」をめぐって—」（二十年二月十六日）などの研究会・シンポジウムを、学外の研究者の御協力を得て開催した。そこでは、「慰霊」「追悼」「顕彰」という各概念が、実際には截然と割り切れるものではないことや、日本や東アジアにおける「供養」の文化との関連性、さらには近代における戦歿者慰霊が、しばしば先行研究で言われるように、直接「御霊信仰」の系譜を引いているとは必ずしもいえないことなどが指摘され、活発な議論が行なわれた。本書に掲載出来なかったこれらのシンポジウムの記録も、今後、なんらかのかたちで公表していきたいと考えている。

なお、当研究会は本年度から「招魂と慰霊の系譜に関する基礎的研究」として、改めて本センターの研究事業の一環として位置づけられたうえで、研究会とともに、調査・研究活動も推進している。具体的には、まず近代の靖國神社・護国神社をめぐる制度や陸海軍との関係を明らかにするための公文書調査を行なう。次いで神道的な戦歿者祭祀の原点とされる山口県における招魂祭や、中世以来仏教的な戦歿者供養の伝統を持つ高野山、さらには国外に建立された戦歿者慰霊碑に関する調査も実施する予定である。また、平成十九年度より『靖國之絵巻』や『靖國神社臨時大祭記念写真帳』に収録されている戦争画や写真の分析およびデジタル化作業に着手しているが、これに関しては総合的な慰霊・追悼・顕彰に関する研究文献目録と併せて、本年度末にはウエブサイト上で公開する予定である。

そして、研究会に関しては本年度も月に一回のペースで行なっているが、今後は右記の調査と連動しつつ、研究会参加者によって、古代末期から現代に至る、人を神に祀る信仰の系譜を明らかにしながら、神道的な、あるいは仏教者等も関わった戦歿者（戦死者）慰霊や「英霊祭祀」の諸相について議論を深めていきたい。その上で、当研究会による研究成果を論集として刊行できればと考えている。

先にも述べたように、当研究会の大きな目標は、神道研究に軸足を置きながら、「人を神に祀る」という日本人の信仰、霊魂観を通史的、系譜的に理解した上で、その研究成果を広く学界や社会に提示することにある。それ故に本研究会においては、今後も議論の対象を靖國神社・護国神社のみに絞るのではなく、これらを改めて日本の宗教史や神道的な祭祀の歴史のなかで捉え直してみたいと考えている。

こうした試みが神道研究の立場からなされたことはこれまで余りなかったが、具体的な史資料の厳密な検討に基づきながら、基礎的な理解の枠組みを世に問うていくことで、戦歿者の慰霊・追悼・顕彰研究に、神道研究の側から貢献することが出来ればと考えている。もちろん、今後我々が示す枠組みがどこまで当を得たものになるかは不分明であるし、或はその枠組みが各研究者から大きな批判を受けることも充分に考えられる。しかし、そこで交わされる批判が、これまでの紋切型の議論の再生産とは違い、研究を進展させる生産的なものであったなら、我々の研究会はささやかな成功を収めたということができる。そのようなかたちで今後も研究会を運営できれば幸いである。

先にも述べたように、國學院大學は「神道」を建学の精神に据えており、本センターの研究事業は、その建学の精神を体したものとして企画され、推進されている。しかし、それは必ずしも特定の思想に基づいた、特定の結論のみを導き出すものではない。本来、國學院が持つ「国学的」な学問的伝統とは、文献をはじめ様々なモノなどの史資料の厳密な検討に則った、実証的な研究手法にある。この手法に基づく限り、恣意的かつ操作的な研究は不可能であるし、また、その研究手法を共有するならば、あらゆる政治的、思想的背景を持つ人々とも議論を共にすることができると考えている。そうした「学問」というものへの信頼の結実が、本書に掲載されているような、学外から本研究会に参加して下さった、様々な立場の研究者達から発せられた議論であるといえよう。今後も、「国学的研究」という実証的な学問手法をもとに、多様な人々と議論を共有できるような研究の場を設定していきたいと考えている。

なお、「慰霊と追悼研究会」の研究事業並びに本書の刊行は、國學院大學研究開発推進機構研究開発推進センターに対する國學院大學院友神職会及び埼玉県越谷市鎮座・久伊豆神社からの学術研究資金によって行なわれた。ここに厚くお礼を申し上げたい。また、本書に論文等をお寄せ頂いた学内外の執筆者の皆様にも心からの感謝を申し上げる次第である。さらに、最後となったが、本書の刊行を快諾された錦正社の中藤政文社長と出版の実務などの労を取られた中藤正道氏に深甚の謝意を表したい。

平成二十年六月二十七日

國學院大學研究開発推進センター「慰霊と追悼研究会」を代表して

中山　郁

中山　郁（なかやま・かおる）國學院大學研究開発推進機構専任講師
昭和42年（1967）生まれ。國學院大學大学院文学研究科神道学専攻博士課程後期単位取得満期退学。博士（宗教学）。主な著書·論文として『修験と神道のあいだ—木曽御嶽信仰の近世・近代—』（単著、弘文堂、平成19年）、「戦没者慰霊巡拝覚書き—千葉県·栃木県護国神社主催「戦没者慰霊巡拝」の事例から—」『國學院大學研究開発推進センター研究紀要』第2号、平成20年）などがある。

藤本　頼生（ふじもと・よりお）神社本庁教学研究所録事
昭和49年（1974）生まれ。現在、國學院大學研究開発推進機構伝統文化リサーチセンター共同研究員、國學院大學大学院文学研究科神道学専攻博士課程後期在学中。主な著書・論文として『宗教と福祉』（共著、皇學館大学出版部、平成18年）、『国家神道再考—祭政一致国家の形成と展開—』（共著、弘文堂、平成18年）、『現代における宗教者の育成』（共著、大正大学出版部、平成18年）などがある。

藤田　大誠（ふぢた・ひろまさ）國學院大學研究開発推進機構助教
昭和49年（1974）生まれ。國學院大學大学院文学研究科神道学専攻博士課程後期修了。博士（神道学）。主な著書・論文として、『近代国学の研究』（単著、弘文堂、平成19年）、「皇典講究所・國學院の伝統文化研究・教育に関する覚書」（『國學院大學研究開発推進センター研究紀要』第2号、平成20年）などがある。

企画者・執筆者紹介（五十音順）

粟津　賢太（あわづ・けんた）慶応義塾大学・創価大学非常勤講師
昭和40年（1965）生まれ。創価大学大学院文学研究科社会学専攻博士後期課程修了。博士（社会学）。主な論文として「集合的記憶のポリティクス：沖縄におけるアジア太平洋戦争後の戦没者記念施設を中心に」（『国立歴史民俗博物館研究報告特集号：近代日本の兵士に関する諸問題』第126集、国立歴史民俗博物館、2006年）。「古代のカノンと記憶の場―英国エセックス州における戦没者追悼施設を中心に―」（国際宗教研究所（編）『現代宗教２００６』東京堂出版、2006年）などがある。

池上　良正（いけがみ・よしまさ）駒澤大学総合教育研究部教授
昭和24年（1949）生まれ。東北大学大学院博士課程（宗教学専攻）満期退学。博士（文学）。主な著書として『民間巫者信仰の研究―宗教学の視点から―』（単著、未來社、1999年）、『死者の救済史―供養と憑依の宗教学―』（単著、角川書店、2003年）、『近代日本の民衆キリスト教―初期ホーリネスの宗教学的研究―』（単著、東北大学出版会、2006年）などがある。

大谷　栄一（おおたに・えいいち）南山宗教文化研究所研究員
昭和43年（1968）生まれ。東洋大学大学院社会学研究科社会学専攻博士後期課程修了。博士（社会学）。主な著書として『近代日本の日蓮主義運動』（単著、法蔵館、2001年）、『ソシオロジカル・スタディーズ―現代日本社会を分析する―』（共編著、世界思想社、2007年）、『国家と宗教―宗教から見る近現代日本―』上（共著、法蔵館、2008年）などがある。

菅　浩二（すが・こうじ）國學院大學研究開発推進機構助教
昭和44年（1969）生まれ。國學院大學大学院文学研究科神道学専攻博士課程後期修了。博士（宗教学）。主な著書として『日本統治下の海外神社―朝鮮神宮・台湾神社と祭神―』（単著、弘文堂、平成16年）、『戦争と宗教』（共著、天理大学出版部、平成18年）、論文に「神権政治と世俗的動員の間に―「国家神道」と総力戦―」（『國學院大學研究開発推進センター研究紀要』第2号、平成20年）などがある。

西村　明（にしむら・あきら）鹿児島大学法文学部准教授
昭和48年（1973）生まれ。東京大学大学院人文社会系研究科博士課程単位取得退学。博士（文学）。主な著書・論文として『戦後日本と戦争死者慰霊―シズメとフルイのダイナミズム―』（単著、有志舎、2006年）、「遺骨収集・戦地訪問と戦死者遺族」『昭和のくらし研究』第6号（昭和館、平成20年）、"Symbiosis or Segregation" in Henn&Koepping(eds.)*Rituals in an Unstable World* (PETERLANG, 2008) などがある。

慰霊《いれい》と顕彰《けんしょう》の間《あいだ》
――近現代日本《きんげんだいにっぽん》の戦死者観《せんししゃかん》をめぐって――

平成20年7月10日　印刷
平成20年7月15日　発行
※定価はカバー等に表示してあります

企画・編集
國學院大學研究開発推進センター

発行所
錦　正　社
〒162-0041　東京都新宿区早稲田鶴巻町544-6
TEL　03（5261）2891　FAX03（5261）2892
URL　http://www.kinseisha.jp/

印刷　株式会社 平河工業社／製本　株式会社 ブロケード

ISBN978-4-7646-0282-3

関連書のご案内

明治聖徳記念学会紀要

復刊 第四十四号

明治聖徳記念学会編

特集「日本人の霊魂観と慰霊」

学界・論壇の第一線で活躍する研究者が多彩な視点から立体的に「日本人の霊魂観と慰霊」の問題の所在を浮かび上がらせる。
國學院大學研究開発推進センター・慰霊と追悼研究会と共催の公開シンポジウム「日本人の霊魂観と慰霊」の記録も収録。

定価2100円
（本体2000円）

〔内容目次〕

【巻頭言】特集号に寄せて〔伴五十嗣郎〕

【論文】

Ⅰ 神道の生死観と神道古典〔安蘇谷正彦〕／鎮魂の伝統と現代〔高森明勅〕／たまのゆくへ〔中澤伸弘〕／江戸時代における天皇の葬法〔野村玄〕／近世大名家〈祖神〉考〔高野信治〕

Ⅱ 靖國信仰に見る日本人の霊魂觀〔小堀桂一郎〕／近代日本と戦死者祭祀〔今井昭彦〕／近代日本における「怨親平等」観の系譜〔藤田大誠〕／政党政治家胎中楠右衛門と二つの憲政碑〔高橋勝浩〕／折口信夫の霊魂論覚書〔小川直之〕／近代日本の仏教における死者論〔末木文美士〕

Ⅲ 日本人の死のかたち〔波平恵美子〕／民俗学からみる慰霊と追悼〔新谷尚紀〕／現代日本人の魂のゆくへ〔石井研士〕／死者の幻影〔津城寛文〕／靖國神社みたま祭の成立と発展〔所功〕

Ⅳ 日本的霊性とキリスト教〔芦名定道〕／キリスト教美術に見る霊魂観〔小池寿子〕／国際法上の最重大個人犯罪と国際刑事裁判所〔佐藤和男〕／ポンソンビ博士の神道研究〔照沼好文〕／西洋人の神道発見〔平川祐弘〕

【シンポジウム】日本人の霊魂観と慰霊〔新田均・武田秀章・中山郁・阪本是丸〕／陰陽道と神道〔林淳・弓山達也・加瀬直弥・岡田莊司〕

【誌上講演】暦から読み解く日本人の心〔岡田芳朗〕

【研究ノート】霊－魂と現存在－実存〔田邉建治郎〕

【随想】神道津和野教学と現代〔加藤隆久〕／乃木將軍が經驗した出會ひ〔髙山亨〕／学徒慰霊碑余話〔益井邦夫〕

【書評】本康宏史著『軍都の慰霊空間―国民統合と戦死者たち―』〔菅浩二〕／今井昭彦著『近代日本と戦死者祭祀』〔草間孝廣〕／矢野敬一著『慰霊・追悼・顕彰の近代』〔高原光啓〕／平泉隆房著『中世伊勢神宮史の研究』〔小野善一郎〕／阪本是丸編『国家神道再考―祭政一致国家の形成と展開―』〔佐藤一伯〕

【翻刻】明治孝節録 巻一・巻二〔近藤芳樹編〕〔宮本誉士〕

明治聖徳記念学会発行・錦正社発売